西南民族大学优秀学术文库

企业兼并理论博弈模型研究

Research on Enterprise Merger Models Based on Game Theory

伍 江 著

经 济 科 学 出 版 社

图书在版编目（CIP）数据

企业兼并理论博弈模型研究/伍江著．—北京：
经济科学出版社，2015.4
ISBN 978 –7 –5141 –5632 –4

Ⅰ.①企…　Ⅱ.①伍…　Ⅲ.①企业兼并 – 理论
模型 – 研究　Ⅳ.①F271

中国版本图书馆 CIP 数据核字（2015）第 068488 号

责任编辑：王　娟　王　瑛
责任校对：刘　昕
版式设计：齐　杰
责任印制：李　鹏

企业兼并理论博弈模型研究
伍　江　著
经济科学出版社出版、发行　新华书店经销
社址：北京市海淀区阜成路甲 28 号　邮编：100142
总编部电话：010 – 88191217　发行部电话：010 – 88191522
网址：www. esp. com. cn
电子邮件：esp@ esp. com. cn
天猫网店：经济科学出版社旗舰店
网址：http：//jjkxcbs. tmall. com
北京季蜂印刷有限公司印装
710 × 1000　16 开　13. 75 印张　220000 字
2015 年 4 月第 1 版　2015 年 4 月第 1 次印刷
ISBN 978 –7 –5141 –5632 –4　定价：35. 00 元
（图书出现印装问题，本社负责调换。电话：010 – 88191502）

前　言

本书是在本人从教《企业兼并理论与实践》及《博弈与信息经济学》多年的教学总结，以我国改革开放的视野及我国企业参与跨国兼并为主要特征的第五次兼并浪潮的背景下写成的。兼并作为企业扩张的主要战略之一，一直以来受到学术界、企业界以及政府的密切关注。企业兼并对于抑制我国普遍存在的重复建设，提高产业资源配置效率，减弱产业内过度竞争趋势，实现企业规模经济效益、产业均衡效益有深刻的理论意义。跨国兼并作为 FDI 的形式，对我国经济将产生重大影响。不仅能够为我国提供技术进步、拓展国际市场和对外直接投资等经济机会，而且随着经济全球化加快，兼并对于优化我国产业结构，增强我国产业的国际竞争能力具有重大意义。随着我国加入世界贸易组织后的过渡期的结束，我国所有的产业、所有领域实现更加全面的开放，特别是我国证券市场股权分置改革完成后，我国上市公司股权实现全面流通，企业兼并，尤其是外资的跨国兼并将变得更加频繁，并呈现新的特征。因此，研究企业兼并模型，制定出能够解决我国产业中现存问题的方针、政策，对我国企业兼并做出一系列制度安排，以规范企业兼并行为，减少兼并的交易成本和社会成本，保护有效竞争的市场结构，切实提高兼并的社会福利，成为摆在我们面前的紧迫而现实的问题。

本书的研究是以理论模型为主要对象的，以博弈论为研究工具与方法论，综合运用产业组织理论和福利经济学的基本理论，对已有的兼并理论模型进行拓展性的再研究，得出了理论性的结论命题，并辅以简要的数理分析和定性分析，以验证自己的观点。

在第 1 章首先综述了本人所涉猎的国内外的兼并理论及相关模型研究成果，集中介绍了本书的研究思路、采用的方法、结构与研究内容。从比较中发现，对于横向兼并发生的基础概念协同效应，定性分析较多，定量分析不足。从横向兼并行为的发生看，兼并不仅有“大鱼吃小鱼”，也有“蛇吞象”的先例。但是已有的文献中，很少涉及“蛇吞象”的理论模型。从纵向兼并理论看，存在各种学派之争，对于纵向兼并的市场绩效也存在分歧，这些学派发生分歧的理论构造、假定条件需要在新的研究中清晰化。值得注意的是，跨国兼并与国内兼并存在环境、条件差异是不争的事实，必须有区别地进行分析，这些都为本书提供了新的研究课题。

第 2 章以 SSR 企业横向兼并模型为基准，在古诺博弈的基础上，对横向兼并模型在以下两方面做了更深入的研究：首先，基于线性需求和对称的定常边际生产成本，引入了协同效应概念，建立了一个基于协同效应的扩展的横向兼并模型。然后，结合社会福利经济学，分析了不同条件下参与兼并企业、未参与兼并企业和消费者的福利变化情况，并以福利变化为标准得出了若干理论命题，解出了协同效应的临界值，发现只要协同效应达到临界值，横向兼并就会发生。如果是完全竞争市场，只要有一点协同效应，兼并也会发生。解释了原 SSR 模型无兼并动机与现实中兼并频繁发生的矛盾，破解了皮派尔（Pepall）提出的“兼并悖论”。

第 3 章通过考虑固定成本，对 SSR 横向兼并模型进行深化扩展。

第 4 章以斯坦克尔博格（Stackelberg）的寡头垄断下的动态博弈理论为基础，对已有的横向兼并的类型作了拓展研究，扩展了 HKM 模型。HKM 模型是通过斯坦克尔博格产量竞争市场，研究了其中任意两个企业兼并的动机和社会总福利变化情况，结果表明：任意一个引导者兼并一个追随者总是有利可图的。而在特定情况下，“强强联合”的兼并，“弱者联合”的兼并也会出现。本书在 HKM 模型的基础上，进一步构建了“蛇吞象”或称“小鱼吃大鱼”的兼并分析，由此得出了本人的研究结论：无论是强式企业还是弱式企业，都存在内在兼并利益动机，会由于市场集中度的提高，导致消费者福利和社会总福利下降，这就丰富发展了 HKM 模型，使得现实中很少发生的“蛇吞象”兼并案例，在理论上也得到了合理解释。本书所在的补充性研究中，使 HKM 模型理论上变得更加完整，理论更具有适用性。扩展的 HKM 模型涉及横向兼并的各类情况，可以在较为宽泛的意义上解释兼并浪潮的发生。

第 5 章以纵向兼并为研究对象，对企业纵向兼并的动机和福利效应问题做了研究。首先，介绍了经典的斯彭勒（Spengler）模型，即纵向兼并不仅有利于消除双重加价，而且有利于消费者剩余和社会福利的提高。其次，把斯彭勒（Spengler）模型扩展到了上下游企业间的古诺产量竞争，分别讨论了金字塔结构和平行结构两种产业链纵向兼并的状况，结果发现：当上下游都是平行结构的产业链时，纵向兼并或纵向一体化，可以降低中间产品的价格，从而消费者可以从纵向兼并中受益，并且使消费者剩余和社会福利都提升，结论与斯彭勒（Spengler）模型的结论相同。但是本书深入研究的结论是：对于金字塔结构的产业链，并非所有的纵向兼并企业都是有利的，兼并企业的利润出现不确定性，利润大小取决于上下游厂商之间的数量关系，即由本章研究得出的 Spengler 数为临界值，结果是，只有下游企业数目小于 Spengler 数时，纵向兼并才是有利可图的。

第 6 章将第 5 章的结论进一步深化。首先将斯彭勒模型扩展到上游进行 Bertrand 价格竞争，而下游进行古诺产量竞争的产业链之中，然后在上下游竞争结构不同的条件下分别研究了企业的策略行为对兼并结果的影响。研究中发现，企业是否采用排挤竞争对手策略时纵向兼并的利润是不同的。纵向兼并企业若采用纵向圈定的策略方法时，纵向兼并最终是否弱化了市场竞争程度，结果会因外在的环境条件不同呈现出不确定性。在特定条件下，纵向圈定不仅没有遏制竞争，反而促进了竞争，提高了社会福利。

关于是否采用纵向圈定，主要依赖博弈是伯川德（Bertrand）竞争方式，还是古诺（Cournot）竞争方式，如果上下游都是古诺产量竞争，企业的纵向圈定策略，不会提高竞争对手的成本，也不产生弱化市场竞争的作用；如果下游产业是古诺产量竞争，而上游产业是伯川德价格竞争，兼并企业的纵向圈定策略，是否会提高竞争对手的成本、弱化市场竞争的作用是不相同的。因为当中间产品潜在提供者的成本处于特定数值区间时，圈定也会有提高竞争对手的成本、弱化市场竞争的作用。也就是说，纵向圈定对市场竞争和消费者福利的影响因条件变化呈现出不确定性。本章的结论对我国规制纵向兼并有重大的指导意义。

第 7 章结合了第四章扩展的 HKM 模型，有针对性地构建了一个非对称信息的动态跨国兼并模型，试图从动态角度给出对外资兼并国内企业进行审查的理论依据。由于国度间的差异性较大，跨国兼并的动机较多，不完全信息更符合跨国兼并行为的特征。本章从微观企业角度分析了不同背景下跨国企业兼并的动力，结果发现，信息不对称不能成为跨国兼并的障碍，兼并会延续下去。为此，本书专门进行了跨国兼并对国家产业安全影响的定性研究。结果表明，如果跨国兼并持续下去，会在我国技术进步、产业市场份额、国家经济利益等方面严重威胁国家产业安全。

第 8 章以莫塔—古诺（Motta - Cournot）研发模型为基础，引入固定成本，构建了一个包含技术创新、固定成本因素的研发竞争模型，给出稳定条件下完全垄断市场的最优市场结构的条件，以及对应各种寡占的最优市场结构的条件。结果表明：企业的创新激励受到企业市场势力和竞争程度的双重影响，而且，创新条件下最优市场结构的效率随固定成本的变化而变化。

第 9 章是借助泽尔腾的卡特尔联盟模型对合谋及其反垄断政策的一个扩展分析。需要首先指出是，在企业之间的选择卡特尔成员和非卡特尔成员的情况下，企业之间利益纠结往往难以达成卡特尔联盟维持合作的均衡，主要有两个因素导致卡特尔联盟具有天然的不稳定性。列举近年来欧美及我国反垄断部门陆续颁布宽大为怀政策的影响。

本书的创新点主要有：

（1）构建了扩展的 SSR 模型，克服了 SSR 模型企业没有兼并动机的缺陷，并能解释现实中为何反对和阻止横向兼并的都是那些未参与兼并的企业的原因，也能解释为何现实中横向兼并大部分失败的原因，破解了皮派尔（Pepall）等人提出的“兼并悖论”。例如命题 2.4 ~ 命题 2.12，以及第 3 章的 4 个命题是本人的研究结论。

（2）在 HKM 模型的基础上，构建了“蛇吞象”的兼并模型，使得现实中很少发生的“蛇吞象”兼并，在理论上得到合理解释，使 HKM 模型在理论上的运用范围进一步扩大，丰富发展了 HKM 模型。特别是针对“蛇吞象”兼并模型，本书给出了“蛇吞象”兼并动机出现的充要条件，命题 4.4 是本人的研究结论。

（3）本书在斯彭勒（Spengler）模型的基础上，构建了金字塔结构和平行结构产业链的纵向兼并模型，解出了斯彭勒数（本人定义的），并将斯彭勒数作为纵向兼并发生的临界值。通过斯彭勒数拓展并部分修正了传统纵向兼并研究成果的一些结论，即纵向兼并不一定导致兼并企业获利，兼并企业获利与否主要取决于产业链中上下游产业的企业结构状况以及所采用的竞争方式，只有当下游产业通过横行兼并达到一定垄断程度，即下游的企业数目小于斯彭勒数时，才有纵向兼并的动机。研究认为，当上下游都是寡头垄断企业的产业链，上下游都是进行古诺竞争时，纵向兼并可以节约交易成本，降低交易风险，从而将其他非兼并的下游产业企业置于竞争劣势地位，但消费者可以从纵向兼并中受益。

（4）本书构建了一个不完全信息的跨国兼并模型，研究了跨国兼并行为在不对称信息条件下的动机，研究结论表明，不完全信息不能成为跨国兼并的障碍。因此，如果东道国政府对外资兼并不进行规制，兼并将演化成持续性过程，影响国家产业安全。

伍江

2014.8.10

目　　录

第1章

绪　论

企业的兼并活动是市场经济发展到一定阶段的自然产物，是现代企业增强竞争实力和战胜竞争对手，实现跨国经营的重要外向扩张策略手段，同时，也是一个国家规范市场结构，提高社会福利，调整产业结构的政策工具。

1.1　研究企业兼并的背景及其意义

1.1.1　研究的背景

20世纪90年代中期以来，随着世界范围内经济全球化步伐的明显加快，企业面临着越来越激烈的国际市场竞争压力。为了稳定国内市场份额，问鼎国际市场，在未来的全球竞争中占有一席之地，不但微观企业在积极寻求快速扩张的对策，而且各国政府为增强综合国力也先后出台了一系列扶持大企业集团发展的优惠政策和措施，以推动企业提高国际市场竞争能力，1994年开始的第五次兼并浪潮与以往西方的前四次兼并浪潮显著不同，第五次兼并浪潮规模之大，涉及领域之广，对世界经济影响之深远，超过了经济发展史上任何一个时期。在这样的背景下，大型和超大型企业兼并案例不断涌现。1996年，波音公司兼并麦道公司，交易额为133亿美元；1998年，德国戴姆勒－奔驰公司与美国第三大汽车制造商——克莱斯勒公司合并；1999年，法国雷诺汽车公司与日本日产汽车公司签署协议，雷诺公司成为日产汽车公司最大的股东；2000 年，美国在线与时代华纳合并，交易规模达到 1550 亿美元；2001 年，惠普兼并康柏。经济全球化的发展和各国对企业兼并政策的变化，使企业兼并规模不断扩大，兼并总额达上千万亿美元，仅 1998 年、1999 年和 2000 年累计的兼并次数就达 2.9 万次。2000 年全球兼并交易总额为 3.33 万亿美元，2006 年达到高峰，创下全球兼并交易总额 3.86 万亿美元的历史纪录，参见表 1.1。

表 1.1　　全球市场兼并交易额（Merger & Acquisition） 单位：万亿美元

年份	2000	2001	2002	2003	2004	2005	2006
全球兼并交易额	3.33	1.84	1.40	1.30	1.70	2.90	3.86

资料来源：据《中国兼并与股权投资基金年鉴（2007）》的数据统计整理得到。

从 1994 年开始一直延续至今的第五次兼并浪潮的主要特点为：（1）企业充分利用规模经济，进行“强强联合”，不少兼并和被兼并企业都是国际知名企业，有着良好的业绩，如惠普与康柏，以及波音和麦道的兼并；（2）兼并表现出显著的开放性，很多企业通过海外兼并来增强国际竞争力，跨国兼并成为外国直接投资的主要形式；（3）以 IT 产业为代表的新经济产业在兼并浪潮中表现突出，出现以技术获取为目的的企业兼并活动。表 1.2 列出了 2004 年全球 10 大兼并事件。

表 1.2　　2004 年全球十大兼并案

排名	2004 年全球十大兼并案	交易规模（亿美元）	交易时间
1	法国赛诺菲－圣德拉堡（Sanofi－Synthelabo）制药公司收购安万特公司	602.4	1 月 26 日
2	美国摩根大通银行与美国第一银行（Bank One Corp）合并	587.6	1 月 15 日
3	美国辛格拉无线通讯公司收购美国电话电报公司（AT&A）无线通讯业务	410.1	1 月 10 日
4	西班牙桑坦德银行收购英国安佩国家银行所有普通股	157.88	7 月 23 日
5	恒昌置业公司（General Growth Properties）收购房地产投资若斯（Rouse）信托公司所有流通在外的普通股	125.9	8 月 20 日

续表

排名	2004 年全球十大兼并案	交易规模（亿美元）	交易时间
6	美国花旗银行收购了美国第一宪章金融公司（Charter One Financial）所有流通在外的普通股	105.3	5月4日
7	美国零售业巨头凯马特（Kmart）公司收购西尔斯（Sears）零售集团	110	11月17日
8	意大利政府向社会公众出售安内尔—斯帕公司12.19亿股普通股股票	102.74	9月9日
9	达斯埃米（AMB）收购加拿大啤酒厂商约翰拉贝特公司（John Labat）的全部股权	77.58	3月3日
10	美国太阳信托银行（SunTrust Banks）收购美国国民商业金融公司（NCF）	70.25	5月9日

资料来源：据《中国兼并与股权投资基金年鉴（2007）》的数据整理。

国际化分工的要求使跨国兼并屡见不鲜。企业兼并活动已成为与贸易、金融和投资相提并论的重要经济活动，对世界的经济发展产生了深远的影响，也波及到我国经济，如美国著名资本管理公司凯雷控股国内企业徐工股份，法国的达能公司控股娃哈哈企业等。外资兼并在我国经济界也引起了众多争议，如何评估外资兼并对国内企业及社会福利的影响，成为政府考察外资兼并，制定相关政策所必须考虑的问题，也是开放经济下兼并理论研究的重要方向。同时我国业已成熟的大型企业将面临跨国贸易、跨国直接投资及跨国兼并的抉择问题。对于这些已初具规模，但缺乏必要海外投资经验的“大型企业”来说，借鉴别国理论模型，提出符合中国国情的兼并理论以及相关政策，最大限度地降低风险，减少兼并失败，显得尤为重要。

显然，中国在市场经济体制初建、监管体系尚不完善的条件下，应对全球化的兼并浪潮无论是理论准备，还是实践经验都不够充分。尽管我国也出台了一系列促进企业做大做强的政策，以求增强竞争能力，但是，效果不明显，这需要我们在借鉴国外历史经验的基础上，对兼并理论进行更深层次的研究。

1.1.2　研究的意义

企业兼并，通常是指大企业吞并一个或多个小企业，也可以是实力相当的企业之间的合并。兼并是资本集中的一种基本形式，也是市场集中和企业成长的途径之一。它包括横向兼并、纵向兼并和混合兼并。一方面，兼并能够扩大企业的生产规模，降低生产成本，形成规模经济；另一方面，企业兼并又可能促进卖方集中，增强生产者市场势力，进而可能形成垄断。

1898 年起到现在经历的五次兼并浪潮中，美国都是最为突出的。美国第一次兼并浪潮发生于 19 世纪末 20 世纪初（1898 ~ 1903 年），主要形式是横向兼并，其中 2/3 的兼并活动发生在金属、食品、石化产品、化工、交通运输、机械和煤炭这几个行业。这次企业兼并浪潮促使美国工业实现了工业生产的集中化，兼并导致了一批巨型企业的形成，其中美国最大的 100 家公司的规模增长了 4 倍，控制了全美工业资本的 40%，使得许多地区性企业完成了向全国性企业的转变，而且确定了以所有权与经营权分离为标志的现代企业管理方式的基本模式，成为支撑美国工业经济的基础。这次浪潮终止的原因有二：第一，美国在 1903 年出现经济衰退，股市低迷，股价大跌，兼并资金来源不足；第二，已出台的《谢尔曼法》限制了横向兼并在美国的进一步蔓延，反垄断的倾向日益增强，政府开始抑制导致垄断的兼并行为。

第二次兼并浪潮发生于 1920 ~ 1929 年，仍然以横向兼并为主，出现在其他相关产业。由于推行反垄断法，企业横向兼并的边界受到法律约束，这次兼并浪潮主要在汽车制造业、石油工业、冶金工业以及食品加工业中进行。虽然横向兼并仍然是主流，但是纵向兼并的比例开始增加。结果进一步提高了第一次兼并浪潮后的美国产业集中度，也加剧了企业之间的竞争程度，使美国具备了可以充分利用规模经济的现代工业规模结构的雏形。1929 年爆发的世界范围内的经济危机使这次浪潮的兼并动机弱化，直至消失。

第三次兼并浪潮发生于 1950 ~ 1959 年，企业规避风险是兼并的主要目的。实施兼并的企业和被兼并企业主要是一些中小企业，目的是通过多元化经营战略，规避销售额和利润额的不稳定、企业技术落后导致的市场份额下降和其他风险，因此，混合兼并是该次兼并的主要特征。在这个时期，计算机在企业中逐渐得到了广泛运用，管理科学得到迅速发展，有效的管理幅度和管理层次加深，这就使得经理人员对大型混合企业的有效管理成为可能。导致企业本身的组织结构又一次发生新的转变，一批多元化经营的大型企业产生了。

第四次兼并浪潮发生于1975～1989年，这次兼并主要集中于金融、保险、批发和零售、广播和医疗卫生服务行业以及自然资源领域。这次兼并浪潮出现了新的特点：第一，企业兼并形式多样化，横向、纵向和混合兼并形式并存；第二，出现了“蛇吞象”等新型兼并方式，敌意兼并及跨国兼并数量显著增多。

第五次并购浪潮发生在20世纪90年代，具体地说可以认为是1992～2000年。由于美国在互联网及计算机技术的飞速发展，以及公共政策方面有较大的转变，为本次并购浪潮创造了许多机会。这次并购浪潮的主要特点：（1）参与并购的企业的规模都非常大；（2）并购的支付手段不是用现金，而主要采用股票形式。（3）企业并购与剥离并存。一方面各公司争相并购其他公司；另一方面也纷纷把与自己主业无关的分支机构出售出去。2000年1月，美国在线与时代华纳宣布合并，创下1100亿美元的并购天价。美国在1996～2001年，一共发生了52045起兼并案。

经过五次兼并浪潮，美国的经济结构在保持市场活力的前提下，由一个原本以中小企业为主的经济体系演变为今天这个巨人企业身影充斥着世界市场的经济强国。值得注意的是，兼并的过程在法律约束和规制下，为什么没有停止？垄断企业对国家经济的支持作用为什么越来越强？追求经济效率的各国为什么纷纷构建大型企业？政府对垄断企业的规制标准是什么？企业兼并对社会的福利影响到底是增进还是减少？这些都需要理论上给予解释。特别是在经济全球化的今天，垄断企业不仅是占领本国市场，而且对世界市场的独占趋势日益增强。构建大型企业，应对全球化，保护国家利益是大多数国家的全球化战略之一，对兼并理论的研究就更为重要。

我国的企业兼并活动始于20世纪80年代中期，在80年代末出现了第一次兼并浪潮。进入20世纪90年代以后，随着国有企业公司化的改造和证券市场的发展，我国出现了第二次兼并浪潮，企业兼并无论在规模上还是在形式上都有了新的突破，对我国经济发展的影响也日益深刻。但我国的企业兼并还存在着种种矛盾和缺陷。例如，国有企业产权不清晰等原因造成了兼并中政府行为和企业行为的误区，相关法规不健全等原因导致了企业兼并过程中的种种不规范行为等。这些矛盾和缺陷相互交织在一起，不利于国有企业的资产重组，使得我国的企业兼并未能充分发挥出高效配置资源和优化产业结构的作用。因此，如何借鉴西方国家的成功经验，在模型近似，模拟条件不同情况下，反映企业兼并以及相关企业的利益变化，研究对消费者福利乃至整个社会福利的影响，克服我国企业兼并机制中存在的种种障碍，对政府合理地规制企业的兼并活动，在理论上和在实践上都有着极为重要的意义。

从当前来看，研究兼并理论对我国的现实意义表现在：

第一，兼并是我国企业扩大企业规模，提高国际竞争力的重要途径。“一个企业通过兼并其竞争对手的途径成为巨型企业是现代经济发展史上的一个突出现象。”“没有一家美国大公司不是通过某种程度、某种方式的兼并而成长起来的，几乎没有一家大公司主要是靠内部扩张成长起来的”（乔治·斯蒂格勒）。为了与世界发达国家的大型、特大型企业在世界市场抗衡，必须培育一批有国际竞争力的大型企业，作为国家的经济基础，承担提高我国经济实力的重任。

第二，兼并是我国实施科学发展观的重要途径。兼并作为企业发展和实现其战略目标所普遍追求的首选方式与途径，是因为通过兼并和收购的途径实现企业扩张能够节约交易成本和市场进入成本，实现规模经济效应、协同效应和战略性市场进入目标。我国正处于工业化进程中，10～20年的时期内经济将处于高速增长，资源约束的压力日益沉重，如果不能充分利用兼并形成的规模经济效应，提高资源节约型技术的创新能力，就难以降低资源消耗水平，环境恶化加速，中国经济可持续发展的后续力量进一步被削弱。

第三，从宏观角度看，企业兼并是进行产业结构调整，合理配置社会资源的手段。我国产业结构不合理是我国资源配置效率低下的重要原因。市场机制在资源配置中起基础性作用是现代市场经济的基本特征之一，而企业兼并就是生产要素的整体流动，是比要素的单向流动更高层次的资源配置方式。通过兼并、重组能够改变资源在不同行业的配置比例，推动资产存量的调整和产业结构的优化，实现产业结构的升级。

第四，从市场结构看，兼并是优化规模结构的良药，对市场结构和市场绩效有着深远的影响。国有企业存在着相当严重的重复建设、资源浪费的问题。不仅造成产业结构同构化，而且形成过度竞争。兼并活动可将资源进行优化配置，提高存量资产的运行效率。

第五，从微观角度看，兼并是市场经济条件下企业生存与发展的行为选择，也是我国国有企业产权制度变迁的有效途径。在我国市场经济进程加快、经济步入全面开放和全球化的条件下，要提高核心竞争力，进行全国性的产业结构调整与企业重组是不可避免的。也只有明确企业兼并的主体地位，按照企业利益最大化的原则，推进企业兼并，才能使产业整合和重组走上健康发展的轨道。

第六，从理论角度看，研究兼并是否产生协同效应，如何获取协同效应，对兼并的成败具有重要的意义。但是，现实中兼并行为往往失败，一个重要原因就是理论界对协调效应大多是定性分析，没有正确地量化协同效应的大小。协调效应是政府规制企业兼并后总体效应的动机之一，也成为我们研究政府规制企业兼并行为的另一个重要动机。

第七，研究兼并理论可以为跨国兼并做理论准备。在全球化条件下，跨国兼并占跨国直接投资的比例上升，我国也开始了跨国兼并的实践。为了融入世界经济，必须进一步研究兼并理论，将兼并理论建立在更新的分析框架的理论工具之上，提高跨国兼并的成功率。

但是企业兼并是一把双刃剑，在发挥积极作用的同时，也引起了市场集中度增高，垄断性增强，竞争性削弱，社会福利减少等负面效应。如何扬长避短，最大限度地发挥其积极作用，已成为政府、企业及理论界所面临的重要课题。20 世纪 80 年代末以来，企业兼并理论的定量研究取得了较大进展，解释并指导了许多兼并行为。但总的看来，由于经济环境和社会行为的复杂性，目前兼并理论研究还不够成熟，仍存在许多值得研究的问题。

1.2 相关研究综述

目前，企业兼并的理论研究主要集中在寡头垄断市场。在现实经济中，由于许多行业都呈现典型的寡头垄断市场结构，如钢铁、汽车及飞机行业等，且在这些行业中，企业行为之间的相互作用、相互依存使得兼并效应最为显著。企业兼并的方式有横向兼并、纵向兼并和混合兼并三种。横向兼并，又称水平兼并，是指处于同一行业内的生产或经营同一类产品的企业间的兼并；纵向兼并是指处于生产经营不同阶段的企业间的兼并；混合兼并是指跨行业（或市场）的兼并，混合兼并往往是为了使业务更加多元化和风险分散，对市场竞争一般很少会带来负面影响，所以各国竞争法执行机关对混合兼并的审查相对比较松，甚至都不审查。我们这里只研究横向兼并与纵向的兼并对竞争和社会的影响。

此外，企业兼并还可按企业地位的“强弱”来划分四类：“强强联合式”兼并、“弱弱联合式”兼并、“大鱼吃小鱼式”兼并，以及“蛇吞象式”兼并。若兼并以国界来划分，又可分为国内兼并及跨国兼并。为体现世界经济全球化及国际投资活动的动向，本书中将单独列一章来描述跨国兼并的重要作用及影响。本节综述也主要是对横向兼并、纵向兼并和跨国兼并相关的研究模型进行总结。

1.2.1 横向兼并研究模型

横向兼并有两个明显的效果：实现规模经济和提高行业集中程度。适度的行业集中有利于企业发挥规模经济等优势，过度集中又会产生垄断，影响竞争效率。根据市场竞争模式的不同，横向兼并模型又可分为两类：一类为同质产品竞争模型；另一类为差异产品竞争模型。

赛伦特（Salant）、斯维兹（Switzer）和瑞纳德（Reynolds）基于同质产品的 Cournot 寡头垄断竞争模型，在产品需求为线性且所有企业具有相同的边际成本的条件下，研究了企业是否拥有横向兼并的动机。结果表明，兼并的主要受益者是未参与兼并的企业而不是兼并企业本身，即在没有协同效应的 Cournot 寡头竞争中，一般来说企业没有兼并动机，除非绝大多数企业（即参与兼并的企业数大于行业内企业数的 80%）合并为一个企业，才能增加兼并企业的利润，而且兼并后导致消费者福利和社会总福利下降，只有未参与兼并的企业获利，这就是著名的 SSR 模型。

SSR 模型的提出不仅引起了经济学界学者对“单边效应”[①] 的广泛关注，开始深入地研究兼并行为，而且成为后续相关研究的经典模型。然而，SSR 模型得出的理论结论与经济活动中的兼并现实大相径庭。在

① “单边效应”是指企业兼并可能导致社会福利和消费者剩余的减少现象。参见［意］马西莫·莫塔：《竞争政策理论与实践》，沈国华译，上海财经大学出版社 2006 年版，第 199 页。

许多行业中，兼并行为经常在少数企业之间发生，双边企业兼并的频率远高于多边、大数额企业兼并。而且，现实情况是，由于兼并企业市场占有的扩大，市场势力的增强，使得未参与兼并的企业经常遭受损失。皮森德道夫（Pesendorfer）的研究以及美国联邦贸易委员会的调查结果也没有明显的证据表明兼并一定导致社会福利下降，即SSR模型的结论在经济现实中没有得到具有说服力的印证。

埃科博（Eckbo）、斯缇曼（Stillman）和巴那杰伊（Banerjeea）等通过横向兼并模型对未参与兼并企业所产生的外部影响进行实证分析，结论是未参与兼并的企业经常遭受损失，而并非如SSR模型所描述的是获利的。他们的分析结果可以解释为什么现实中非兼并企业是反对和阻止兼并行为的，而不是拥护兼并。

基于上述两种观点的分析，许多学者对SSR模型进行了修正和拓展。佩里与波特（Perry and Porter）引入二次成本函数的假定，并在模型（简称P&P模型）中加入资产因素用以描述企业的规模，发现兼并后企业资产的增加使得兼并企业边际成本下降足够大时，企业存在兼并动机，即当行业存在一定的规模效应时，企业存在兼并动机，该研究推翻了SSR模型的结论。随着各国对企业兼并管制的放松，企业兼并风起云涌，在多个行业中，市场明显集中，有形成垄断或少数寡头统治市场的趋势。固然，一部分兼并活动是受规模效应的驱动，但相当多的发生在大企业之间的兼并动机却并非如此，因为其规模早已达到了行业的有效规模点。从规模上看，兼并甚至处于规模不经济。

斯腾内克（Johan Stennek）利用双头垄断的古诺模型进一步研究后认为，虽然兼并减少了竞争，但是可能通过效率的协同抵消市场势力的负面影响，进而改善社会福利。

开米恩与藏（Kamien and Zang）研究了一个兼并浪潮序列，发现依次发生的兼并只是把其余企业兼并到某一个固定企业中，目的主要是分析连续兼并行为是否最终导致整个行业的垄断，而实际上，已经实施的有关行业竞争的政策使得上述研究成果所依赖的假定条件几乎不存在。

也有学者从企业生产能力角度研究了兼并动机。我国学者张地生、陈宏民指出，当企业的生产能力扩充受到一定限制时，即使没有规模效应，企业依然普遍存在兼并动机。维格伯格（Van Wegberg）指出，如果企业受到生产能力约束，则当市场规模扩大时，参与兼并会使得兼并企业更加有利可图。白克（Baik）建立了一个两阶段博弈模型：企业首先进行生产能力选择，接着关于产品价格进行竞争。假设企业兼并后，兼并企业能够先于其他企业作出生产能力选择，研究结果表明，兼并降低了产品价格，增加了社会福利。

无论是 SSR 模型，还是 P&P 模型，都是基于线性需求等特定的市场假设条件进行的，法瑞尔（Farrell）与斯皮罗（Shapiro）在放宽成本函数和需求函数假设的基础上，从更一般意义上，全面系统地研究了非对称 Cournot 寡头垄断市场中横向兼并的社会福利效应（简称 F&S 模型）。结果表明，当不存在规模经济、学习经验等协同效应时，兼并必将导致产品价格提高，而且，在一定条件下，若兼并前参与兼并企业的市场份额小于未兼并企业市场份额的加权和，则当产品价格提高时，社会福利也将得到改善，对企业自身有利的兼并行为一般对社会福利也有利，在此情况下，政策上应尽可能放宽对企业兼并行为的限制。

F&S 模型为判定横向兼并是否改善社会福利提供了充分的判据。这主要得益于 F&S 模型的结论是在一般性的假设条件下获得的，因此具有一定的普遍性，为后续的横向兼并研究确定了基本构架。

麦克菲（Mcafee）与威廉斯（Williams）在 P&P 模型基础上，进一步深化研究兼并和非兼并企业市场集中度差异与社会效应的关系，指出未兼并企业的资产越集中，兼并提高社会福利的可能性越大，而那些产生最大企业规模或增加了最大企业规模的兼并，则会减少社会福利。

维登（Werden）、佛饶波（Froeb）和大卫（David）在 F&S 模型基础上，考虑允许兼并伴随市场进入事件发生，研究了兼并对产品价格的影响，他们指出，在关于进行古诺产量竞争的行业中，不能产生技术协同效应的兼并必将导致产品价格上涨。由于政府的反垄断政策的目标是消费者福利最大化，则应该从法律上禁止这类兼并的发生。

德内克尔（Deneckere）和戴维森（Davidson）基于 Bertrand 多寡头垄断竞争模型的研究得出：在 Bertrand 博弈价格决策博弈中，兼并企业总是能够从兼并中受益，可是未参与兼并的企业却能从竞争对手的兼并中获得更多的利润，出现了“免费搭车”现象。在此情况下，会导致每个企业都宁愿不参与兼并的现象，因此要合理解释这类兼并活动是怎样开始的确实是一件困难的问题。

上述文献考虑的企业兼并行为是一次性静态博弈，所得到的结论不适用于存在序贯兼并的情况，因此，众多学者基于同质产品市场，对序贯兼并的动机和效应进行了广泛研究。

开米恩（Kamien），及藏（Zang）针对成本为常数与线性需求市场分析了非合作博弈内生兼并导致行业垄断的条件，其主要结论是垄断仅在兼并前行业内只有少数企业的情形下才会发生。古德（Gaudet）等推广了开米恩的模型与结论，证明当兼并是内生决定时，不是每一种就企业个体而言有利可图的兼并都会发生。

罗杰格（Rodrigue）的研究认为，非合作内生兼并由行业内企业个数、预期的竞争性程度和兼并后节约固定成本的可能性大小这三种因素所决定。在兼并前不是很集中的行业内，如果预期的竞争性程度非常强且兼并节约固定成本的可能性非常有限，则非合作内生兼并对社会福利产生有利影响。

霍恩（Horn）等对集中市场中合作博弈内生兼并行为进行了研究，结论是：在集中市场中，兼并将导致一种行业利润更大的市场结构，从而在个人与社会之间存在激烈冲突。

尼尔森（Nilssen）与索尔伽德（Sorgard）较清晰地解释了按时间顺序发生的兼并决策间的相互依存性，指出 F&S 静态模型用于判断兼并改善福利的条件不适用于序贯兼并情形。

富雷奥勒（Fauli - Oller）研究了由两组企业构成的行业：一组由有效率企业（潜在的兼并方企业）构成；另一组则由无效率或低效率企业（潜在的被兼并企业）构成。有效率企业依次选择是否兼并一个或更多无效率企业。富雷奥勒的分析视企业间的成本差异而定，研究发现：对于中等程度的成本差异，一次兼并将引发一系列的兼并，即引发兼并潮。

古瑞桑卡拉（Gowrisankaran）将企业兼并、投资、行业进入及退出行为作为企业追求利润最大化进行理性决策的决策变量，借助完美马尔科夫均衡方法，建立了第一个动态内生兼并模型。研究结果认为，任何兼并行为将对进入、退出及投资等企业行为产生影响。古瑞桑卡拉论证了兼并行为的内生动态研究的理论可行性，开创了研究内生动态兼并行为的新领域。

斯狄芬（Stephen）与查尔斯（Charles）建立了一个 S&C 动态博弈模型，对同质产品古诺市场中横向兼并的短期和长期效应进行了比较。

结果表明，在短期情况下，由于存在生产规模约束，即使兼并前参与可获利兼并的企业的市场份额足够小，兼并也会降低社会福利，该结论推翻了法瑞尔与斯皮罗的结论；而在长期情况下，如果参与兼并的某个企业的生产能力小于市场平均生产能力，则兼并一般会改善社会福利。此外，当市场中企业数目超过一定的上限时，即使参与兼并的某个企业是规模最大的企业，只要其他企业的生产能力小于一定的下限，那么兼并也会提高社会福利。S&C 模型对于短期内受生产规模约束，长期内面临定常规模报酬的行业是非常适用的。

另外，马新安、冯芸等构造了一个上下游各为双寡头的模型，研究了同行业中上下游企业的横向兼并策略，研究结果表明，当上下游企业以横向兼并为唯一策略变量进行对策时，长期均衡的结果将是上下游企业分别横向兼并是子博弈完美纳什均衡。

芝斯（Ziss）与冈萨雷斯（Gonzalez – Masetre）等分别针对同质产品定常成本、线性需求与一般需求寡头垄断市场研究了 U 形组织结构委托授权对企业横向兼并动机与效应的影响，其研究结果表明，委托授权与无委托授权下企业横向兼并动机与效应有显著差异。芝斯（Ziss）的研究结论是：在非合作博弈情形下，委托授权不会产生内生兼并均衡，且委托授权下的兼并“安全保护值”比无委托授权时低，在无委托授权下得出的 50% 原则在委托授权下不再成立。冈萨雷斯等（Gonzalez – Masetre）的研究结果表明，对于同质产品外生兼并，在委托授权下保证兼并企业有利可图的最小参与兼并企业个数比无委托授权时低。

钟德强等推广芝斯与冈萨雷斯的模型，研究了不同组织结构下委托授权异质产品企业兼并动机与效应，分析了兼并效应与兼并企业内部激励机制参数的选择问题，得出了在替代性产品寡头竞争行业，当行业从未委托授权向委托授权转化时，企业普遍存在兼并动机，且产品替代性程度越高，企业的兼并动力越大等结论。而当行业处于成熟阶段委托授权时，无论集中委托授权或分散委托授权，企业都具有较大的兼并动机。

在实际经济生活中，产品往往存在着某些差异，从而使得在同质产品假设条件下得出的关于企业横向兼并理论研究的一些结论不很准确，尤其是涉及兼并效应的反竞争评判时更显得说服力不足。因此，对异质产品市场的企业兼并动机与效应的研究已成为企业兼并研究的主要发展方向之一，许多学者对此进行了研究。目前对异质产品市场的企业兼并动机与效应的研究朝两个方向发展：一个方向是假设兼并不改变产品之间的战略关系，只是内部化产品的战略关系，实际上是获得一种市场势力；另一个方向则是假设兼并改变产品之间的战略关系，产生产品协同效应。

贾红睿等在假设横向兼并能带来某一幅度成本下降的条件下，在尼尔森（Nilssen）等的研究基础上，探讨了兼并动机与产品差异化之间的关系，给兼并浪潮的发生提出了一种较为合理的解释，认为在具体的兼并行为中，企业、政府与消费者三方利益存在某种冲突，但整体而言又存在一定的一致性，即三方都倾向于产品互补性、成本下降效应均显著的兼并行为。他们指出：判断某一类系列兼并行为能否实现，一是取决于从各企业利益而言是否存在某一触发机制使系列兼并行为得以实现；二是取决于政府从社会福利最大化角度判断兼并后社会福利是否下降。如果存在触发机制，且政府不降低社会福利的要求亦能满足，则系列兼并行为将发生。

化冰、陈宏民等在产品之间的战略关系外生不变，但生产能力内生约束的基础上研究了异质产品企业兼并的动机与社会福利影响。其结论是：当生产能力内生时，企业的兼并动机和社会福利影响与产品差异性程度有关，当产品互补性程度或替代性程度不是很强时，企业有兼并动机，但当兼并发生时，政府与企业可能存在利益上的冲突，只有当产品替代性程度处于适当范围内时，企业兼并才能使企业与政府目标利益相一致。

方晓东、张地生等讨论了兼并企业降低产品替代性程度对企业利润的影响，认为当存在较大产品协同效应，即兼并后可较大幅度降低产品替代性程度时，企业普遍存在兼并动机。夏同水、徐伟宣等通过建立一个替代性产品企业兼并模型，讨论了产品品种数变化对企业兼并效应的影响。他们认为：兼并后如果未兼并企业以增加产品品种数来应对兼并行为，则兼并企业很难增加利润；而当兼并产生产品协同效应使兼并企业增加产品品种数时，则兼并企业在产品替代性程度不很强时可增加利润；如果所有企业保持原有的产品品种数，外部企业总是增加利润，但兼并企业很难增加利润，除非产品替代性程度很低。上述结论部分解释了“兼并悖论”，但仍得出了当产品替代性程度很高时，如果不产生产品协同效应，企业没有兼并动机的结论。

罗摩路德（Lommerud）等将产品品牌数作为内生变量引入异质产品横向兼并研究模型中。其结论是：如果未兼并企业以增加产品品牌数来应对兼并行为，则兼并使社会总福利增加，但兼并企业很难增加利润；而当兼并企业因降低品牌固定维持成本而减少产品品牌数时，则兼并企业利润增加，但兼并却对社会福利产生不利影响，除非品牌替代性程度很强，同时品牌固定维持成本很高且不存在沉没成本。

1.2.2 纵向兼并研究模型

纵向兼并的研究主要是围绕两个相反的方面展开的：一是纵向兼并消除了双重加价，使产品价格下降，社会福利提高；二是纵向兼并能够导致市场圈定，增强兼并方市场势力，使产品价格上升，社会福利下降。

斯彭勒（Spengler）在1950年提出著名的纵向兼并模型，分析了上下游企业纵向一体化的过程，认为纵向一体化可增加利润并降低最终产品价格，并可消除双重边际效应。

霍光顺和李仕明研究了在一个连续双寡头的市场结构中，当下游市场需求相互独立，中间产品不完全替代时的纵向兼并竞争效应。发现参与兼并的企业通过纵向兼并可能降低中间产品价格，从而在损害上游竞争对手、降低其市场势力的基础上，降低了下游竞争对手的总成本。结果显示：纵向兼并可能使中间产品价格降低，从而使下游竞争对手的总成本降低，亦即在破坏上游企业的市场势力的同时使下游竞争对手获利。在这一点与传统的市场圈定理论具有明显的区别。

维龙（Vernon）与格拉汉姆（Graham）证明下游产业若为竞争结构，上游垄断企业兼并下游企业并不增加其利润，故无动机兼并下游企业。

格林哈特（Greenhut）和奥塔（Ohta）在1976年运用古诺模型分析上游市场结构处于垄断的情形下，中间产品价格与下游市场结构无关，最终产品价格与下游市场结构相关，下游完全竞争与下游企业被上游垄断企业兼并（或一体化）是等价的。格林哈特和奥塔在1979年发展了上述模型，将它扩展到上下游产业均为寡头垄断结构，并提出部分上下游企业一体化降低最终产品价格，会增加总产出。

阿维内尔（Avenel）与巴勒特（Barlet）在研究市场圈定效应时引入了技术兼容性的策略选择问题，研究发现，在一定条件下，当下游产品市场具有较高的集中度时，上游垄断企业会采用兼并策略，并且选取不兼容的生产技术生产中间产品以排斥下游竞争对手。然而该模型研究中隐含地假设潜在进入者进入上游市场之后只能保持独立，没有考虑进入者进入后的纵向兼并行为。

哈特与泰诺尔（Hart and Tirole）模型认为：纵向兼并（一体化）与其说是为了扩大垄断势力，提高垄断利润，倒不如说是为了修复“垄断势力”。与斯彭勒（Spengler）模型形成鲜明对照的是，虽然垄断者的利润都有提高，但是，社会福利却是一升一降。

由于经济环境和社会行为的复杂性，目前兼并理论研究仍存在许多值得研究的问题，尤其像市场圈定问题，人们对其动因和效应的理解很不全面，一直存在争议。由于市场圈定效应主要是指兼并企业对未兼并企业的影响，因此上（下）游存在垄断力量的纵向兼并模型并不完全适用这种情况。为此，理论界对上下游均为寡头垄断的纵向兼并进行了广泛的研究。

1988 年，塞林格（Salinger）在假定需求函数为简单线性关系的条件下，提出参与兼并的企业数量要对最终产品价格产生影响，必须依赖上游企业的数量。塞林格认识到，纵向兼并的福利效应依赖于市场环境。在其连续寡头垄断模型中，纵向一体化与非纵向一体化生产商是共存的。此时，纵向兼并存在三种效应：第一，兼并公司增加了其最终产品的产量；第二，非纵向一体化的最终品生产商降低了他们对中间产品的需求；第三，被兼并公司从中间产品市场中撤出。塞林格证明，纵向兼并对独立上游厂商的派生需求的影响可能超过投入品市场上集中度的增加，这导致投入品价格下降。因此，纵向兼并不必然导致独立厂商的市场圈定。当没有圈定发生时，纵向兼并显然导致最终品价格下降。然而，在其他环境中，纵向兼并可能导致投入品价格上升，此时，纵向兼并对最终品价格的影响正相反。投入品价格的上升可能占优于双重加价的消除，因此，纵向兼并可能引起最终品价格上升。

塞林格模型为后续纵向兼并的市场圈定效应的研究提供了基础，但也存在一些不足，主要表现在如下两个方面：第一，塞林格模型中纵向兼并企业不从事中间产品市场的交易活动是外生给定的；第二，塞林格模型是静态模型，未考虑动态环境下未兼并企业的反击行为。在动态环境下，未兼并企业因为受到兼并圈定效应的威胁也可能同样采取兼并等策略进行反击，而兼并企业在初始阶段进行兼并圈定决策时也预期到未兼并企业在后期阶段存在反击的可能性，因此，兼并企业初始阶段的决策将受到影响。

为解决上述问题，奥迪夫（Ordover）、赛伦纳（Saloner）和赛洛普（Salop）提出了著名的OSS模型。三人对纵向兼并的市场圈定观点进行了研究，分析了一个简单的连续双寡头垂直结构，即两个上游企业起初向两个下游生产企业提供等份额同质中间产品，下游生产企业的产品存在差异，为了将分析集中在市场圈定的影响上，假定上游企业进行价格竞争消除了双重加价的影响。分析认为，纵向兼并导致了中间产品价格和最终产品价格的提高，从中受益的是兼并企业和所有上游企业，这是以被圈定下游企业利益和消费者利益的损失为代价的，结果降低了社会福利。尽管OSS模型相当精巧别致，但模型中却隐含着一个假设前提：兼并企业通过设定中间产品的价格上限达到纵向圈定的目的，即兼并企业必须能够“可信地承诺”不参与中间产品市场的价格竞争，承诺一个中间产品的价格上限。然而，锐芬（Reiffen）、哈特（Hart），泰诺尔（Tirole）认为在OSS模型中的承诺未必是可信的。

瑞奥登（Riordan）（1998）开发了具有不对称市场结构的模型以研究主导公司的后向兼并，并将后向一体化的福利效应与事前市场份额联系起来。他证明，如果主导公司的成本优势不是太大，程度较小的纵向一体化是增加社会福利的。而如果主导公司已经充分一体化了，或者其产品市场份额足够大于其投入品市场份额，那么其进一步的一体化可能减少社会福利。

林纳摩（Linnemer）2003年同样主张具有提高对手成本效应的后向兼并（一体化）的福利结果到底如何取决于特定环境。他研究了具有不对称边际成本的下游企业进行古诺竞争的环境，并证明，如果下游主导公司的成本足够低，其纵向兼并就可能改进福利。因为通过提高非兼并公司的投入品价格，有效的兼并公司能够从无效率公司手中夺得市场份额。当然，对社会福利的影响还需要权衡生产效率提高与高产品价格引致的消费者剩余减少。

陈氏（Chen）在OSS模型的基础上进行了拓展，研究后向纵向一体化（兼并）及其竞争效果的连续双寡头垄断模型。研究发现，纵向兼并提高了下游竞争对手的成本，但不是因为参与兼并的上游企业进行纵向市场圈定，而是因为纵向兼并结果既改变了纵向兼并企业在下游市场的定价动机，又改变了下游竞争对手选择上游供应商的动机。

麦基和巴西特（McGee and Bassett）（1976）的后向一体化动机来自于上游原材料市场的价格不确定性。一个制造商是竞争性公司所供应的原材料的唯一购买者，而原材料的价格趋于上升。对于制造商来说，这导致其原材料成本不断上升，结果是，制造商将减少原材料的使用量，从而也就减少了最终品的产量。在此情形下，后向一体化将消除这一买方垄断的无效率，使得产业利润和福利明显增加。

麦克菲（McAfee）1999年通过关注独立投入品供应商对纵向一体化的反应，推翻了“提高对手成本”策略的反竞争效应。其主要观点是，纵向一体化公司通过自己提供投入品来减少对独立投入品供应的需求，并因此降低了他们的价格。这反过来鼓励纵向一体化公司也以较低价格出售其投入品，因为兼并消除了上游公司投入品上的加成，可能减少所有投入品的成本。这时独立投入品供应商降低价格以应对来自被兼并公司的这一低价替代品；而纵向一体化公司继续降低其投入品价格也是为了应对独立投入品供应商的低价。如果下游两家公司在最终产品市场上的竞争足够弱，那么纵向一体化对其他投入品供应商的影响可能占优于排他效应，导致纵向一体化有益于下游对手而有害于上游对手。然而，对上游竞争对手的损害在于减少了他们在边际成本上的加成，即损害了他们的垄断势力。这种行为显然就不具有反竞争效应了。

佩里（Perry）1978年将麦基和巴西特（McGee and Bassett）的模型加以扩展，将买方垄断者（存在市场不完全）的纵向兼并决策过程纳入其分析框架。当制造商在实施后向一体化时，可能通过一次收购一个供应商的方式来攫取租金，这使得制造商能够实质性地减少后向一体化的成本。因此，租金抽取是一种不完全价格歧视的形式，可以强化制造商的后向一体化激励。

化冰、潘晓军等构造了上游双头垄断，下游多厂商的产业结构模型，研究了上游在位企业面临进入威胁时的兼并模式选择，发现兼并战略选择取决于下游企业的数量及上游市场进入成本。即使不考虑规模经济，一定条件下，横向兼并仍是企业的均衡战略，揭示了政府和企业兼并方式中的利益冲突关系。

周海蓉的研究表明，下游企业实施纵向一体化，将改变其为竞争对手提供中间投入品的动机。然而在纵向一体化后，下游企业的竞争对手也会改变选择中间投入品供应商的策略。据此所构建的模型，旨在分析双方在纵向一体化之后的策略性行为，同时研究了纵向一体化的共谋效应和效率效应，并借助最终产品的差别程度分析了纵向一体化对消费者的影响。

张地生、陈宏民在一般性假设下分析了纵向一体化的动机及其外部性。结果表明：第一，下游企业不仅存在主动兼并动机，而且还存在为降低其他企业纵向兼并对自身的负的外部性而进行的被动兼并动机；第二，不进行纵向市场圈定时的纵向兼并是促进市场竞争的，而当兼并后企业进行纵向市场圈定时，纵向兼并则会弱化市场竞争；第三，纵向兼并将导致上游企业利润增加；第四，参与兼并的下游企业效率越高，纵向兼并越可能是促进社会福利的。

马新安和张列平建立了上下游各有两个企业的竞争模型，分析企业以横向兼并和纵向兼并为策略变量时的对策均衡。研究表明：当上游企业以横向兼并和纵向兼并为策略变量进行对策时，上下游企业分别横向兼并是子博弈完美纳什均衡；他们同时讨论了政府、企业和消费者三方在兼并中的利益冲突。

张军和陈宏民对有纵向关系的产业中企业间的兼并模式抉择进行研究发现，当纵向和横向兼并均是可行和合理情况下，企业兼并模式的选取依赖于企业资产、市场容量及生产成本，并揭示了政府、企业、消费者三方在兼并方式中的利益冲突关系。

张福利、白宇欣和达庆利对影响纵向兼并企业获利性和均衡行业结构的决定因素做了研究。研究表明，纵向兼并企业是否有利可图以及将会产生什么样的均衡行业结构，既取决于最初行业中上下游企业的数目，也取决于下游市场结构和下游企业的战略力量。

1.2.3 跨国兼并相关理论模型

跨国兼并的理论研究是将企业兼并理论跨越国界来解释跨国兼并现象。亨纳特（Hennart）和帕克（Park）认为，绿地投资和跨国兼并两种进入模式的选择取决于从两个不同市场上获取相关投入的不同成本，如果可以在产权市场套利，则选择兼并投资；如果可以在要素市场上套利，则选择绿地投资。

而巴克利和卡森（Buckley and Casson，1998）进一步从市场成本（Marketing Costs）、适应成本（Adapt Costs）和信任成本（Costs of Building Trust）角度比较跨国兼并和绿地投资的成本差异，构建了跨国企业海外市场进入模式的综合模型。

阿南德和迪力奥斯（Anand and Delios）（2002）认为，技术能力在全世界具有可复制性，但品牌和销售能力只属于特定市场，然而，对于投资方来说，销售能力、品牌等无形资产的认定和管理是非常困难的。因此，对于无形资产比重大，研发以及广告强度高的行业，采用兼并比其他合作方式更为有效。另外，市场进入决策还与企业资源的可获得性和重要程度有关，获取外部资源和开发利用自有资源的市场进入决策也是不同的。例如，对于拥有较强技术能力的企业，有学者认为跨国兼并方式下的技术转移和企业整合成本较高，因而选择新建投资；但是也有学者认为主导企业为了防止技术的溢出，往往通过兼并消灭潜在的竞争对手。

F&S 模型是主要针对封闭经济环境下的企业兼并行为。陈宏民、Anming Zhang 将研究进一步扩充到开放经济环境下的企业兼并行为，分析了横向兼并对企业、国内社会福利及整个经济系统的影响，指出开放经济环境与封闭经济环境下的企业兼并对社会福利的影响有显著差异。他们认为在开放经济环境下，对于存在巨大规模经济的产业，政府更应放宽对跨国兼并行为的限制。随后，陈宏民、王强等及张地生等对此问题作了进一步研究，深化和补充了陈宏民与 Anming Zhang 得出的结论。

王强、王浣尘等则进一步研究了跨国兼并对国内外企业利润的影响，指出国际贸易型企业比单纯国内贸易型企业在面临国外企业的兼并中更具有获取利润的优势。此外，龙（Long）和霍恩（Horn）将开放经济下的横向兼并扩展到了动态博弈，研究了国内外企业与政府之间围绕横向兼并的利益冲突和长期均衡，并分析了企业的兼并动机和各国政府的产业规制政策，研究结果表明，企业与政府之间的利益是否一致具有条件性，并给出了兼并获利的条件。

莫晓芳、彭真善通过建立一个信息不对称情形中的两阶段古诺竞争模型，以分析企业的跨国兼并。模型同时考虑企业间信息分享与产品协调问题，得出不完全信息下兼并发生的可能性超过对称信息情形，外国企业总倾向于与一国内企业分享信息，兼并的发生取决于需求波动程度及产品异质性程度。

郑迎飞、陈宏民采用古诺垄断竞争模型，分析了跨国兼并活动对产业结构和社会福利的影响。他们认为：大企业引进外资及其协同效应的提高能增加社会福利；但中小企业有动机以更高的成本引进外资。大企业以股权收购方式收购小企业能提高社会福利，但大企业之间相互持股会降低社会福利。大企业之间现金收购为正外部效应，小企业之间现金收购有负的外部效应。

1.3 本书使用的理论工具和研究方法

博弈论是在冯·诺依曼、摩根斯坦恩（1944）以及纳什等研究基础上建立起来的，专门研究相互依赖、相互影响的决策参与者的理性决策行为以及这些决策的均衡结果的理论。企业无论进行横向兼并，还是进行纵向兼并和跨国兼并，兼并博弈的相关者之间的都是一种博弈关系。兼并规制的设计、政府反垄断等制度的设计，其实都是建立一种最有效规则，使得企业兼并参与者能够在这种制度安排下求得均衡。20世纪70年代起博弈论被经济学家泽尔腾、海萨尼等引入企业战略行为的分析中。作为解释力更强、结论更为有效的分析工具，博弈论在企业管理理论、产业组织理论中也得到广泛应用。用博弈论作为方法论分析企业行为，弥补了芝加哥学派在分析工具上的缺陷，丰富与发展了企业管理理论及产业组织理论。但是博弈论给企业管理理论带来的不仅仅是经济学方法论上的革命，在研究结论上也与哈佛学派、芝加哥学派并不完全一致，有时甚至是更新了芝加哥学派的观点。博弈论和激励问题与福利经济学的结合，又使得有关政府管制的传统思想发生了革命，因此，博弈论成为当代学者研究参与者策略行为的最理想方法。著名经济学泰勒尔（Jean Tirole）说："正如理性预期使宏观经济发生革命，博弈论广泛而深刻地改变了经济学家的思维方式"。一些学者将这些理论上的创新称为"新产业组织理论"，这些学者后来又被称为"后芝加哥学派”。本书认为，称之为“后芝加哥学派”的提法更合理些。博弈论等分析工具的引入，使“产业组织理论”在逻辑推理上更为严密，因为它将研究的焦点转移到了对模型初始条件、策略与环境的判定上，使整个理论体系的研究更加完整。

本书将运用博弈论、高级微观经济学和福利经济学等研究成果，在前人研究的基础上，构建相应的理论模型，以揭示企业兼并的内在机理，并对企业在兼并中所采取的策略、实施兼并行为的企业的后果和政府规制所带来的社会福利的变化等诸多方面进行分析。需要指出的是，芝加哥学派正确指出了哈佛学派在推理上的不严密，也认识到对企业行为进行合理且合乎逻辑的分析的重要性，但他们的分歧只有适当地用博弈论才能深刻地反映出来。

1.4　本书的研究思路与主要内容

本书首先回顾了国内外兼并理论与兼并模型研究的成果，发现目前普遍采用的兼并理论量化模型与现实经济生活中的兼并活动的趋势相去甚远。而已有的兼并理论尽管在定性分析过程中提出了追求协同效应是兼并行为的目的，但是，定量分析研究却很单薄，难以科学地解释和归纳出兼并活动的内在规律。因此，本人尝试在前人兼并理论的研究基础上，以博弈论为研究工具，综合运用产业组织理论和福利经济学的基本理论，首先构建了一个量化了协同效应的扩展 SSR 模型，试图回答学者提出的“兼并悖论”，结果发现只要有足够的协同效应，兼并就会发生。

在系统考察横向兼并的各种类型的过程中，本人发现国外学者对横向兼并中“强强联合”、“大鱼吃小鱼”和“弱弱联合”等类型都予以了系统的模型研究，而对现实经济中出现频率较低，但是也有成功案例的“蛇吞象”式的企业兼并未进行量化研究。因此，本书试图在 HKM 模型的基础上，沿用动态博弈理论工具，构建一个“蛇吞象”式的企业兼并模型，弥补原有 HKM 模型的缺憾。

从实践中看，纵向兼并也是兼并活动中常见的现象。尽管发生的频率远不如横向兼并，但是，成功的范例比比皆是。需要研究的是，纵向兼并一定是反竞争的吗？对此，学术界也有哈佛学派与芝加哥学派之争。需要明晰的是，哈佛学派与芝加哥学派的分歧到底在哪里？在什么条件下哈佛学派的理论成立？芝加哥学派理论的依据是什么？如果参与兼并的企业采取不同的策略，兼并效应是怎样的？在任何条件下纵向兼并都是反竞争的吗？本人又在芝加哥学派的基础上，引入新制度经济学的思想，构建了企业兼并策略模型，研究了在兼并过程中，企业采取不同的策略行为时纵向兼并的反竞争效应。

随着经济全球化进程加快，国际资本的流动与跨国兼并方兴未艾。如果说政府对横向与纵向兼并规制仅仅是寻找提高国内市场绩效的途径，那么跨国兼并就会涉及国家之间的利益冲突。如此，跨国兼并给理论界提出了一个新课题：对跨国兼并需要规制吗？国家之间存在隐蔽信息，信息不对称是否构成跨国兼并的障碍？如果不存在障碍，政府怎样规制才能既保护市场竞争效应，又能维护国家安全？本书尝试构建了一个不对称信息下的跨国兼并模型。

本书结构和研究内容见前言及目录。

1.5 本书研究过程中的创新点与难点

1.5.1 本书研究的创新点

创新点之一：构建了扩展的 SSR 模型。从著名赛伦特（Salant）、斯维兹（Switzer）和瑞纳德（Reynolds）模型中，我们不难发现他们的理论结论与现实中企业兼并的事实相去甚远，既然参与兼并的企业很难从兼并中获利，现实中为何有如此多的兼并行为？既然参与横向兼并的主要受益者是未参与兼并的企业，那么现实中为何反对和阻止横向兼并的恰好是那些未参与兼并的企业？这就构成皮派尔等人提出的“兼并悖论”（Merger Paradox），“兼并悖论”也为后来的学者提出了新的研究课题和挑战。本书在 SSR 理论模型基础上，通过引入协同效应，新建立了一个扩展的企业横向兼并模型，对企业兼并的条件和兼并前后社会福利的变化进行了研究，使兼并理论更符合真实企业的情况，对现实经济更具有说服力。通过对扩展的SSR模型的研究表明：在行业企业数目大于等于4的情况下，只要存在足够大的协同效应，任意两个企业都存在兼并的利益动机。兼并的结果不仅使两个参与兼并的企业自身利润增长，而且社会福利也增加了。新扩展的SSR模型增加了协调效应分析，克服了SSR模型企业没有兼并动机的缺陷，并能解释现实中为何反对和阻止横向兼并的都是那些未参与兼并的企业的原因，也能解释为何现实中横向兼并大部分失败的原因，破解了皮派尔（Pepall）等人提出的“兼并悖论”。

创新点之二：本书在HKM模型的基础上，构建了“蛇吞象”的兼并模型，使得现实中很少发生的“蛇吞象”兼并，在理论上得到合理解释，使HKM模型在理论上的运用范围进一步扩大，丰富发展了HKM模型。特别是针对“蛇吞象”兼并模型，本书给出了“蛇吞象”兼并动机出现的充要条件。对照HKM模型的结论与SSR模型的异同点，有趣的是扩展的HKM模型在特殊情况下可以转换成SSR模型。

对扩展的HKM模型的研究表明：无论“大鱼吃小鱼”、“蛇吞象”、“强强联合”，还是“弱者联合”的兼并，在特定条件下，四种兼并对参与企业都是有利可图的，但这些类型的兼并都会提高市场集中度，导致消费者福利和社会福利下降。扩展的HKM模型可以解释我国目前普遍存在的外资企业兼并我国龙头企业，形成“产业通吃”的原因，也为政府规制外国兼并国内企业提供了理论依据。

创新点之三：将社会总福利的变化作为判断兼并效率的标准。为应对日益开放的国际经济环境，促进我国企业形成规模经济，加强国家产业的竞争力，保持经济长期可持续增长，政府在制定兼并规则中，应当更多地从国家总体利益出发，把增强国家产业的竞争力作为一个重要目标。因此，在横向兼并社会福利的效率标准选择上，本书主张以选择社会总福利的大小作为效率目标，而不是单纯考虑消费者福利标准。政府在管制企业兼并的过程，评价企业兼并的效率上也要有灵活立场，对于涉及事关民生的重要产业的兼并活动，一定要求兼并活动能带来最终产品价格的下降、产量上升，让老百姓切实享有消费者福利改善的社会利益。

创新点之四：本书在斯彭勒模型的基础上，构建了金字塔结构和平行结构产业链的纵向兼并模型，解出了斯彭勒数，并将斯彭勒数作为纵向兼并发生的临界值。通过斯彭勒数拓展并部分修正了传统纵向兼并研究成果的一些结论，即纵向兼并不一定导致兼并企业获利，兼并企业获利与否主要取决于产业链中上、下游产业的企业结构状况以及所采用的竞争方式，只有当下游产业通过横行兼并达到一定垄断程度，即下游的企业数目小于斯彭勒数时，才有纵向兼并的动机。研究认为，这种当上下游都寡头垄断企业的产业链，上下游都进行古诺竞争时，纵向兼并可以节约交易成本，降低交易风险，从而将其他非兼并的下游产业企业置于竞争劣势地位，但消费者可以从纵向兼并中受益。

创新点之五：本书构建了一个不完全信息的跨国兼并模型，研究了跨国兼并行为在不对称信息条件下的动机，研究结论表明，不完全信息不能成为跨国兼并的障碍。因此，如果东道国政府对外资兼并不进行规制，兼并将演化成持续性过程，影响国家产业安全。

1.5.2 研究的难点

难点之一：以 SSR 模型为基础，破解“兼并悖论”，必须引入新的变量——协同效应。SSR 模型是在协同效应为零的假定下构建的，现实中协调效应为正又恰好是兼并发生的最重要动机之一，如何将协同效应量化，给出兼并理论的数值标准，嵌入 SSR 模型，就成为构建模型的难点之一。

难点之二：在 HKM 模型中，构建“蛇吞象”兼并类型，必须给出“蛇吞象”兼并发生的所有充要条件，才能保证“蛇吞象”兼并类型有科学依据。必须运用数论知识，通过解高次不定方程，得到“蛇吞象”兼并的所有充要条件。

难点之三：把斯彭勒模型扩展到了上下游企业间的古诺产量竞争，分别讨论了金字塔结构和平行结构两种产业链纵向兼并的状况，对纵向兼并做经济博弈分析，才能得到翔实的结果，正确判断上下游企业进行纵向兼并的福利效果，放宽原来模型的条件，考虑多家上下游企业存在时纵向兼并发生的条件，利用博弈论中的逆向归纳法（backward induction）求出兼并前后的市场均衡解，并以此结果，判断纵向兼并是否提升社会福利。

难点之四：在构建上游是伯川德竞争，下游是古诺竞争的纵向兼并模型中，发现纵向圈定策略与非纵向圈定策略对兼并效率有不同的影响。特别值得注意的是，并非所有的纵向圈定都是反竞争的。那么纵向圈定反竞争的条件是什么，能否给出数值的定位，为反竞争的纵向兼并行为提供量化的规制标准，就成为纵向圈定研究的难点。本书通过研究解出了模型中纵向圈定是否是反竞争的临界值。

第2章

基于协同效应的企业横向兼并模型研究

2.1 引　言

赛伦特（Salant）、斯维兹（Switzer）和瑞纳德（Reynolds）在线性需求函数下，运用古诺产量竞争模型，以若干家边际成本相等的企业为对象，研究了同质产品市场中企业兼并的动机。他们认为：如果企业实施横向兼并，而被兼并企业数小于行业企业总数的80%，收购兼并行为是无利可图的，即兼并行业内企业数的80%是企业兼并行为获利的临界值。由此推出：在古诺多寡头竞争格局中，企业兼并动机弱化的一般性结论，这就是著名的SSR模型。

而德内克尔（Deneckere）和戴维森（Davidson）证明了在有产品差别的伯川德竞争中，即使只有两个企业参与兼并，兼并也是有利可图的。

皮瑞（Perry）与波特（Porter）1985在用资产因素代表企业规模的假定下，基于二次成本函数的凸性，对SSR模型进行了修正（简称P&P模型）。研究发现，在厂商边际成本非对称情况下，若兼并产生规模效应，降低兼并厂商的边际成本，则规模小的厂商具有通过横向兼并扩大规模的动机，该研究颠覆了SSR模型的结论。

经济学家威廉森（Willianson）运用新古典主义经济学的局部均衡福利理论，继承了哈伯特（Harberger）的早期垄断福利损失分析的传统，采用福利权衡模型来分析兼并对社会福利的影响，较早地将社会福利的变化情况作为评价横向兼并的绩效标准。

麦克菲（Mcafee）与威廉斯（Williams）在P&P模型基础上，进一步研究了不同的兼并对社会福利的影响。他们指出：如果行业内资产集中企业的大企业不参与兼并，小企业之间的兼并行为提高社会福利的可能性越大；而最大企业参与兼并或市场兼并行为导致了最大企业规模，是损害社会福利的。

斯腾内克（Johan Stennek）利用双头垄断的古诺模型研究后认为，虽然兼并减少了竞争效率，但是可能通过效率的协同抵消市场势力的负面影响，同时达到改善社会福利的目的。

显然，学者们关于兼并的研究由于分析框架中介入的因素不同，得出的结论是不一致的。尤其是SSR模型的结论与现实中企业兼并的实践活动相去甚远。既然在古诺多寡头竞争格局中，企业兼并动机弱化，现实中为何有如此多的兼并行为？既然参与横向兼并的主要受益者是未参与兼并的企业，那么现实中为何反对和阻止横向兼并的都是那些未参与兼并的企业？这就构成了皮派尔（Pepall）等人描述的“兼并悖论”（Merger Paradox）。

2.2 基于协同效应的企业横向兼并模型

本章将在上述研究的基础上，利用古诺（Cournot）寡头竞争模型，将协同效应理论引入SSR模型，应用博弈论方法进一步拓展研究，尝试建立一个扩展的横向兼并模型，并对企业兼并的条件和兼并前后的社会福利效应的变化进行分析，使兼并理论更符合企业现实，增强对现实经济与市场结构的解释力。研究结果表明，按照本书的假设，当兼并行为不产生协同效应时，本章的横向兼并模型就退化成SSR模型；当兼并产生足够大的协同效应时，企业不仅有兼并利益动机，而且有利于社会福利的提高，为普遍存在的兼并行为提供了理论依据，破解了皮派尔（Pepall）的“兼并悖论”，同时，也为政府对企业兼并进行规制，提供了理论依据及政策标准。

2.2.1 对拟建兼并模型的几个说明

2.2.1.1 模型建立的条件

假设产业中存在n家企业（$n\geqslant 3$），每个企业都生产同质产品，且每个企业固定成本都为零；初始边际成本均为 c；该同质产品的市场反需求函数为：

$$p=\beta-Q$$

$Q=q_1+q_2+\cdots+q_n$，其中 q_1，q_2，…，q_n 分别是这 n 家企业的产量；p 表示该同质产品的市场价格；s 为协同效应导致边际成本下降的数量，即节省了边际成本 s。

2.2.1.2 企业兼并的博弈过程

设 n 家同质企业进行博弈决策，博弈分为三个阶段，见图 2.1。

第一阶段，n 家企业同时选择产量，进行古诺产量竞争，市场达到古诺纳什均衡。

第二阶段，n 家企业中的 $m+1$ 家企业进行兼并；如果合并成一家企业，市场中将减少 m 家同质企业，剩 $n-m$ 个企业进行古诺产量竞争。考虑到协同效应，兼并企业变动成本为 $c-s$，具有成本优势，合并之后的利润水平应当大于等于第一阶段 $m+1$ 家古诺均衡时的利润之和，否则不应合并。

第三阶段，对 $m+1$ 家企业合并成一家企业的兼并行为，政府应当根据效率与公平的原则评价其社会福利的变化情况，并作为兼并规制政策的标准。

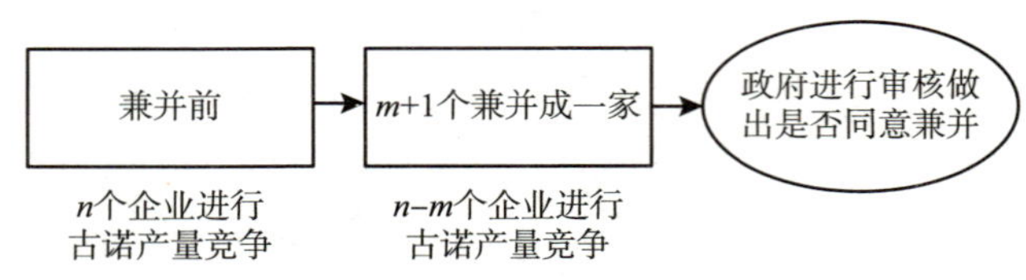

图 2.1 兼并博弈示图

2.2.1.3 协同效应（Synergy）的含义

协同效应的术语最早出现于 20 世纪 60 年代，一般是指完成兼并的合并企业能够通过管理协同效应、经营协同效应、财务协同效应等企业战略动机协同等行为，形成资源共享、资本迅速积聚、降低成本和促进产品差异化的若干优势，最后达到 1+1>2 的效应过程。

效率理论认为，企业兼并活动有着潜在的社会效益，企业兼并的动因在于通过兼并可以获得某种协同效应，即 1 +1 >2 效应。该理论假设兼并对收购公司和目标公司双方都是价值增值的投资，因而兼并的总收益为正。协调效应主要包括管理协同效应、经营协同效应和财务协同效应等。

（1）管理协同效应。管理协同效应是指通过兼并行为，管理能力相对较强、效率相对较高的公司管理层获得低效公司的控制权，再通过资产重组、业务整合等，改善低效公司营运效率，实现价值增值。此理论有两个前提：兼并公司有剩余管理资源，且不容易释出；目标公司的非效率管理可以在外部管理人介入下得以改善。显然，管理协同假说暗含的前提是企业之间在管理效率上要存在可比性，即兼并双方处于同一行业，且目标企业的管理效率低于行业平均水平或现有的经营潜力未充分发挥出来，兼并企业有能力改善目标企业的经营业绩，因此，这一理论常常视为横向兼并的理论依据之一。

（2）经营协同效应。经营协同效应主要来源于规模经济（Economies of Scale）和范围经济（Economies of Scope）。在给定技术条件的情况下，如果在某些产量范围内产品的平均成本是下降的，就认为存在着规模经济，最典型就是铁路、汽车、飞机制造和医药等行业。范围经济指企业能够利用现有产品的生产销售经验以较低的成本生产相关的附加产品，如汽车制造业。对于横向兼并，通过扩大经营规模，可以降低平均成本，提高利润，实现规模经济效应；或者是通过兼并，使企业间的优势互补。这里隐含了对某些现存的要素未充分利用，而另一些生产要素却没有给予足够的投入。

（3）财务协同效应。财务协同效应指通过兼并，合并后的新公司具有合并前各个单独公司所不具有的财务上的优势。该理论认为，企业的资本成本可以通过企业兼并的方式降低，比如兼并产生的“债务的共同担保”效应、“现金的内部流转”效应等，可以使企业的资金筹措成本大大降低。此外，当兼并企业与目标企业的现金流量没有明显的高度相关时，风险分散化的目的就会达到，这就是“多角化战略”和“风险分散说”的观点。广义上的财务协同效应还包括“预期效应”，即由于兼并使市场对企业股票评价发生改变而对股票价格的影响，也是股票投机的一大因素。提出赋税考虑说（Tax Consideration）的韦斯顿（J. F. Weston）认为，税收制度有时也会鼓励企业参与兼并。在某种特定的税收政策下，如果企业兼并能创造一种宽松环境，使资本结构变得能够获得更优惠的税收待遇，那么也会导致兼并的发生。

韦斯顿（J. F. Weston）还进一步深化了协同效应（Synergy theory）内涵，认为：企业兼并对整个社会来说是有益的，它不仅能通过经营协同效应带来生产效率的改进和经营效益的提高，而且，横向兼并后的企业能充分利用规模经济或范围经济，会使新企业在成本节约的同时利润增加。

本书中的协同效应（Synergy）特指企业购并行为对产品边际成本的节约 s。本书研究的内容是：一是当协同效应达到多少时，即当边际成本节省 s 为多少时，企业兼并才对兼并的参与者是有利的；二是当协同效应达到多少时，能够增进社会的总福利。

2.2.2 对协同效应的企业横向兼并扩展模型的求解

2.2.2.1 兼并博弈第一阶段：*n* 家企业进行古诺竞争

此时企业没有兼并行为，受市场需求限制，每家企业最大化其利润：

$$\pi_i = \mathrm{Max}(\beta - q_1 - q_2 \cdots - q_i \cdots - q_n - c)q_i,\ (i = 1,\ 2,\ \cdots,\ n)$$

根据利润最大化条件，当市场达到古诺纳什均衡时，每家企业的均衡利润是：

$$\pi_i = \left(\frac{\beta - c}{n+1}\right)^2 \qquad \text{（公式 2.1）}$$

π_i 是随 n 增加而下降，市场均衡价格为：

$$p = \beta - \frac{n(\beta - c)}{(n+1)^2}$$

每家企业的均衡产量是：

$$q_1 = q_2 \cdots = q_i = q_n = \frac{\beta - c}{n+1} \qquad \text{（公式 2.2）}$$

2.2.2.2 兼并博弈第二阶段：*m* +1 家企业进行兼并的条件

如果 $m+1$ 家企业合并成一家企业，未参与兼并的企业数（简称非兼并企业）为 $n-m-1$，行业内剩 $n-m$ 家企业进行古诺产量竞争。考虑到协同效应节省了边际成本 s，兼并后的企业边际成本为 $c-s$，q_M 为兼并企业的产量（$m+1$ 家企业合成一家企业的产量）。

由于 $n-m-1$ 家非兼并企业的边际成本为 c，那么，单个非兼并企业的利润为：

$$\prod_i = (p-c)q_i = (\beta - q_1 - q_2 \cdots - q_i \cdots - q_{n-m-1} - q_M - c)\ q_i,\ (i=1,\ 2,\ \cdots,\ n-m-1)$$

最大化其利润：

$$\frac{\partial \prod_i}{\partial q_i} = \beta - q_1 - q_2 \cdots - 2q_i \cdots - q_{n-m-1} - q_M - c = 0,\ (i=1,\ 2,\ \cdots,\ n-m-1)$$

整理得非兼并企业利润最大化的产量为：

$$q_i = \frac{\beta - c - q_M}{n-m},\ (i=1,\ 2,\ \cdots,\ n-m-1) \qquad \text{（公式 2.3）}$$

兼并企业的利润函数为：

$$\prod{}^M = [p-(c-s)]q_M = (\beta - q_1 - q_2 - q_{n-m-1} - q_M - c + s)q_M$$

最大化其利润：

$$\frac{\partial \prod^M}{\partial q_M} = \beta - q_1 - q_2 \cdots - q_{n-m-1} - 2q_M - (c-s) = 0$$

将（公式 2.3）代入上式，整理得兼并企业利润最大化产量为：

$$q_M = \frac{(\beta - c) + s(n-m)}{n-m+1} \qquad \text{（公式 2.4）}$$

兼并企业利润为：

$$\prod{}^M = \left[\frac{(\beta - c) + s(n-m)}{n-m+1}\right]^2 \qquad \text{（公式 2.5）}$$

再将（公式 2.4）代入（公式 2.3），得单个非兼并企业的产量为：

$$q_i = \frac{(\beta - c) - s}{n-m+1} \qquad \text{（公式 2.6）}$$

求出单个非兼并企业的利润为：

$$\prod_i = \left[\frac{(\beta - c) - s}{n-m+1}\right]^2 \qquad \text{（公式 2.7）}$$

加总兼并企业与非兼并企业的产量，得到兼并后市场总产量为：Q^{post}。

$$Q^{post} = (n-m-1)q_i + q_M = \frac{(\beta - c) - s}{n-m+1}(n-m-1) + \frac{(\beta - c) + s(n-m)}{n-m+1} = \frac{(n-m)(\beta - c) + s}{n-m+1} \qquad \text{（公式 2.8）}$$

企业兼并行为发生的条件：令函数 $g(n, m, s)$ 为兼并企业兼并前后的利润差额，则 $g(n, m, s)$ 是（公式2.5）与（公式2.1）做一个减法：

$$g(n, m, s) = \left[\frac{(\beta - c) + s(n - m)}{n - m + 1}\right]^2 - \frac{(m+1)}{(n+1)^2}(\beta - c)^2 \quad \text{（公式2.9）}$$

显然，横向兼并发生的条件：当 $g(n, m, s) \geqslant 0$ 时，企业兼并才有利可图，兼并才会发生。

注意：如果 $s = 0$，上述扩展模型就退化成 SSR 兼并模型，收益函数变为 $g(n, m, 0)$，显然，SSR 兼并模型成为本书扩展兼并模型中的一个特例。

2.2.3 基于协同效应的企业横向兼并分析

2.2.3.1 协同效应为零时企业横向兼并模型分析

在协同效应为零情况：即在 $s = 0$，时，模型就退化成 SSR 兼并模型，我们讨论这时企业兼并的条件、社会福利的变化及非兼并企业的利润变化。

（1）企业兼并行为发生的条件。

当 $s = 0$ 时，（公式2.9）变为：

$$g(n, m, 0) = \left[\frac{\beta - c}{n - m + 1}\right]^2 - \frac{(m+1)}{(n+1)^2}(\beta - c)^2, \ (0 < m < n - 1)$$

（公式2.10）

$g(n, m, 0)$ 为了方便计为 $g(n, m)$，对（公式2.10）求偏导，得到：$\frac{\partial g}{\partial m} = \frac{(1-n)(\beta - c)^2}{(n+1)^3} < 0(n \geqslant 3)$，$\frac{\partial^2 g}{\partial m^2} = \frac{6(\beta - c)^2}{(n - m + 1)^4} > 0$，$(0 < m < n - 1)$，说明 $g(n, m)$ 图像在 $0 < m < n - 1$ 区间是下凸，见图2.2。

图2.2显示，在 $0 < m < n - 1$ 区间，$g(n, m)$ 曲线与横轴有一个交点 m^*，即兼并的收支平衡点。如果企业兼并的数目少于 $m^* + 1$ 家，$g(n, m) < 0$，收购兼并无利可图；如果企业兼并的数目多于 $m^* + 1$ 家，$g(n, m) > 0$，收购兼并有利可图。我们把 $m^* + 1$ 与行业企业总数 n 的比值定义为兼并收支平衡比率 $x(n)$，简记 x，即 $x = \frac{m^* + 1}{n}$，或：$m^* = nx - 1$。

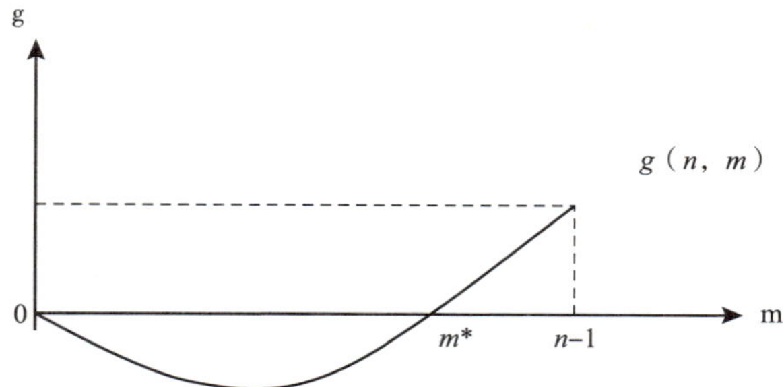

图2.2　没有协同效应 $s=0$ 时，$g(n, m)$ 图像

将 $m^*=nx-1$ 代入（公式2.10），并令其为零：

$$g(n, m^*)=\frac{1}{(n-m^*+1)^2}-\frac{m^*+1}{(n+1)^2}=0$$

得到以下 x 三次方程：

$$\frac{1}{(n-nx+2)^2}-\frac{nx}{(n+1)^2}=0$$

方程三个根分别为：

$$x_1=\frac{1}{n},\ x_2=\frac{2n+3+\sqrt{4n+5}}{2n},\ x_3=\frac{2n+3-\sqrt{4n+5}}{2n}$$

第一个根意味着没有企业参与兼并，相当于 $g(n, 0)=0$ 没有兼并发生的情形；第二个根意味着企业参与兼并的数目超过行业企业总数 n，没有经济学意义。只有第三个根 $x=\frac{2n+3-\sqrt{4n+5}}{2n}$，兼并收支平衡比率才有意义。

通过 $\frac{dx}{dn}=0\Leftrightarrow 3\sqrt{4n+5}-2n-5=0$ 不难求出：$n=5$ 时，$\left.\frac{d^2x}{dn^2}\right|_{n=5}>0$。根据数学分析易知：兼并收支平衡比率 x 在 $n=5$ 达到最小值，此时 $x(n)|_{n=5}=\frac{2n+3-\sqrt{4n+5}}{2n}=0.8$

我们把 $\frac{2n+3-\sqrt{4n+5}}{2}$ 定义为赛伦特数（Salant number），其经济意义是：如果不存在协同效应，n 家企业中若干个企业进行兼并，参与兼并企业的个数必须大于或等于对应的赛伦特数。由于企业兼并的数目必须是整数，对应的赛伦特数必须取整。

例：$n=5$，$m+1\geqslant\left.\frac{2n+3-\sqrt{4n+5}}{2}\right|_{n=5}=4\Rightarrow m+1\geqslant 4$

$$n=6,\ m+1\geqslant\left.\frac{2n+3-\sqrt{4n+5}}{2}\right|_{n=6}=4.807\Rightarrow m+1\geqslant 5$$

$$n=100,\ m+1\geqslant\left.\frac{2n+3-\sqrt{4n+5}}{2}\right|_{n=7}=91.44\Rightarrow m+1\geqslant 92$$

将上述计算列表得表 2.1。

表 2.1　SSR 模型有利可图的最小兼并规模（$m+1$ 必须为赛伦特整数）

n	3	4	5	6	7	8	…	100	1000
$m+1$	3	4	4	5	6	7	…	92	970

表 2.1 显示：在进行古诺产量竞争的行业中，企业数为特定的 n，如果被兼并企业数目占行业内企业总数小于 80%，兼并一般无利可图。只有被兼并企业数目占行业内企业总数超过 80%，且随着企业数的增加参加兼并的企业比例也同时增大，兼并才是有利的。所以，赛伦特模型的结论，可以解释现实中很多没有实现协同效应的兼并行为失败的原因，如“拉郎配”式的兼并一般难以成功。上述研究可以概括为以下准确的命题来描述：

命题 2.1　当 $s=0$ 时，兼并企业数目 $m+1\geqslant(2n+3-\sqrt{4n+5})/2$ 时，横向兼并对参与企业有利，企业存在兼并动机；当兼并企业数目 $m+1<(2n+3-\sqrt{4n+5})/2$ 时，横向兼并对参与企业无利，企业不存在兼并动机。

横向兼并扩大了兼并企业的生产规模，在提高兼并企业自身的效益的同时，也形成了产业集中，增加了形成市场势力和企业垄断的机会，从而导致产量下降，社会福利损失。按照威廉森（Willianson）观点，判断兼并行为的绩效，除了衡量兼并对兼并企业自身是否有利外，还要比较兼并对社会净福利的变化，从而为政府规制企业兼并政策提供依据。

（2）对兼并前后的社会福利和消费者剩余变化的比较。

社会福利由消费者剩余与企业利润构成，令：兼并前社会福利为 W^{pre}，兼并后社会福利为 W^{post}，根据经济学知识易知：

$$W^{pre}=CS^{pre}+PS^{pre}=\frac{1}{2}\ (Q^{pre})^2+n\pi_i$$

根据（公式2.1）和（公式2.2）得：

$$n\pi_i = n\left(\frac{\beta - c}{n+1}\right)^2,\ Q^{pre} = n\frac{\beta - c}{n+1};$$

兼并前社会福利为：

$$W^{pre} = \frac{1}{2}\left(n\frac{\beta - c}{n+1}\right)^2 + n\left(\frac{\beta - c}{n+1}\right)^2 = \left(\frac{1}{2}n^2 + n\right)\left(\frac{\beta - c}{n+1}\right)^2 \qquad \text{（公式2.11）}$$

兼并后社会福利：

$$W^{post} = CS^{post} + PS^{post} = \frac{1}{2}[Q^{post}]^2 + \prod{}^M + (n - m - 1)\prod{}_i$$

（公式2.12）

将（公式2.5），（公式2.7）和（公式2.8）代入上式，整理得：

$$W^{post} = \frac{1}{2}\left(\frac{n-m}{n-m+1}\right)^2(\beta - c)^2 + \frac{n-m}{(n-m+1)^2}(\beta - c)^2$$

兼并后社会净福利为：

$$\Delta W = W^{post} - W^{pre} = \left[\frac{1}{2}\left(\frac{n-m}{n-m+1}\right)^2 + \frac{n-m}{(n-m+1)^2} - \frac{1}{2}\frac{(n^2+2n)}{(n+1)^2}\right](\beta - c)^2$$

$$= -\frac{m(2n-m+2)}{(n+1)^2(n-m+1)^2}(\beta - c)^2 < 0$$

对于 $m = 1,\ 2\cdots n-1$ 成立。

兼并前后市场总产量之差为：

$$\Delta Q = Q^{post} - Q^{pre} = \frac{n-m}{n-m+1}(\beta - c) - \frac{n}{n+1}(\beta - c) = \frac{-m(\beta - c)}{(n-m+1)(n+1)} < 0$$

显然：由于兼并后行业总产量减少，市场价格上升，消费者剩余和社会福利都减少了。

命题2.2　如果不存在协同效应，即使兼并对参与兼并的企业有利，总体上必然造成消费者剩余和社会福利的净损失。

由此可见，没有协同效应的SSR类型企业兼并，大多会导致社会福利和消费者剩余的减少，我们称之为“兼并的单边效应”（Unilateral Effect）。从经济学角度看，此类仅产生“单边效应”的兼并行为，恰好是政府管制的对象。因为政府规制的原则是阻止市场势力达到不合理的程度，尤其要阻止对消费者、社会有害的情况发生，或者对这种情况加以补救。从我国来看，在改革开放与市场经济的初期阶段，中国经济更多的是数量型增长，注重培育市场主体的形成与成熟，注重兼并企业的自身效益，鼓励兼并是可以理解的。实施转变经济增长方式战略后，应当更加关注经济增长的质量，应当调整对兼并行为的政策方向。在制定兼并管制政策时，除考量参与企业的兼并效益外，必须同时强调提高兼并的社会绩效，支持双赢的兼并行为，促进资源效率的提高，早日在我国建立市场成本节约型经济。

（3）对兼并前后非兼并企业的利润变化的比较。

兼并前，每个非兼并企业的均衡利润是 $\pi_i=\left(\frac{\beta-c}{n+1}\right)^2$，兼并后，每个非兼并企业利润为：$\prod_i=\left(\frac{\beta-c}{n-m+1}\right)^2$，总是大于 $\pi_i=\left(\frac{\beta-c}{n+1}\right)^2$。

显然，兼并后非兼并企业的利润增大了，故有以下命题。

命题 2.3 对于任意的整数 $m(1\leqslant m\leqslant n-1)$，$\pi_i<\prod_i$ 总是成立，可见无论行业内多少企业参与兼并，兼并企业是否获利，主要受益者都是未参与兼并的企业。

1950 年，斯第格勒（George Stigler）就行业内的兼并问题曾经提出了非兼并企业获利机会大于兼并企业的结论：对整个行业进行垄断一定能带来收益，原因在于行业总利润会随着 n 减少而增加。由于收购兼并的利润来自企业兼并后减少产量引起整个行业的价格上升，不仅参与兼并的企业可以享受价格上升的好处，而且未参与兼并的企业可以搭乘免费车，分享价格上升带来的好处。非兼并企业获得的好处还在于，当兼并企业减少产量时，未参与兼并的企业趁势增加产量而更多地获利。

上述论证说明：对于参与兼并的企业来说如果没有协同效应，企业从兼并中获利的机会很少，除非被兼并企业数目占行业企业总数至少超过 80%。SSR 模型与兼并行为经常发生的经济现实显然不一致，导致皮派尔等人描述的“兼并悖论”。破解“兼并悖论”需要新观念、新理论给出答案。

我们将要证明的是，如果存在协同效应，且协同效应充分大，就可以化解“兼并悖论”。

2.2.3.2 协同效应大于零时企业横向兼并模型分析

在此情况下，即在协同效应 $s>0$ 时，我们分析企业兼并的条件、社会福利的变化及非兼并企业的利益变化。

（1）兼并行为发生的条件。

命题 2.1 已经证明，当兼并企业数目 $m+1 \geqslant \frac{2n+3-\sqrt{4n+5}}{2}$ 时，即使没有协同效应，横向兼并对企业也是有利的。如果，存在协同效应，兼并企业将更加有利。因此，本节研究 $s>0$ 的情形，只需分析当兼并企业数目 $m+1<(2n+3-\sqrt{4n+5})/2$ 时，即：$m<(2n+1-\sqrt{4n+5})/2$ 时，兼并企业的效益变化。

根据（公式 2.9）：$g(n, m, s)=\left[\frac{(\beta-c)+s(n-m)}{n-m+1}\right]^2-\frac{(m+1)}{(n+1)^2}(\beta-c)^2 \geqslant 0$

整理得兼并发生的条件：

$$s \geqslant \frac{(n-m+1)\sqrt{m+1}-(n+1)}{(n+1)(n-m)}(\beta-c)$$

又令：

$$\frac{(n-m+1)\sqrt{m+1}-(n+1)}{(n+1)(n-m)}=v_{\min}(n, m)$$

我们定义：$v_{\min}(n, m)$ 为最小兼并协同效应系数。

这样，兼并发生的条件就变成：$s \geqslant v_{\min}(n, m)(\beta-c)$，意味着当协调效应大于等于最小兼并协同效应系数与 $(\beta-c)$ 的乘积，$m+1$ 企业才有兼并动机。

例如：当 $n=7$，$m=3$ 时，计算取得如下最小协同效益系数：

$$v_{\min}(7, 3)=\frac{(n-m+1)\sqrt{m+1}-(n+1)}{(n+1)(n-m)}=\frac{5\sqrt{4}-8}{8\times 4}=0.0625$$

即，如果行业内有 7 家同质企业，其中 4 家企业合并为一家企业，只要协同效应大小满足 $s \geqslant 0.0625(\beta-c)$，4 家企业兼并行为对兼并企业就是有利的。

表 2.2 举出若干最小协同效应系数。

表 2.2　　最小协同效应系数

n	3	4	5	6	7	8	…	10
$m+1$	2	2	2	2	4	5	…	2
$v_{\min}$	0.0303	0.0437	0.0446	0.0424	0.0625	0.0606	…	0.0317

命题 2.4 当兼并企业数目小于赛伦特数（$m+1<(2n+3-\sqrt{4n+5})/2$）时，而协同效应 $s \geqslant v_{\min}(n,\ m)$（$\beta-c$）时，$m+1$ 个企业存在兼并动机；而当 $0 \leqslant s < v_{\min}(n,\ m)$（$\beta-c$）时，$m+1$ 个企业没有横向兼并动机。

我国企业兼并借助于行政行为而兴起，这决定了企业兼并过程中，政府的行政行为对兼并的成败起着关键的作用。企业兼并的实践中，由政府用“拉郎配”的方式强行包办企业兼并，使得优胜劣汰的兼并搞成了“均贫富”的手段，这种兼并带来许多弊端：一是政府经济职能与非经济职能的混同，导致企业兼并的行政性垄断，削弱了优势企业的竞争实力和发展势头；二是政府的干预行为违背市场规律，不利于资源的优化配置；三是导致一些优势企业背上劣势企业的包袱，经济效益严重下降；四是优势企业害怕兼并劣势企业，没有兼并的动力。

（2）比较兼并前后的社会福利变化。

①兼并后的社会福利。

根据 $W^{post}=CS^{post}+PS^{post}=\frac{1}{2}[Q^{post}]^2+\prod^M+(n-m-1)\prod_i$，将（公式 2.4），（公式 2.5）和（公式 2.6）代入得：

$$W^{post}=\frac{1}{2}\left[\frac{(n-m)(\beta-c)+s}{n-m+1}\right]^2+\left(\frac{(\beta-c)+s(n-m)}{n-m+1}\right)^2+(n-m-1)\left(\frac{(\beta-c)-s}{n-m+1}\right)^2$$

②兼并前社会福利。

根据（公式 2.11），

$$W^{pre}=\frac{1}{2}\left(n\frac{\beta-c}{n+1}\right)^2+n\left(\frac{\beta-c}{n+1}\right)^2=\left(\frac{1}{2}n^2+n\right)\left(\frac{\beta-c}{n+1}\right)^2$$

③社会福利的变化。

$$\begin{aligned}\Delta W(s)&=W^{post}-W^{pre}\\&=\frac{1}{2}\left[\frac{(n-m)(\beta-c)+s}{n-m+1}\right]^2+(n-m-1)\left(\frac{(\beta-c)-s}{n-m+1}\right)^2\\&\quad+\left(\frac{(\beta-c)+s(n-m)}{n-m+1}\right)^2-\frac{1}{2}\frac{(n^2+2n)}{(n+1)^2}(\beta-c)^2\end{aligned}\quad（公式 2.13）$$

将 $\Delta W(s)=W^{post}-W^{pre}$（公式 2.13）看成关于 s 的二次函数（开口向上的抛物线），见图 2.3：容易证明，抛物线的顶点在第三象限，顶点坐标为：

$$\left\{-\frac{(n-m+2)(\beta-c)}{2(n-m)^2+2(n-m)-1},\ -\frac{(n-m+1)^2[3(n+1)^2-2(n-m)^2-2(n-m)+1](\beta-c)}{(n+1)^2[2(n-m)^2+2(n-m)-1]}\right\}$$

我们需要考察 $\Delta W(s)$ 在 $s\in(0,\ +\infty)$ 区间的图象性质。

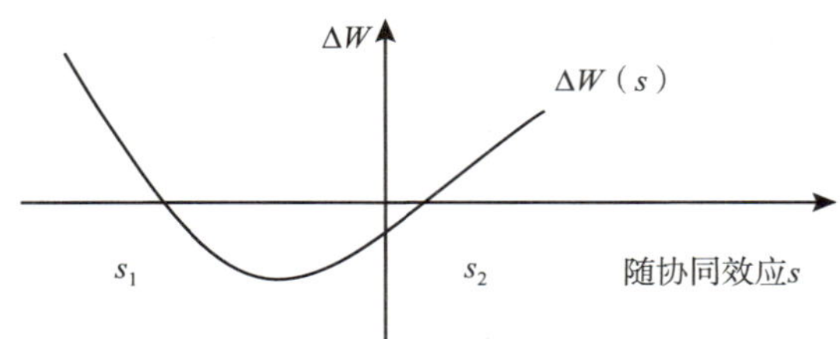

图 2.3　社会净福利 $\Delta W(s)$ 与协同效应 s 关系

图像在（0，+∞）区间，社会净福利 $\Delta W(s)$ 随协同效应 s 增大而上升。给定 n，m，求出 $\Delta W(s)$ 与横轴（0，+∞）间的交点坐标（s_2，0）。令 $\Delta W(s)=W^{post}-W^{pre}=0$，两个根 s_1，s_2，其中 $s_1<0$ 没有意义。

$$s_2=\frac{(n-m+1)\sqrt{3(n+1)^2-[2(n-m)^2+2(n-m)-1]}-(n-m+2)(n+1)}{(n+1)[2(n-m)^2+2(n-m)-1]}(\beta-c)$$

我们定义：$s_2=v_2(\beta-c)$，其中 $v_2(n,\ m)$ 称为最小兼并社会福利系数。很明显：

命题 2.5　当协同效应 $s\geqslant v_2(n,\ m)(\beta-c)$ 时，$m+1$ 个企业的横向兼并，对社会福利有增进作用；而当 $0<s<v_2(n,\ m)(\beta-c)$ 时，$m+1$ 个企业的横向兼并，没有增进社会福利作用。

至此，我们得到两个关键的系数：一是衡量兼并企业能否盈利的临界系数：最小兼并协同效应系数 $v_{\min}(n,\ m)$；二是衡量兼并行为能否增加社会福利的临界系数：兼并社会福利系数 $v_2(n,\ m)$。显然：企业会参与 $s\geqslant v_{\min}(n,\ m)(\beta-c)$ 的兼并；而政府支持 $s\geqslant v_2(n,\ m)(\beta-c)$ 的兼并行为发生。只有协同效应系数同时大于 $v_{\min}(n,\ m)(\beta-c)$、$v_2(n,\ m)(\beta-c)$ 时，兼并行为才具有双赢的性质，政府也会支持。

命题 2.6 当协同效应 $s \geqslant \max[v_2(n, m), v_{\min}(n, m)](\beta - c)$ 时，企业的横向兼并行为既对兼并企业自身是有利的，也改善了社会福利。

需要进一步研究的是兼并社会福利系数与最小兼并协同效应系数的变化规律，并以此作为确定政府对企业兼并行为进行管制的标准。由于任何兼并行为都是从 $m=1$、$m+1=2$ 开始，也是最常见的兼并行为，那么 $v_{\min}(n, 1)$ 与 $v_2(n, 1)$ 在 n 值变化的过程中哪一个系数大，并成为兼并行为的决定性系数呢？

我们可以证明一个十分优美的结果，只要 $n \geqslant 4$，则 $v_{\min}(n, 1) > v_2(n, 1)$ 永远成立。

设 $m=1$，由于

$$v_{\min}(n, 1) = \frac{n\sqrt{2} - (n+1)}{(n+1)(n-1)},\ v_2(n, 1) = \frac{n\sqrt{n^2+8n+4} - (n+1)^2}{(n+1)(2n^2-2n-1)}$$

令：

$$v_{\min}(n, 1) > v_2(n, 1) \Leftrightarrow (2-\sqrt{2})(n-n_1)(n-n_2) > 0$$

（证明的详细过程见本书之后附录 1。）

$$n_1 = \frac{3+\sqrt{2}-\sqrt{7}}{2} = 0.884,\ n_2 = \frac{3+\sqrt{2}+\sqrt{7}}{2} = 3.53$$

计算出 $n > 3.53$，由于 n 是正整数，因此 $n \geqslant 4$ 就能满足 $v_{\min}(n, 1) > v_2(n, 1)$。

命题 2.7 当企业数目（$n \geqslant 4$）时，满足 $v_{\min}(n, 1) > v_2(n, 1)$，这时任意两企业合并为一家企业，只要兼并协同效应满足 $s \geqslant v_{\min}(n, 1)(\beta - c)$，企业的横向兼并，不仅对兼并企业自身有利，也增进了社会福利。

命题 2.7 所表明的经济学意义在于：在行业内企业数超过 4 家时，只要协同效应超过最小兼并协同效应系数与（$\beta - c$）的乘积，不仅企业存在兼并动机，而且兼并完成后，未参与兼并企业的产量和利润也会高于兼并发生前，即兼并行为对非兼并企业具有正的外部性。兼并后，兼并企业的协同效应又形成成本节约优势，导致社会福利提高，对整个社会而言是都是极其有利的。

根据最小兼并协同效应系数公式：

$$v_{\min}(n, m) = \frac{(n-m+1)\sqrt{m+1} - (n+1)}{(n+1)(n-m)}$$

我们容易得到：

$$\lim_{n\to\infty} v_{\min}(n,\ 1) = \lim_{n\to\infty}\frac{n\sqrt{2}-(n+1)}{n^2-1}\to 0,$$

$$\lim_{n\to\infty} v_2(n,\ 1) = \lim_{n\to\infty}\frac{n\sqrt{n^2+8n+4}-(n+1)^2}{(n+1)(2n^2-2n-1)}\to 0$$

根据市场结构理论，当 $n\to\infty$ 趋近无穷大，即产业内企业的数目无限多时，古诺寡占市场就趋近完全竞争市场。此时，最小兼并协同效应系数 $v_{\min}(n,\ 1)$ 和兼并社会福利系数 $v_2(n,\ 1)$ 都趋近零。意味着：任何两个企业的兼并只要能产生一点的协同效应（$s>0$），边际成本略微下降，兼并对企业自身利益和社会福利都有增进作用。那么，政府对待完全竞争市场或接近完全自由竞争市场中的兼并活动，应持宽容和鼓励的政策，这样有利于整个社会福利的提高和市场运行效率的改善。

命题 2.8　当市场结构近似完全竞争市场时，只要有一点协同效应（$s>0$），任何两个企业的兼并，不仅对企业自身有利可图，而且对社会福利有增进作用。

命题 2.8 的结论与经济学家卡布兰（Luis M. B. Cabral）的结论不谋而合，他认为：现实中参与兼并企业的规模越小，兼并的总效应就越好。因为小企业之间的兼并是出自他们自己提高效率的动机，所以兼并企业效率的增加一定能弥补兼并的负面效应。最为关键的是：由于企业数目很多时，兼并带来集中度的提高可以忽略不计，政府一般是不会也不应当阻止这样的兼并活动的。

（3）对兼并前后（$s>0$）非兼并企业的利润及消费者剩余变化的比较。

①非兼并企业的利润变化。

由（公式 2.1）可知，兼并前，每家企业的均衡利润为：

$$\pi_i = \left(\frac{\beta-c}{n+1}\right)^2$$

由（公式 2.7）可知，兼并后，单个非兼并的企业利润为：

$$\prod\nolimits_i = \left(\frac{(\beta-c)\ -s}{n-m+1}\right)^2$$

令：$\prod_i > \pi_i$，容易证明：只有协同效应 $s \geqslant \frac{m\ (\beta-c)}{n+1}$时，兼并后非兼并企业的利润小于兼并前的利润；而协同效应 $s < \frac{m(\beta-c)}{n+1}$时，未

参与兼并的企业利润大于兼并前的利润。

命题 2. 9 如果兼并产生足够的协同效应，满足 $s \geqslant \frac{m(\beta - c)}{n+1}$，兼并对非兼并企业是不利的；而当 $s < \frac{m(\beta - c)}{n+1}$ 时，兼并对非兼并企业是有利的。

命题 2. 9 可以解释为什么现实中反对和阻止横向兼并行为的都是那些非兼并企业。

②消费者剩余的变化。

兼并前，产业的总产量是：

$$Q^{pre} = \frac{n(\beta - c)}{n+1}$$

兼并后，产业的总产量为：

$$Q^{post} = \frac{(n-m)(\beta - c) + s}{n-m+1}$$

消费者剩余与产量的平方成正比：

$$CS = \frac{1}{2}(Q)^2$$

容易证明：

$$CS^{post} \geqslant CS^{pre} \Leftrightarrow Q^{post} \geqslant Q^{pre} \Leftrightarrow s \geqslant \frac{m(\beta - c)}{n+1}$$

$$CS^{post} < CS^{pre} \Leftrightarrow Q^{post} < Q^{pre} \Leftrightarrow s < \frac{m(\beta - c)}{n+1}$$

命题 2. 10 如果兼并能产生足够大的协同效应，满足 $s \geqslant \frac{m(\beta - c)}{n+1}$，这时企业的横向兼并对消费者是有利的，当 $s < \frac{m(\beta - c)}{n+1}$ 时，兼并对消费者是不利的。

进一步，定义 $\frac{m}{n+1}$ 为消费者剩余系数 $v_c(n, m)$。

需要确定的是，当两个企业间的兼并 $m+1=2$ 时，$v_{\min}(n, 1)$、$v_2(n, 1)$ 和 $v_c(n, 1)$ 三个系数的大小。容易证明 $v_c(n, 1) > v_{\min}(n, 1)$（证明见本书之后的附录 2）。

因此对于 $n \geqslant 4$，三者不等式关系是：$v_c(n, 1) > v_{\min}(n, 1) > v_2(n, 1)$ 永远成立。这样我们得到比命题 2. 7 和命题 2. 8 更完整的结论：

命题 2.11　当企业数目（$n \geqslant 4$）时，任意两家企业合并成一家企业，如果能产生足够大的协同效应，即协同效应 $s \geqslant v_c(n, 1)(\beta - c)$，企业的横向兼并，不仅对兼并企业自身有利可图，也增进了社会福利，而且提高了消费者剩余，但是对非兼并企业是不利的。

命题 2.12　当市场中企业的数目趋近无穷大，市场结构近似完全竞争市场时，只要能产生一点协同效应（$s > 0$），任何两个企业的兼并，不仅对兼并企业自身有利，也提高了消费者剩余，也增进了社会福利，但是这样的兼并对非兼并企业是不利的。

通过分项讨论，我们的命题证明：只要兼并的协同效应充分大，不仅任意两个企业可以从兼并中获利，兼并行为经常发生，而且，消费者剩余和社会福利也得到提高，只有非兼并企业的利益受到损害，这与 SSR 模型的结论恰好相反，而与经济中的常见兼并行为一致，这就破解了皮派尔提出的“兼并悖论”之谜，为经济生活中普遍存在的兼并行为提供了理论答案。我们给出包含 n 个（$n \geqslant 4$）同质企业的产业中、有关两个企业兼并，在协同效应不同情况下的政府规制理论依据，结论汇总见表 2.3。

表 2.3　两个企业兼并时的政府规制

兼并的协同效应 s	兼并对参与企业的影响	对消费者的影响	对非兼并企业的影响	对社会福利的影响	政府规制
$0 \leqslant s < v_2(n, 1)(\beta - c)$	没有兼并动机，无利可图	兼并后价格上涨，对消费者不利	对非兼并企业有利	兼并后社会福利下降	坚决阻止
$v_2(n, 1)(\beta - c) \leqslant s < v_{\min}(n, 1)(\beta - c)$	没有兼并动机，无利可图	兼并后价格上涨，对消费者不利	对非兼并企业有利	兼并后社会福利上升	依照产业政策批准或否决
$v_{\min}(n, 1)(\beta - c) \leqslant s < v_c(n, 1)(\beta - c)$	有兼并动机，有利可图	兼并后价格上涨，对消费者不利	对非兼并企业有利	兼并后社会福利上升	一般赞成
$s \geqslant v_c(n, 1)(\beta - c)$	有兼并动机，有利可图	兼并后价格下降，对消费者有利	对非兼并企业是不利的	兼并后社会福利上升	批准

为了更清楚地说明我们的研究，选取 $n = 10$，$m = 1$，进行计算

分析：

$$v_{\min}(10,\ 1)=\frac{(n-m+1)\sqrt{m+1}-(n+1)}{(n+1)(n-m)}=\frac{10\sqrt{2}-11}{11\times 9}=0.0317=3.17\%,$$

$$v_2(10,\ 1)=\frac{(n-m+1)\sqrt{3(n+1)^2-[2(n-m)^2+2(n-m)-1]}-(n-m+2)(n+1)}{(n+1)[2(n-m)^2+2(n-m)-1]}=0.743\%$$

$$v_c(10,\ 1)=\frac{1}{11}=9.09\%$$

当协同效应位于 $0<s<0.743\%(\beta-c)$ 之间，根据命题 2.4 ~ 命题 2.11 的结论，得出：任何两个企业没有兼并动机，横向兼并不仅对兼并企业的利益是有害的，而且，兼并后行业总产量下降，产品价格必然上涨，对消费者也是不利的，同时对社会福利没有增进作用，兼并具有负的外部性。但是对非兼并企业的利润有增进作用。如果兼并企业由于某种原因，错误判断了协同效应，就会出现这种“三输一赢”的兼并活动，政府应当阻止这类兼并。

当协同效应节约的边际成本 s 处于 $0.743\%(\beta-c)\leqslant s<3.17\%(\beta-c)$ 之间，根据命题 2.4 ~ 命题 2.11，得出：任何两个企业的横向兼并，对社会福利有增进作用，对非兼并企业的利润也有增进作用，而对兼并企业自身是无利可图的。

这一结论在我国产业重组中具有特别重要的意义。

过去国有企业中劣势企业退出通道不畅通，造成企业兼并重组中“扶贫”现象不同程度地存在。有一些是属于接近破产的劣势企业，但是由于涉及劣势企业本身员工的安置和稳定问题，这些企业无法按法规和政策进行破产或关闭，地方政府作为这些企业的“父母”，只能采取不是办法的办法，让某些状况较好的国有企业来兼并重组这些企业，即把这些劣势企业“兜”起来，进行“扶贫”。过多这种“扶贫”式的企业兼并重组，兼并企业并非出于自愿，有违经济规律——因为对兼并企业自身是无利可图的，往往也把优质企业耗死。这就造成转型时期我国特有的“拉郎配”现象：总的思路是要兼并方全盘接过被兼并企业的全部员工，以减少对社会稳定的震荡。地方政府的这种做法不可避免地导致企业兼并重组之后的大量冗员，使企业兼并重组的效果打了折扣，由于地方政府财力紧张，对兼并企业很多补偿措施不到位，使很多兼并企业最终也落到兼并经营失败的命运。

在企业自身没有兼并动机的情况下，政府在国有资产重组中应当鼓励兼并，采取放松管制的态度。特别是对鼓励发展的产业，在兼并企业出现亏损时，必须予以充足补贴，或者予以税收方面的优惠。例如，对高科技市场和国内环保企业的兼并进行补贴，这对整个社会福利的提高是有益的。值得注意的是这种优惠政策不能铺得面太宽，政府要根据自身的财力来安排，避免搞好大喜功，落得空喊口号、无疾而终的产业政策。

当协同效应产生节约边际成本的程度处于 $3.17\%(\beta-c)\leqslant s<9.09\%(\beta-c)$ 之间，根据命题 2.4 ~ 命题 2.11，任何两个企业的兼并，对社会福利有增进作用，对兼并企业也是利可图的。政府应当大力支持这种“双赢”的兼并活动。但是我们应当注意，这时的兼并对非兼并企业的利润有增进作用，对消费者的剩余有一定的损害作用。

当协同系数 $v\geqslant 9.09\%$ 时，说明协同效应节约边际成本的程度 $s\geqslant 9.09\%(\beta-c)$，根据命题 2.4 ~ 命题 2.11，任何两个企业都有兼并动机。这时企业的横向兼并，不仅对兼并企业是有利的，对社会福利有增进作用，对消费者也是有利的，但是对非兼并企业是不利的。政府应当大力支持这种“一石三鸟”的兼并活动。

以上的结论与 SSR 模型的结论恰好相反，而与经济中的常见兼并行为一致，这就回答了皮派尔提出的“兼并悖论”之谜，为经济生活中普遍存在的兼并行为提供了理论答案。

2.2.4　效率因素应纳入企业兼并审查

企业兼并的反垄断审查（merger review）制度是国外反垄断体系的重要组成部分。对于反审查制度垄断，国外不仅在相关的法律和指南中做出了相应的规定和解释，而且有专门的反垄断机构组织实施反垄断审查。从国外 100 多年的反垄断历史看，企业兼并的反垄断审查制度既是反垄断理论方法的源泉，也体现了各国企业兼并反垄断的价值取向。由于企业兼并能够提高产业集中度，形成市场势力，形成反竞争效果，降低资源配置效率，因此，长期以来，国外企业兼并反垄断审查的都是针对兼并后反竞争的效果，审查依据的理论方法是美国哈佛学派的 SCP（结构—行为—绩效）范式，审查的内容是市场集中度或者企业的市场份额。20 世纪 70 年代以后，在美国芝加哥大学效率学派的大力推动下，以兼并效率为审查标准的观点得到了反垄断部门的认可，之后，各国反垄断部门才将效率纳入企业兼并反垄断审查中。因此，反垄断审查对企业兼并的效率因素的态度经历了一个从忽视、犹豫，最后积极接纳的过程。

企业兼并“效率”指的是经济学所定义的对稀缺资源的有效利用。企业兼并能够产生的效率主要有生产效率、动态效率、交易效率和管理效率等。20 世纪 80 年代至 21 世纪初，美国、欧盟、加拿大、英国、澳大利亚、德国、爱尔兰、日本、巴西、罗马尼亚等 10 多个国家和地区率先修订了企业兼并的相关政策法规，规定将效率纳入企业兼并反垄断审查中。由于不同的国家国情、经济理论基础、政策历史沿革和反垄断最终目标都不相同，因此各国企业兼并反垄断审查制度既有共同性，也有各自不同的特点。但是，从总体上看，将效率因素纳入企业兼并反垄断审查制度都包含以下两个方面的内容：一是将效率纳入企业兼并反垄断审查的应当具备的条件；二是确定效率与反竞争效果的社会福利标准。

2. 2. 4. 1 效率纳入企业兼并反垄断审查的条件

从国外的经验来看，在进行企业兼并反垄断审查的过程中，政府反垄断部门要求兼并参与者首先声明兼并活动产生的效率。但是，在有限理性条件下，为了实现自身利益最大化，机会主义动机会驱使兼并者往往夸大兼并效率。因此，在兼并政策中，大多数的政府反垄断部门对兼并企业的效率陈述在内容上指定了以下三个条件要求：第一，企业必须说明效率是“企业兼并专有的”。第二，兼并效率必须是“可证实的”。第三，兼并效率是“能够传递到消费者身上的”。这三个规定在不同的国家要求的程度也不尽相同，但是，美国的反垄断政策规定企业的效率声明内容中，这三点要求必须全部满足。以下是对欧美反垄断体系中三项要求的解释：

（1）关于企业兼并专有的效率。美国司法部和联邦贸易委员会在 1997 年联合修改的 1992 年《横向兼并指南》中首次提出企业兼并效率必须是“企业兼并专有的效率”（merger-specific efficiencies），即其他活动方式和经营战略不能实现的效率。如果通过企业内部增长、战略联盟、合资企业、授权经营以及另外的企业兼并等反竞争效果低的其他替代方式能够产生同样的效率，则效率陈述中的效率就不是“企业兼并专有的效率”，那么兼并不符合“企业兼并专有的效率”的标准，兼并不能获得批准。在美国反垄断政策的影响下，几乎所有国家兼并政策都要求企业兼并效率必须是“企业兼并专有的效率”。但是，提前证实预期效率的难度较大，该项标准存在操作障碍。

（2）兼并效率是“可证实的”。欧美大多数国家反垄断部门要求企业兼并产生的效率必须是可证实的而不能是含糊的、推测出来的，或者无可行方法证明的。参与兼并的企业必须在陈述中说明效率的真实性和效率的数量，否则，效率即使是真实的，也会因为难以证实很难得到政府反垄断部门的认可。但是，2007 年 12 月欧盟最新公布的《非横向兼并指南》就删除了“兼并效率是可证实”的要求。

（3）兼并效率是能够传递到消费者身上的。政府反垄断部门从维护消费者利益出发大多要求企业兼并的效率必须有利于消费者。因此，多数政府反垄断部门对节约可变成本的效率比较认同，因为可变成本可以直接影响边际成本，提供了短时间内的产品降价空间，能够将效率转移到消费者身上；相反，固定成本节约则由于在短时间内对价格没有直接较大的影响很难得到政府反垄断部门的效率传递认可。1997 年美国对司法部和联邦贸易委员会的《横向兼并指南》进行了修订，尽管新标准还有一定的含糊之处，但是具有明显的倾向：一项兼并若想得以通过，需要足够高的效率来促进消费者剩余的增加。如果按照消费者剩余标准，以降低固定成本的兼并很难获得政府反垄断部门的同意。

2.2.4.2　确定企业兼并效率的标准

各国依据自身的国情，制定的企业兼并效率标准主要有以下几种：

（1）价格标准与消费者剩余标准。价格标准是由美国反垄断部门提出并采用的，是综合权衡企业兼并效率与反竞争效果的最高的社会福利标准，要求效率必须扭转反竞争效果，并以更低的价格将效率传递到消费者身上，因此，也可以看作是消费者剩余标准，它强调的是消费者的最直接的利益。美国、欧盟、英国、爱尔兰、芬兰等国家和地区的企业兼并政策都倾向采用消费者剩余标准。消费者剩余标准意味着企业兼并产生的效率要使消费者剩余增加，主要体现在两个方面：一种是价格要求，即兼并发生后市场价格有所下降；另外一种要求是，尽管市场价格上涨，但产品质量提高或者效用增加，消费者剩余在总体上有所提高，当然，对于同质产品，价格标准与消费者剩余标准是等价的。

（2）社会福利（总剩余）标准。澳大利亚等国的反垄断部门采用的是社会福利标准。社会福利是指消费者剩余和生产者剩余之和，社会福利标准最早由威廉姆森（1968）提出：只要企业兼并产生的成本节约超过价格上涨导致的效率损失，就认为社会总福利增加。因此，总剩余标准不把财富转移效应作为反竞争效果，只要总剩余增加，即使企业兼并可能损害了消费者的福利，反垄断部门也会批准企业兼并计划。

2.2.4.3 建议我国横向兼并应当采用社会福利作为规制标准

从上述讨论中可以看到，在美国和欧盟，反垄断部门并没有完全按照总社会福利标准评价兼并，而是趋于采用消费者福利标准。如果一起兼并因为它没有反竞争的效果或者因为它产生了传递给消费者的实质性效率，由此引起消费者福利的增加，那么反垄断部门就可以通过这起兼并。

在横向兼并效率标准的选择上，必须结合各国经济发展的实际。我们看到，反垄断法常常受到社会和历史因素的影响，同一标准在不同的国家作用不一定相同。然而，反垄断规制的主要目的是维护整体意义上的竞争或竞争机制，最终促进经济总体效率。对企业兼并进行规制是反垄断法三大核心内容之一，显然，兼并的效率因素应当纳入我国反垄断规制。

芝加哥学派将效率看做反垄断的唯一目标，认为效率等同于社会总福利，效率最大化也就是福利最大化。在完全竞争的情况下，市场机制能够使消费者福利达到最大化，而兼并导致的市场势力对价格的影响必然使得消费者的福利向生产者转移。但是，如果社会总福利并未因兼并减少，甚至还有所增大的话，对该兼并行为是符合效率目标的。如果在福利转移的过程中，除了一部分消费者福利转化为生产者剩余之外，还造成了社会总福利的净损失，对这类兼并的规制是必需的，威廉姆森的福利权衡型标准比较清楚地说明了这一点。

由于兼并中所关注的效率是兼并所特有的，我国的反垄断部门在制定规制政策标准时，也应该关注兼并是否会产生显著的效率。对横向兼并来说，可证实、量化的效率越大，兼并案就应当获得高度认可。如果兼并效率按照社会福利衡量，则兼并企业产生的协同效应满足 $s \geqslant v_2(n, 1)(\beta - c)$。

如果兼并效率按照消费者剩余标准衡量，则兼并企业产生的协同效应满足 $s \geqslant v_{\min}(n, 1)(\beta - c)$，显然对兼并企业而言，消费者剩余标准衡量比社会福利要求要高，这一点在表2.3中表现十分突出。

结合我国现实的国情，考虑到我国当前在世界经济中的地位，我们需要近期促进中国企业形成规模经济，提高国家产业的竞争力，以应对日益开放的国际经济竞争环境，这一点显得尤其重要。那么，在企业兼并的效率标准的制定过程中，考虑动态条件下国家长期产业竞争力的提高，政府在兼并规制的导向中，应该更多地从国家整体利益出发，把加强国家产业竞争力作为一个重要目标，因此，中国最好选择社会总福利标准作为判断兼并行为的效率标准。

在政府管制企业兼并的过程，对于涉及民生的重要产业的兼并活动，评价企业兼并的效率上也要有灵活立场：一定要求兼并活动能带来最终产品价格的下降、产量上升，让老百姓切实享有消费者福利改善的社会利益。政府应在宏观上对企业兼并予以指导，通过不断改革企业产权制度，完善资本市场和推进相应的法律法规建设，以推进企业兼并的市场化、社会化，规范企业兼并行为，将兼并带来的社会损失降至最低点，真正发挥其应有的效应。

国外经验表明：在企业兼并反垄断审查中赋予效率应有的地位，成为现代经济条件下各国反垄断部门的共同选择。总的来看，效率纳入企业兼并后，反垄断审查中的政策环境将进一步宽松。国外企业兼并反垄断审查政策的变迁给我们以下启示：一是要提高对企业兼并效率的认识，加强对兼并效率产生规律的理论研究；二是要借鉴美国、欧盟等主要发达国家和地区的经验，同时借鉴国情相似国家的经验，才能制定出既符合国际惯例又适合我国国情的政策；三是将效率纳入企业兼并反垄断审查中，可以避免有利于社会经济发展的企业兼并行为被禁止，为建立更加符合现代工业特征的规模结构创造政策环境。

2.3 小　结

增进社会福利不仅是经济学中效率衡量的标准，也符合我国当前提高资源利用效率、转变经济发展方式的要求。在我国市场经济进程加快、经济步入全面开放和全球化的条件下，要提高核心竞争力，全国性的产业整合与企业重组是不可避免的。按照本章的研究，企业横向兼并的成败关键在于协同效应的大小。协同效应的存在，往往使企业对兼并的绩效产生了较大的预期，导致市场兼并行为经常发生。但是，现实中影响协同效应实现的因素很多，如企业文化差异，跨地区兼并中的地区体制、习俗差异，跨国兼并中的社会文化差异，都会增加兼并的成本，结果没有使边际成本下降，或边际成本没有下降到预期的效果，导致兼并行为失败，这也是兼并行为经常发生，却又经常失败的原因。正如吴琪、白源在《跨国兼并中的中国式短板》的研究报告中指出的："大约有50% ~70%的兼并案例失败，要么是因预期的协同效应无法实现而导致双方'离异'，要么是兼并后企业的价值并未得到真正的提升。对于刚刚踏上国际化发展道路的中国企业而言，进行跨国兼并的战略思考显得尤为迫切"。

霍普金森（Hopkins）1999年研究总结："看来有明确的证据表明，兼并常常是失败的。但这取决于如何定义失败。如果失败是在极端的意义上使用的，比如说是指企业的出售或清算，那失败率是相对较低的。如果是指没有达到管理部门的预期财务目标，那么失败率就很高"。

当前国内外企业兼并现状可概括为以下几个方面：

（1）受到兼并的强大诱人利益驱使的兼并活动正在以非常迅猛的速度不断增加。

（2）兼并活动本身的复杂性和外界风险对兼并行为的巨大冲击，使得成功的兼并活动数量相对于兼并总体数量来说显得非常低，即兼并活动的失败率非常高。

（3）高失败率并没有阻止企业界对兼并活动的热情，可能造成了社会资源不应有的巨大浪费，没有发挥兼并对整个社会资源重新优化配置的功能。

（4）在我国，在政府行为的驱使下，把企业兼并作为国有企业的改革方式盲目，运用结果导致了许多原本经营绩效良好的企业面临着破产的困境。

产生以上现象的原因可以归结为以下几个方面：

（1）企业界对兼并的片面认识，过高地估计了兼并产生的预期的协同效应和收益，而忽视了兼并中伴随的巨大风险。

（2）在实际的兼并运作中，没有把作为企业外部扩张方式的兼并放在企业发展的战略框架内考虑，没有从兼并的整个过程系统地考虑问题，表现出兼并的盲目性和随意性。

（3）兼并理论研究的滞后性、薄弱性和非系统性使得对于复杂的兼并活动，原有的兼并理论并不能提供实践中需要的全部指导；来自于市场经济体系成熟和完善的西方发达国家的兼并理论，对于中国企业的兼并只能提供实践中的参考借鉴，我们应把较成熟的理论和中国经济转轨时期的特殊情况很好地结合，建立适合中国特色经济的企业兼并理论是当务之急。

现实中，不少企业由于对协同效应的研究仅仅停留在定性分析，或者对产生协同效应的障碍因素分析不充分，对未来的不定性估计不足，容易犯高估兼并后协同效应的错误，因此，企业必须对兼并后的协同效应进行单独、深入的专项论证，论证中不仅要从企业文化差异、管理体制等因素进行定性分析，而且必须对兼并后的协同效应进行量化预期，使兼并企业和政府对兼并有更加充分的判断依据。

兼并作为现代经济活动中一个十分普遍的现象，其存在的意义是：从宏观角度看，企业兼并是进行产业结构调整，合理配置社会资源的手段，对市场结构和市场绩效有着深远的影响；从微观角度看，兼并是市场经济条件下企业生存与发展的行为选择，也是国有企业产权制度变迁的有效途径。在我国市场经济进程加快、经济步入全面开放和全球化的条件下，要提高核心竞争力，全国性的产业整合与企业重组是不可避免的。也只有明确企业兼并的主体地位，按照企业利益最大化的原则，推进企业兼并，才能使产业整合和重组走上健康发展的轨道。政府对于兼并行为进行管制的标准是：社会福利是否改进。那么，对于既有利于兼并企业自身，又提高社会福利的兼并活动，政府应当给予鼓励；对于既不利于兼并企业自身，又不利于社会的兼并活动，政府在审核程序中应予以否决。而对那些不利于兼并企业自身，但这又利于社会的兼并活动，政府应当通过产业政策加以引导、鼓励。

传统理论仅用市场集中度指数来评价企业兼并的市场绩效的观点与方法，不能真实反映社会福利水平，尤其是涉及兼并效应的反竞争作用时，说服力略显得单薄。

本章通过分析同质产品古诺市场的兼并和社会福利的关系，得出了

SSR 类型兼并无效的社会评价；尝试建立了在兼并协同效应存在的情况下，用兼并社会福利系数、最小兼并协同效应系数和消费者剩余系数评价兼并后企业效益变化和社会福利变化的方法，弥补了协同效应理论研究方面的量化指标不足的问题，对实际经济现象有一定说服力，特别是对政府在产业政策的制定及企业兼并的监管上，提供理论依据和量化评价指标。

当前我国企业规模普遍较小，行业集中度及生产效率较低，而兼并有助于企业快速地扩大生产规模，提高集中度和生产效率，提升竞争力，为企业带来微观经济效益，为社会提供更多更好的产品，因此在现阶段应鼓励企业兼并；但同时也必须注意到兼并对社会福利、技术创新及收入分配等方面产生的不利影响。政府应在宏观上对企业兼并予以指导，通过不断改革企业产权制度，完善资本市场和相应的法律法规建设，以推进企业兼并的市场化、社会化，规范企业兼并行为，将兼并带来的社会损失降至最低点，真正发挥其应有的提高配置资源效率的作用。

我们不难发现本章的 12 个命题中，命题 2. 1 ~ 命题 2. 3 的结论属于 SSR 模型的结论，而命题 2. 4 ~ 命题 2. 12 则是作者的扩展。

当然本章的命题结论限于同质产品古诺竞争市场，考虑固定成本对于 SSR 兼并博弈的扩展研究，将在第三章中展示。

第3章

SSR横向兼并模型的进一步扩展：考虑固定成本的博弈分析

3.1 引　　言

赛伦特（Salant）、斯维兹（Switzer）和瑞纳德（Reynolds）通过经典寡头垄断竞争模型证明，兼并的主要受益者是未参与兼并的企业而不是兼并企业本身，一个行业中80%以上的企业如果不能同时被兼并，参与兼并是无利可图的，即在一般情况下，企业通常没有兼并动机。

本章將在SSR模型条件上，利用进入市场的固定成本作为标尺，社会福利作为判断兼并是否可行的标准，尝试建立一个横向兼并模型，对企业兼并的条件和兼并前后的社会福利效应的变化进行分析，增强模型对现实经济的解释力，为政府规制兼并行为提供合适的经济政策判断依据。

3.2　对拟建企业横向兼并模型的说明

3.2.1　本章中固定成本的含义

企业兼并不仅对于抑制我国普遍存在的重复建设，提高产业资源配置效率，减弱产业内过度竞争趋势，实现企业规模经济效益、产业均衡效益有深刻的理论意义，而且随着经济全球化加快，兼并对于优化我国产业结构，增强我国产业的国际竞争能力具有重大现实意义。在此阶段，企业兼并对整个社会来说是有益的，它不仅能通过经营协同效应带来生产效率的改进和经营效益的提高，而且横向兼并后的企业能充分利用规模经济或范围经济，使新企业在成本节约的同时利润增加。

从理论上讲，固定成本的节约所导致的效率改进也会产生正面的福利效应——兼并减少了固定成本的重复，从而增加了企业的利润，提高企业的生产效率。

本章在此节的模型基本保留 SSR 模型所有的假设，考虑每个企业的固定成本 $F>0$。

要研究的内容是：（1）当固定成本 F 至少达到多少时，企业兼并对兼并的参与者才是有利的；（2）当固定成本 F 至少达到多少时，$m+1$ 的企业兼并能够增进社会的总福利；（3）当固定成本 F 至少达到多少时，企业兼并既能对兼并的参与者有利，同时又能够增进社会的福利；（4）当上述兼并成立时，有效的政府规制与产业政策的制定。

3.2.2 模型建立的条件

假设产业中存在 n 家生产同质产品的企业（$n\geqslant4$），每个企业固定成本都为 F；初始边际成本都为 c；该同质产品的市场反需求函数为：$p=\beta-Q$，$Q=q_1+q_2+\cdots+q_n$，其中 q_1，q_2，…，q_n 分别为 n 家企业的产量；p 表示该同质产品的市场价格；兼并前后的边际成本保持不变。

3.2.3 企业兼并的博弈过程

与 SSR 模型类似，设 n 家同质企业进行博弈决策，博弈分为三个阶段。第一阶段，n 家企业同时进行古诺产量竞争，市场达到古诺纳什均衡。第二阶段，n 家企业中的 $m+1$ 家企业合并成一家企业，市场中将减少 m 家同质企业，剩 $n-m$ 个企业进行古诺产量竞争。兼并企业边际成本 c 保持不变，兼并之后的利润水平应当大于等于第一阶段 $m+1$ 家古诺均衡时的利润之和。第三阶段，对 $m+1$ 家企业合并成一家企业的兼并行为，政府应当根据配置效率（社会福利）的变化情况，并作为指导兼并政策的标准。

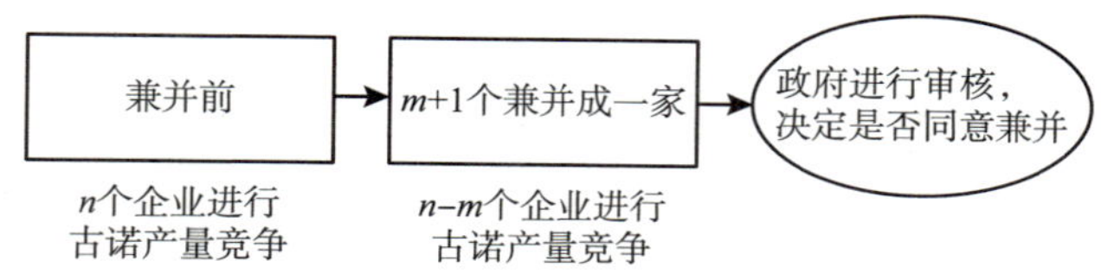

图3.1　兼并博弈示图

3.3　考虑固定成本的企业横向兼并模型分析

3.3.1　兼并前：n家企业进行古诺竞争

此时，企业没有兼并行为，受市场需求限制，每家企业最大化其利润：$\pi_i = Max(\beta - q_1 - q_2 \cdots - q_i \cdots - q_n - c)q_i$，其中（$i=1, 2, \cdots, n$），根据利润最大化条件，当市场达到古诺纳什均衡时，每家企业的均衡产量和均衡利润分别是 $q^*(n) = \frac{\beta - c}{n+1}$ 和 $\pi^*(n) = \left(\frac{\beta - c}{n+1}\right)^2 - F$。

这时相应的消费者剩余为：

$$CS^*(n) = \frac{1}{2}[nq^*(n)]^2 = \frac{n^2(\beta - c)^2}{2(n+1)^2}$$

因此，兼并前的社会福利为：

$$SW^*(n) = n\pi^*(n) + CS^*(n)$$

3.3.2　兼并博弈第二阶段：m+1家企业进行兼并的条件

如果 $m+1$ 家企业合并成一家企业，可以理解为1个企业同时兼并 m 个企业，所以 m 的取值为 $1 \leqslant m \leqslant n-1$ 的整数。未参与兼并的企业数（简称非兼并企业）为 $n-m-1$，行业内剩 $n-m$ 家企业进行古诺产量竞争。由于兼并后每家企业的边际成本不变，为 c，兼并后企业的固定成本为 F，减少了固定成本的重复（减少了 $(m+1)F - F = mF$），那么，兼并发生后每家企业的产量为：

$$q^*(n-m) = \frac{\beta - c}{n-m+1}$$

兼并后每个企业均衡利润：

$$\prod{}^{*}(n-m)=\left(\frac{\beta-c}{n-m+1}\right)^{2}-F$$

兼并后的消费者剩余为：

$$CS^{*}(n-m)=\frac{(n-m)^{2}(\beta-c)^{2}}{2(n-m+1)^{2}}$$

因此兼并后的社会福利为：

$$SW^{*}(n-m)=(n-m)\prod{}^{*}(n-m)+CS^{*}(n-m)$$

3.3.2.1 $m+1$ 的企业兼并动机

我们定义如果兼并后的利润超过兼并前的利润，这时我们称企业有兼并动机，即：

$$\begin{aligned}\prod{}^{*}(n-m)\geqslant(m+1)\pi^{*}(n)&\Leftrightarrow\left(\frac{\beta-c}{n-m+1}\right)^{2}-F\\&\geqslant(m+1)\left[\left(\frac{\beta-c}{n+1}\right)^{2}-F\right]\Leftrightarrow F\\&\geqslant\frac{(\beta-c)^{2}}{m}\left[\frac{(m+1)}{(n+1)^{2}}-\frac{1}{(n-m+1)^{2}}\right]\end{aligned}$$

在此我们定义：最小兼并临界固定成本 F_t：

$$\begin{aligned}F_t&=\frac{(\beta-c)^{2}}{m}\left[\frac{(m+1)}{(n+1)^{2}}-\frac{1}{(n-m+1)^{2}}\right]\\&=\frac{(\beta-c)^{2}[m^{2}-(2n+1)m+(n^{2}-1)]}{(n+1)^{2}(n-m+1)^{2}}\end{aligned}$$

我们绘出 F_t 在 $m\in[1,\ n-1]$ 的图像，$\frac{\partial F_t}{\partial m}=-\frac{(\beta-c)^{2}(3n-m+3)}{(n+1)^{2}(n-m+1)^{3}}<0$，说明在 n 一定时，F_t 在 $m\in[1,\ n-1]$ 单调下降，F_t 的图像在 m 轴交点为 $\left(\frac{2n+1-\sqrt{4n+5}}{2},\ 0\right)$，证明见附录 3。

引理 3.1 当固定成本 $F>0$ 满足 $F\geqslant F_t$ 时，$m+1$ 个企业才有兼并动机；特别是当 $m\geqslant\frac{2n+1-\sqrt{4n+5}}{2}$，$F_t$ 为负值或为零时，$m+1$ 个企业兼并始终有兼并动机。当 $m<\frac{2n+1-\sqrt{4n+5}}{2}\Leftrightarrow F_t$ 为正值，固定成本

F 满足 $F \geqslant F_t$ 时，$m+1$ 个企业才有兼并动机；如果 $F < F_t$，$m+1$ 个企业没有兼并动机，见图 3.2。

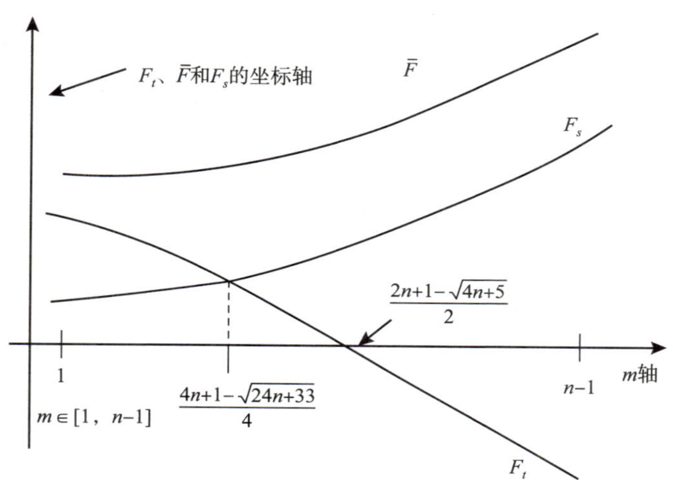

图 3.2 F_t、$\bar{F}$和 F_s 的图像

同时我们不难考虑到，固定成本还不能太大，考虑到兼并后的企业获得正利润的要求，$\prod^*(n-m) = \left(\frac{\beta - c}{n-m+1}\right)^2 - F > 0$ 即 $F < \left(\frac{\beta - c}{n-m+1}\right)^2$，我们定义$\left(\frac{\beta - c}{n-m+1}\right)^2 = \bar{F}$，$\bar{F}$反映衡量兼并企业能否生存的临界固定成本，很明显，如果 $F \geqslant \bar{F}$，兼并企业也无法生存。

我们比较 $\bar{F}$ 与 F_t 大小：$\bar{F} - F_t = \frac{(\beta - c)^2}{(n-m+1)^2} - \frac{(\beta - c)^2}{m}\left[\frac{(m+1)}{(n+1)^2} - \frac{1}{(n-m+1)^2}\right] = \frac{(m+1)(2n-m+2)(\beta - c)^2}{(n+1)^2(n-m+1)^2} > 0$，在 $m \in [1, n-1]$ 下故有$\bar{F} > F_t$，见图 3.2。

3.3.2.2 政府监管部门对兼并后的社会福利要求

政府监管部门对兼并后的社会福利（配置效率）的提升要求，即：

$$SW^*(n-m) \geqslant SW^*(n) \Leftrightarrow (n-m)\prod{}^*(n-m) + CS^*(n-m) \geqslant n\pi^*(n) + CS^*(n)$$

$(n-m)\left[\left(\frac{\beta-c}{n-m+1}\right)^2-F\right]+\frac{(n-m)^2(\beta-c)^2}{2(n-m+1)^2}\geqslant\frac{n^2(\beta-c)^2}{2(n+1)^2}+n\left(\frac{\beta-c}{n+1}\right)^2-nF\Leftrightarrow F\geqslant\frac{(\beta-c)^2}{2m}\left[\frac{1}{(n-m+1)^2}-\frac{1}{(n+1)^2}\right]$，以下我们定义社会福利的临界固定成本 F_s，$F_s=\frac{(\beta-c)^2}{2m}\left[\frac{1}{(n-m+1)^2}-\frac{1}{(n+1)^2}\right]$，我们绘出 F_s 在 $m\in[1,\ n-1]$ 的图像，$\frac{\partial F_s}{\partial m}=\frac{(\beta-c)^2(3n-m+3)}{2(n+1)^2(n-m+1)^3}>0$，说明 F_s 在 n 一定时，在 $m\in[1,\ n-1]$ 单调上升，见图 3.2。

引理 3.2 当固定成本 F 满足 $F\geqslant F_s$ 时，$m+1$ 个企业的兼并对社会福利有促进作用；反之 $F<F_s$，$m+1$ 个企业的兼并有损害社会福利的作用。

3.3.2.3 三个关键的临界固定成本的大小性质

至此，我们得到三个关键的固定成本数值：第一是衡量兼并企业能否盈利的临界固定成本，最小兼并临界固定成本 F_t；第二是衡量兼并行为能否增加社会福利的临界固定成本 F_s，即涉及社会福利的固定成本 F_s。第三是反映衡量兼并企业能否生存的临界固定成本 $\overline{F}$。显然：企业会参与 $F\geqslant F_t$ 的兼并；而政府支持 $F\geqslant F_s$ 的兼并行为发生。只有固定成本同时满足大于等于 F_t、F_s 时，兼并行为才具有双赢的性质。

比较 F_t 与 F_s，那么企业兼并时 F_t 与 F_s 在 n，m 值变化的过程中哪一个更大，并成为兼并行为的标尺呢？

$$\begin{aligned}F_t-F_s&=\frac{(\beta-c)^2}{2m}\left[\frac{2m+3}{(n+1)^2}-\frac{3}{(n-m+1)^2}\right]\\&=\frac{(\beta-c)^2[2m^2-(4n+1)m+(2n^2-2n-4)]}{2(n+1)^2(n-m+1)^2}\\&=\frac{(\beta-c)^2(m-m_1)(m-m_2)}{(n+1)^2(n-m+1)^2}\end{aligned}$$

其中 $m_1=\frac{4n+1-\sqrt{24n+33}}{4}$，$m_2=\frac{4n+1+\sqrt{24n+33}}{4}$，由于 m 的经济含义为被兼并企业的数目，决定了 m 的取值范围为：$1\leqslant m\leqslant n-1$，$(n\geqslant4)$，显然 $m_2=\frac{4n+1+\sqrt{24n+33}}{4}>n$，$m_2$ 失去了经济意义。我

们不难得出：当 $1 \leqslant m < m_1 = \frac{4n+1-\sqrt{24n+33}}{4}$ 时，$F_t > F_s$ 成立；

当 $\frac{4n+1-\sqrt{24n+33}}{4} < m \leqslant n-1$ 时，$F_t < F_s$ 成立。参见图 3.2。

我们比较 $\overline{F}$ 与 F_s 大小：$\overline{F} - F_s = \frac{(\beta-c)^2}{(n-m+1)^2} - \frac{(\beta-c)^2}{2m}\left[\frac{1}{(n-m+1)^2} - \frac{1}{(n+1)^2}\right] = \frac{(2m-1)(\beta-c)^2}{2m(n-m+1)^2} + \frac{(\beta-c)^2}{2m(n+1)^2} > 0$，故有 $\overline{F} > F_s$。

引理 3.3　在固定成本三个重要临界值 F_t、F_s、$\overline{F}$ 中，$\overline{F}$ 最大。在 $1 \leqslant m < \frac{4n+1-\sqrt{24n+33}}{4}$（$n \geqslant 4$）的情况下，$F_t > F_s$ 成立；而当 $\frac{4n+1-\sqrt{24n+33}}{4} < m \leqslant n-1$ 时，$F_t < F_s$ 成立；当 $m = \frac{4n+1-\sqrt{24n+33}}{4}$ 恰是整数时，$F_t = F_s$ 成立。

因此，引理 3.3 决定我们今后探讨固定成本 F 的取值只能在 $0 < F < \overline{F}$ 范围之内。

3.4　四种情形下兼并分析

从图 3.2，我们看出 $\frac{4n+1-\sqrt{24n+33}}{4}$ 与 $\frac{2n+1-\sqrt{4n+5}}{2}$ 把 $m \in [1, n-1]$ 分成三个区间和一种极为特殊 $F_t = F_s$ 状况；下面我们研究对应四种情形下，$m+1$ 个企业兼并的动机以及兼并前后社会福利的变化，根据引理 3.1、引理 3.2、引理 3.3，我们给出以下系列命题：

命题 3.1　在 $1 \leqslant m < \frac{4n+1-\sqrt{24n+33}}{4}$（$n \geqslant 4$）的情况下，$0 < F < F_s$，企业无兼并动机；企业固定成本满足 $F_s \leqslant F < F_t$，$m+1$ 个企业的兼并虽然对社会福利有促进作用，但对参与企业无利可图；当固定成本满足 $F_t \leqslant F < \overline{F}$，$m+1$ 个企业的兼并不仅对参与企业有利可图，而且对社会福利有促进作用。

当企业固定成本满足 $0 < F < F_s$，企业根本无兼并动机。这时政府应当维持产业中的竞争政策，因为产业中 n 个企业的相互竞争，有利于降低产品的价格，无疑会有利于增加社会福利。因此在该阶段“维持企业的竞争，不鼓励兼并”是政府的最佳选择。

当企业固定成本满足 $F_s \leqslant F < F_t$，$m+1$ 个企业的兼并虽然对社会福利有促进作用，但对参与企业无利可图。由此看来，企业兼并存在与固定成本相关的扩张界限，这正是掌握企业规模合理尺度的关键所在。企业如果盲目扩张越过了这一界限，会造成兼并失败。

这个结论对我们的启示：不能超越客观规律，破坏企业内在的运行机制，政府如果鼓励企业兼并，同时对企业兼并损失进行补偿的话，理论上我们即可称为“合理的产业政策”的行为。但是政府如果越过了这一界限，强迫企业兼并，同时对企业兼并损失不进行补偿的话，理论上我们即可称为“拉郎配”的行为。

当企业固定成本满足 $F_t \leqslant F < \overline{F}$，$m+1$ 个企业的兼并不仅对参与企业有利可图，而且对社会福利有促进作用。这时政府应当鼓励产业中的兼并政策，因为产业中过度相互竞争，会导致固定成本的重复，这意味着增加企业的负担，导致企业生产效率的下降，最终导致社会福利的下降。因此，在该阶段支持企业的兼并有助于提高企业的生产效率，是政府的最佳选择。尤其竞争强度不要太强或兼并前产业结构没有非常集中，则企业兼并将对社会是有益的。

表 3.1　n 一定时，命题 3.1 中被兼并企业数目 m 的有效取值范围

n	4	5	6	7	8	9
m	$m=1$	$1 \leqslant m \leqslant 2$	$1 \leqslant m \leqslant 2$	$1 \leqslant m \leqslant 3$	$1 \leqslant m \leqslant 4$	$1 \leqslant m \leqslant 5$
n	10	11	12	13	14	15
m	$1 \leqslant m \leqslant 6$	$1 \leqslant m \leqslant 6$	$1 \leqslant m \leqslant 7$	$1 \leqslant m \leqslant 8$	$1 \leqslant m \leqslant 9$	$1 \leqslant m \leqslant 10$

推论 3.1　在 $n \geqslant 4$ 的情况下，只要企业固定成本满足 $F_t \leqslant F < \overline{F}$，任意两个企业的兼并不仅对参与企业有利可图，而且对社会福利有促进作用。

命题 3.2　在 $\frac{4n+1-\sqrt{24n+33}}{4} < m < \frac{2n+1-\sqrt{4n+5}}{2}$（$n \geqslant 4$）的情况下，如果 $0 < F < F_t$，企业无兼并动机；当企业固定成本满足 $F_t \leqslant F <$

F_s，$m+1$ 个企业的兼并虽然对参与企业有利可图，但对社会福利有消极作用；只有当固定成本满足 $F_s \leqslant F < \overline{F}$，$m+1$ 个企业的兼并不仅对参与企业有利可图，而且对社会福利有促进作用。

表 3.2　n 一定时，命题 3.2 中被兼并企业数目 m 有效取值

n	4	5	6	7	8	9	10	11	12	13	14	15
m	2	3	3	4	5	6	7	7	8	9	10	11

命题 3.3　在 $\frac{2n+1-\sqrt{4n+5}}{2} \leqslant m \leqslant n-1\ (n \geqslant 4)$ 的情况下，其中 $m+1$ 个企业的兼并始终有兼并动机，当企业固定成本满足 $0 < F < F_s$ 时，$m+1$ 个企业的兼并对社会福利有消极作用；当企业固定成本满足 $F_s \leqslant F < \overline{F}$，企业的兼并对社会福利有促进作用。

表 3.3　n 一定时，命题 3.3 中被兼并企业数目 m 有效取值范围

n	4	5	6	7	8	9
m	$m=3$	$m=4$	$4 \leqslant m \leqslant 5$	$5 \leqslant m \leqslant 6$	$6 \leqslant m \leqslant 7$	$7 \leqslant m \leqslant 8$
n	10	11	12	13	14	15
m	$7 \leqslant m \leqslant 9$	$8 \leqslant m \leqslant 10$	$9 \leqslant m \leqslant 11$	$10 \leqslant m \leqslant 12$	$11 \leqslant m \leqslant 13$	$12 \leqslant m \leqslant 14$

命题 3.4　在 $m=\frac{4n+1-\sqrt{24n+33}}{4}$ 是整数的情况下（$n \geqslant 4$），恰好 $F_t = F_s$，当固定成本满足 $F_t \leqslant F < \overline{F}$，$m+1$ 个企业不仅有兼并动机，而且兼并对社会福利有促进作用；当企业固定成本满足 $0 < F < F_t$ 时，$m+1$ 个企业无兼并动机，这时的兼并对社会福利有消极作用。

利用数论中二次同余知识，我们可以证明：当 $n = 6k^2 - 3k - 1$ 形式的整数时，$\frac{4n+1-\sqrt{24n+33}}{4} = 6k^2 - 6k$；当 $n \neq 6k^2 - 3k - 1$ 形式的整数，$\frac{4n+1-\sqrt{24n+33}}{4}$ 不是整数，证明见附录 4，因此满足命题 3.4 的正整数对（n，m）有无穷数组，但是在 $4 \leqslant n < 1000$ 的范围内仅仅有以下 12 对这样的整数，分布相对很稀疏，见表 3.4。

表 3.4 在 $4 \leqslant n < 1000$，命题 3.4 中被兼并企业数目 m 的有效取值

n	17	44	83	134	197	272	359	458	569	692	827	974
m	12	36	72	120	180	252	336	432	540	660	792	936

3.5 基本结论

从以上四个命题，我们能够看到企业兼并的积极作用：企业兼并有利于促进生产要素的合理流动，减少竞争者的数量，改善行业的结构，减少固定成本的重复，优化资源配置，提高全社会资源利用的效率，企业兼并有利于促进产业结构的合理调整，有利于迅速地扩大企业，增强企业的竞争实力。特别是当行业内竞争者数量较多而且处于势均力敌的情况下，行业内所有企业由于激烈的竞争，只能保持最低的利润水平。通过兼并，使行业相对集中，行业由一家或几家控制时，能有效地降低竞争的激烈程度，使行业内所有企业保持较高利润率。

与此相对应，企业兼并其消极的影响也十分明显。具体表现在命题4.1、命题4.2、命题4.3、命题4.4中：企业兼并一旦超过了必要的限度，就会形成高度垄断甚至完全垄断，就会走向反面，产生负面影响，单纯提高市场集中度，阻碍市场有效竞争，有损社会福利的提高。

因此，世界各国一般都通过立法对企业兼并行为进行规制，支持正当的企业兼并行为，禁止不正当的企业兼并行为，确保企业兼并能最大限度地发挥其社会功效。

本章的四个命题给出了各种情况下企业兼并动机和同时能提高整体社会福利的条件，大大改变了SSR模型没有兼并动机的结论，可以平息皮派尔（Pepall）等人提出“兼并悖论”。

3.5.1 本章模型与SSR模型的相同点

两者都是以产量作为策略变量，最大化博弈参与者的利益，两者都是在完全信息下，参与博弈过程。博弈初始每个企业以相同的边际成本为条件，两个模型结论的相似之处：兼并后造成市场集中度提高，导致市场总产量下降，价格上升，致使消费者福利恶化。证明见附录5。

3.5.2　本章模型与 SSR 模型的不同点

第一，本章模型中假定每个企业的成本函数是 $C(q_i) = cq_i + F$，每个企业均有相同固定成本 $F > 0$，考虑了固定成本，平均成本随产量增加而下降。而 SSR 模型所对应成本函数是 $C(q_i) = cq_i$，固定成本为零，边际成本在兼并前后不变，平均成本随产量变化始终不变。

第二，类似于假定物理世界不存在摩擦力，SSR 模型假定经济环境不存在固定成本，是极其不现实的，这是导致 SSR 模型的结论与现实矛盾的“兼并悖论”之根本原因。本章模型能给出对应各种情况下的企业兼并的条件，解决了原 SSR 模型企业兼并的动机问题，同时给出判定政府“拉郎配”的行为与“合理的产业政策”的界线，对于当前转型期的中国经济具有理论和现实意义（见表 3.5）。

表 3.5　　本章模型与 SSR 模型的对比

	本章模型	SSR 模型
对应市场	Couront 寡头市场	Couront 寡头市场
信息条件	完全信息	完全信息
博弈类型	三阶段博弈	两阶段博弈
兼并博弈的均衡解	古诺纳什均衡来刻画	古诺纳什均衡来刻画
成本特点	边际成本为常数； 固定成本大于零； 平均成本随产量增加而下降	边际成本为常数； 固定成本为零； 平均成本随产量变化始终不变
模型的主要结论	在命题 3.1、3.2、3.3、3.4 中，企业都可能有兼并动机，并且兼并的结果可能有利于社会福利提高	一般情况，企业没有兼并动机，除非一个行业中 80% 以上的企业被同时兼并，这样的兼并损害社会福利

3.5.3　本章模型与 SSR 模型的关系

令本章中固定成本 $F = 0$，本章模型便退化成 SSR 模型。

3.5.4　本章模型尚存的缺点

从理论上讲，经济学家更愿区分直接影响边际成本的节约与影响固定成本的节约：第一种效率的改进有可能对产品价格产生影响，从而更有利于消费者；而后一种效率的改进会涉及减少行业中企业的数目，减低竞争程度，减少了固定成本的重复，从而增加了企业的利润，提高企业的生产效率，更有利于参与兼并的企业。特别在命题3.2、命题3.3、命题3.4中，企业兼并可能会提高整个行业的运行效率，有利于社会福利的改善，但是消费者的福利恶化了。因此，对于高度垄断的行业，笔者建议：政府规制企业兼并除了考虑社会福利的改善，还应顾及消费者的福利的改善。本章模型只考虑固定成本的节约的效应，而没有考虑的边际成本的节约的效应，无疑是本章模型的缺点。

总之，通过对兼并产生固定成本节约和边际成本节约的分析表明，当成本节约足够大时，兼并行为就有利可图，但是结果并不能保证消费者从中总是获利。

法瑞尔和夏皮罗（Farrell and Shapiro 1990）利用博弈模型证明，使消费者获利的成本节约远远大于使兼并参与企业获利的程度。反过来说明，我们应该对成本节约是否对消费者有利持怀疑态度。

利西腾博格和西格尔（Lichtenberg & Siegel，1992）以及马克斯毛维克和菲利普斯（Marksimovic & Philips，2001）的研究发现，兼并相关生产收益是存在的，但在1%～2%之间。而塞林格（Salinger，2005）对固定成本节约重要性深表怀疑。

3.6 小　　结

从世界各国企业的发展史来看，企业兼并是企业成长的主要方式，它是企业竞争的重要手段之一，对社会生活将产生重大的经济和社会效益。然而，企业兼并的选择是收益与各种风险和成本综合因素博弈的结果。在兼并过程中，诸如人的因素、制度的因素、文化的因素、产业的进入障碍等不确定性因素都有可能导致兼并过程成本的不可控，从而加大兼并的风险。从兼并策略实施结果看，企业的兼并选择具有相当程度的不确定性。比如，对横向兼并构成规模效应的同时，如果盲目过分强调规模扩张，就有可能造成企业效率的下降，形成规模不经济的现象，也有可能加大企业风险，影响企业的绩效。可见，企业在选择兼并策略时，既要考虑到制度的因素，又要考虑到企业文化的因素；既要考虑微观产业的进入障碍因素，又要考虑企业管理因素。从企业总体发展战略出发，对成本和效益进行综合分析，认真权衡，否则就有可能导致企业兼并失败。在我国曾一度出现的企业盲目兼并，贪大求全，以及政府在兼并中不合理定位，不依据企业发展的内在要求，进行“拉郎配”和“乱点鸳鸯谱”等现象，都是违背了市场经济规律和原则的具体表现。

本章考察了同一产业中具有同质产品企业，根据市场需求变化，通过企业兼并活动，可达到优化产品结构和实现产业结构重组之目的，从而改善企业生产效率和社会总福利。本章结论针对当前国内企业如何合理地调整和优化产品和产业结构布局，提供了一定理论参考依据。

当然，本章的命题结论限于静态同质产品古诺竞争市场，对于更广泛动态化兼并博弈的研究，将在第四章中展示。

第 4 章

基于斯坦克尔博格横向兼并博弈研究

以往对横向兼并的研究是在静态分析为背景的古诺市场模型中进行，并将兼并产生的新企业同发生兼并前的企业等同起来。按照 SSR 模型的结论，只有被兼并企业数占到 80% 以上时，兼并才是有利可图的，否则竞争行业中的兼并行为会因利润动机弱化自动停止。然而，兼并往往是一个动态过程，发生在某一行业中多个引导者和追随者之间，这时市场结构的特征就不是古诺寡头市场而是斯坦克尔博格（Stackelberg）寡头市场，兼并博弈过程转化动态博弈。下面将以斯坦克尔博格动态产量竞争均衡的结果，分析横向兼并动态均衡的结果。

斯狄芬·哈克（Steffen Huck）、凯·科纳德（Kai. Konrad）和维兰德·穆勒（Wieland Muller）2001 年以相同的边际成本为条件，研究了斯坦克尔博格同质产品竞争市场的兼并策略和动机，结果表明：任意一个引导者兼并一个追随者总是有利可图的。而在特定情况下，“强强联合”的合并、“弱弱联合”的合并会出现。

本章在 HKM 模型的基础上，拟构建了“蛇吞象”或“小鱼吃大鱼”的兼并模型，丰富发展了 HKM 模型，使原来 HKM 模型在理论上变得更加完整，使得现实中很少发生的“蛇吞象”兼并，在理论上得到合理解释。另外，还将分别讨论其中两个企业兼并的四种类型及发生条件，对照兼并前后消费者福利状况，特别针对“蛇吞象”兼并类型，给出“蛇吞象”兼并发生的充要条件。此外，我们还将扩展的 HKM 模型的结论与 SSR 模型的异同点进行对照，有趣的是扩展的 HKM 模型在特殊情况下可以退化成 SSR 模型，并且结合中国最近几年发生兼并的典型案例，对它们的特点予以说明。

4.1　兼并前的斯坦克尔博格产量竞争描述

假设市场中有 n 个企业，生产同质产品，所有企业有相同的边际成本，标准化为零，产量分别为 q_1，$q_2 \cdots q_n$，市场反需求函数为 $p = 1 - Q$，产品的市场总产量 $Q = q_1 + q_2 + \cdots + q_n$，其中 m 个企业是斯坦克尔博格引导者（Leader），率先同时一起做出产量决策，然后 $n - m$ 个追随者（Follower）随后做出产量决策，构成动态序贯博弈，即斯坦克尔博格产量竞争，由于对称性，这 m 个引导者的产量相等，每个引导者的产量计为 q_L；同理，$n - m$ 个追随者的产量相等，每个追随者的产量计为 q_F，这里 $n > m$，见图 4.1。

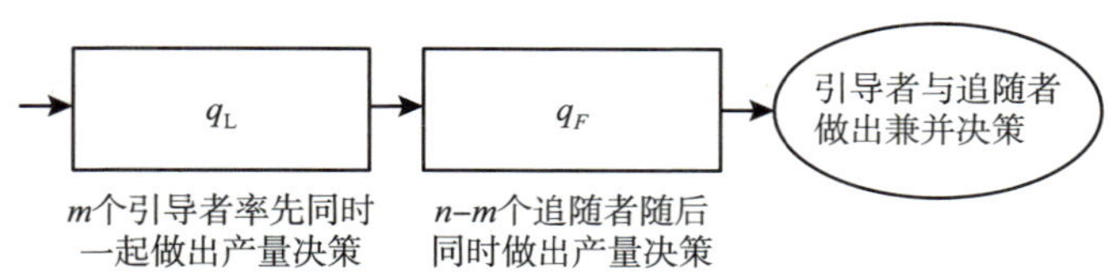

图 4.1　斯坦克尔博格兼并博弈

在斯坦克尔博格模型中，引导者率先选择自己的产量，追随者根据引导者的选择来选择自己的产量，虽然企业在市场所处地位不同，选择有先后之分，而且后选择的追随者知道先选择的引导者的产量，因此，斯坦克尔博格博弈模型反映了企业的市场地位有强有弱的事实，是一个完全信息的动态博弈，可以用逆向归纳法求解，（证明见本书之后的附录 6）。不难解出每个引导者、追随者的产量分别为：

$$q_L = \frac{1}{m+1},\ q_F = \frac{1}{(m+1)(n-m+1)}$$

市场总产量为：

$$Q(n,\ m) = mq_L + (n-m)q_F = \frac{mn - m^2 + n}{(m+1)(n-m+1)}$$

市场价格为：

$$p = 1 - Q(n,\ m) = \frac{1}{(m+1)(n-m+1)}$$

每个引导者的利润为：

$$\prod_L(n, m) = \frac{1}{(m+1)^2(n-m+1)}$$

每个追随者的利润为：

$$\prod_F(n, m) = \frac{1}{(m+1)^2(n-m+1)^2}$$

4.2 兼并决策分析

从市场竞争角度看，一个兼并行为发生，本质上意味着一个企业从市场消失。兼并是两个企业法人合并成一家企业法人，兼并后的企业以兼并方的企业名称作为企业名称，被兼并方失去法人资格。

本节中，我们讨论四种兼并情形：

第一种情形：在 m 个引导者之中有二个企业的合并，兼并之后还会有 $m-1$ 个引导者，但是依然还有 $n-m$ 个追随者企业，市场企业总个数变为 $n-1$，二个引导者之间兼并通常称“强强联合”，合并后的企业可以以两方企业的任意一个作为法人主体，也可以成立一个新的企业来取代两者，于是新合并的引导者的利润等于：

$$\prod_L(n-1, m-1) = \frac{1}{m^2(n-m+1)}$$

第二种情形：$n-m$ 个追随者中二个追随者的合并，这意味着在二个追随者合并为一个企业之后，新合并的企业仍然属于追随者的行列，故兼并之后市场将会有 $n-m-1$ 个追随者，但是依然还有 m 个引导者企业，市场企业总个数变为 $n-1$，这时的兼并俗称“弱者联合”，于是新合并的追随者的利润等于：

$$\prod_F(n-1, m) = \frac{1}{(m+1)^2(n-m)^2}$$

第三种情形：一个引导者吞并一个追随者的兼并。这意味着，兼并后的企业以引导者的企业名称作为企业名称，被兼并方失去市场追随者市场地位，从市场消失。兼并之后市场将会有 m 个引导者，但是有 $n-m-1$ 个追随者企业，市场企业总个数变为 $n-1$，这时的兼并俗称“大鱼吃小鱼”，于是新合并的引导者的利润等于：

$$\prod_L(n-1,m)=\frac{1}{(m+1)^2(n-m)}$$

第四种情形：一个追随者兼并一个引导者，即一个弱者吃掉强者，兼并之后的“身份”在市场中仍属于追随者的行列，故兼并之后仍有 $n-m$ 个追随者，但是有 $m-1$ 个引导者，市场企业总个数变为 $n-1$，这时的兼并俗称‘小鱼吃大鱼’或者‘蛇吞象’式兼并，于是新合并的追随者的利润等于：

$$\prod_F(n-1,m-1)=\frac{1}{m^2(n-m)^2}$$

对于以上四种情形，我们得到以下四个命题：

命题4.1　斯坦克尔博格兼并博弈中，当且仅当在初始参加博弈的引导者个数为 $m=2$ 的情况下，二个引导者才有兼并动机，并且兼并后导致消费者福利水平下降。

市场经济中企业的经营活动实际上是一个追逐利润的过程，兼并是企业的一种市场行为，其根本动机在于利润最大化，因此对于第一种情形兼并发生的条件是：“强强联合”发生后，新引导者的利润要大于原先两个引导者的利润之和，即

$$\prod_L(n-1,m-1)-2\prod_L(n,m)$$

$$=\frac{1}{m^2(n-m+1)}-\frac{2}{(m+1)^2(n-m+1)}>0$$

$$\Leftrightarrow\frac{-(m^2-2m-1)}{m^2(m+1)^2(n-m+1)}>0\Leftrightarrow-(m^2-2m-1)>0\Rightarrow1-\sqrt{2}<m<1+\sqrt{2}$$

数学结论是 $m=1$，2，但是为使“强强联合”兼并有经济意义，初始引导者个数至少为2，故只有 $m=2$ 时，二个引导者才有兼并盈利动机。

对于第一种情形的消费者福利分析。

兼并前后市场总产量分别为：

$$Q^{pre}(n,m)=\frac{mn-m^2+n}{(m+1)(n-m+1)},$$

$$Q^{post}(n-1,m-1)=\frac{m(n-1)-(m-1)^2}{m(n-m+1)}$$

$$\Delta Q=Q^{post}(n-1,m-1)-Q^{pre}$$

$$=\frac{m(n-1)-(m-1)^2}{m(n-m+1)}-\frac{mn-m^2+n}{(m+1)(n-m+1)}$$

$$=\frac{m(n-1)(m+1)-(m+1)(m-1)^2}{m(n-m+1)(m+1)}-\frac{m^2n-m^3+nm}{m(m+1)(n-m+1)}$$

$$=\frac{m(n-1)(m+1)-(m+1)(m-1)^2-m^2n+m^3-nm}{m(n-m+1)(m+1)}$$

$$=\frac{-1}{m(n-m+1)(m+1)}<0$$

可见这种“强强联合”兼并会导致产量下降，价格上升，致使兼并后消费者福利下降。上述命题得证。

（社会福利证明见本书之后的附录7。）

命题4.2 斯坦克尔博格兼并博弈中，当且仅当在初始参加博弈的追随者个数为2的情况下，即 $n-m=2$ 时，二个追随者才有合并动机，并且兼并后消费者剩余及社会福利均水平下降。

对于第二种兼并的条件：“弱者联合”新追随者的利润要大于原先两个追随者的利润之和，即

$$\prod_F(n-1,\ m)-2\prod_F(n,\ m)$$

$$=\frac{1}{(m+1)^2(n-m)^2}-\frac{2}{(m+1)^2(n-m+1)^2}>0$$

$$\Leftrightarrow\frac{-[(n-m)^2-2(n-m)-1]}{m^2(m+1)^2(n-m+1)}>0\Leftrightarrow-[(n-m)^2-2(n-m)-1]>0$$

$$\Rightarrow 1-\sqrt{2}<n-m<1+\sqrt{2}$$

但是为使兼并有经济意义，初始追随者个数至少为2，故仅有 $n-m=2$，二个追随者才有兼并盈利动机。

对于第二种情形的消费者福利分析。

这种“弱者联合”式兼并前后市场总产量分别为：

$$Q^{pre}(n,\ m)=\frac{mn-m^2+n}{(m+1)(n-m+1)},$$

$$Q^{post}(n-1,\ m)=\frac{m(n-1)-m^2+(n-1)}{(m+1)(n-m)}$$

$$\Delta Q=Q^{post}-Q^{pre}=\frac{m(n-1)-m^2+(n-1)}{(m+1)(n-m)}-\frac{mn-m^2+n}{(m+1)(n-m+1)}$$

$$=\frac{[m(n-1)-m^2+(n-1)](n-m+1)}{(n-m+1)(m+1)(n-m)}-\frac{(mn-m^2+n)(n-m)}{(m+1)(n-m+1)(n-m)}$$

$$=\frac{-1}{(m+1)(n-m+1)(n-m)}<0$$

由此可见“弱者联合”兼并会导致产量下降，价格上升，致使兼并后消费者福利水平下降，上述命题得证。

（社会福利证明见本文之后的附录 7。）

命题 4.3　斯坦克尔博格兼并博弈中，任意一个引导者吞并一个追随者总是有利可图的，但是兼并后消费者福利水平下降。

对于“大鱼吃小鱼”式兼并产生的条件：兼并产生新引导者的利润要大于原先一个引导者和一个追随者的利润之和，即 $\prod_L(n-1, m) - \prod_L(n, m) - \prod_F(n, m) = \frac{1}{(m+1)^2(n-m)} - \frac{1}{(m+1)^2(n-m+1)} - \frac{1}{(m+1)^2(n-m+1)^2} = \frac{1}{(n-m)(m+1)^2(n-m+1)^2} > 0$ 永远成立。

对于第三种情形的消费者福利分析。

这种“大鱼吃小鱼”式兼并前后市场总产量分别为：

$$Q^{pre}(n, m) = \frac{mn - m^2 + n}{(m+1)(n-m+1)},$$

$$Q^{post}(n-1, m) = \frac{m(n-1) - m^2 + (n-1)}{(m+1)(n-m)}$$

$$\Delta Q = Q^{post} - Q^{pre} = \frac{m(n-1) - m^2 + (n-1)}{(m+1)(n-m)} - \frac{mn - m^2 + n}{(m+1)(n-m+1)}$$

$$= \frac{-1}{(m+1)(n-m+1)(n-m)} < 0$$

所以这种“大鱼吃小鱼”兼并会导致产量下降，价格上升，致使兼并后消费者福利水平下降。命题 4.3 得证。

（社会福利证明见本书之后的附录 7。）

对于第四种兼并的条件：“蛇吞象”或“小鱼吃大鱼”产生新追随者的利润要大于原先一个追随者和一个引导者的利润之和。

$$\prod_F(n-1, m-1) - \prod_L(n, m) - \prod_F(n, m)$$

$$= \frac{1}{m^2(n-m)^2} - \frac{1}{(m+1)^2(n-m+1)} - \frac{1}{(m+1)^2(n-m+1)^2}$$

$$= \frac{1}{m^2(n-m)^2} - \frac{n-m+2}{(m+1)^2(n-m+1)^2}$$

$$= \frac{(m+1)^2(n-m+1)^2 - m^2(n-m)^2(n-m+2)}{m^2(n-m)^2(m+1)^2(n-m+1)^2} > 0$$

即“蛇吞象”兼并成功，必须使 $(m+1)^2(n-m+1)^2-m^2(n-m)^2(n-m+2)>0$，到底哪些 n，m 可以满足上述不等式呢？$(n>m)$

令“追随者”的数目 $n-m=x$，即

$$(m+1)^2(x+1)^2-m^2x^2(x+2)>0\Leftrightarrow\frac{m+1}{m}>\frac{x\sqrt{x+2}}{(x+1)}$$

可以检验：当 $x=1$，任何正整数 $m=n-1$ 都满足上述不等式，这意味着在 n 个同质企业，只要存在唯一的“追随者”，这个“追随者”兼并任意一个“引导者”是有利可图的。

可以检验：当 $x=2$ 时，$\frac{m+1}{m}>\frac{4}{3}\Leftrightarrow 3m+3>4m\Leftrightarrow m<3$，“引导者”$m$ 的数目只能取 1，2，故这时 $(n, m)=(3, 1)$，$(4, 2)$ 以此类推：

当 $x=3$，$\frac{m+1}{m}>\frac{x\sqrt{x+2}}{(x+1)}\Leftrightarrow\frac{m+1}{m}>\frac{3\sqrt{5}}{4}\Leftrightarrow m<\frac{4}{3\sqrt{5}-4}=1.47$，只有 $m=1$ 满足上述不等式，所以 $(n, m)=(4, 1)$。

当 $x=4$，$\frac{m+1}{m}>\frac{x\sqrt{x+2}}{(x+1)}\Leftrightarrow\frac{m+1}{m}>\frac{4\sqrt{6}}{5}\Leftrightarrow m<\frac{5}{4\sqrt{6}-5}=1.04$，只有 $m=1$ 满足上述不等式，所以 $(n, m)=(5, 1)$。

当 $x=5$，$\frac{m+1}{m}>\frac{x\sqrt{x+2}}{(x+1)}\Leftrightarrow\frac{m+1}{m}>\frac{5\sqrt{7}}{6}\Leftrightarrow m<\frac{6}{5\sqrt{7}-6}=0.83$，而 m 只能取正整数，上述不等式没有正整数解。

下面我们可以证明对于 $x\geqslant 5$，上述不等式没有正整数解。

在 $x\geqslant 5$，我们容易导出：

$$\frac{m+1}{m}>\frac{x\sqrt{x+2}}{(x+1)}\Leftrightarrow m<\frac{x+1}{x\sqrt{x+2}-x-1}$$

我们定义 $f(x)=\frac{x+1}{x\sqrt{x+2}-x-1}$，利用微分容易求出在区间 $[5, +\infty)$ 上的导数：$f'(x)=-\frac{x^2+3x+4}{2\sqrt{x+2}(x\sqrt{x+2}-x-1)^2}<0$，说明 $f(x)$ 在区间 $[5, +\infty)$ 是严格单调递减函数，即 $f(5)>f(6)>f(7)>f(8)>f(9)>f(10)>\cdots$，故对任何 $x\geqslant 5$ 的正整数，$m<\frac{x+1}{x\sqrt{x+2}-x-1}=f(x)\leqslant f(5)=0.83$，说明“追随者”的数目等于或超过 5 之后，$\frac{m+1}{m}>\frac{x\sqrt{x+2}}{(x+1)}$永

远没有正整数解。

至此，我们已经解出（$(m+1)^2(n-m+1)^2-m^2(n-m)^2(n-m+2)>0$ 所有正整数解，除了（n，m）=（3，1），（4，2）（4，1）（5，1）的情形外，满足 $n-m=1$，$m\geqslant 1$ 情况的正整数有无数组解，这意味着在 n 个同质企业中，只要存在唯一的“追随者”，这个“追随者”兼并任意一个“引导者”是有利可图的。故有：

命题 4.4　斯坦克尔博格兼并博弈中，当且仅当在初始参加博弈参与者的总数 n 及引导者总数 m，满足下列两个条件其中一条：一是在（n，m）=（3，1），（4，2）（4，1）（5，1）的情况下，二是在 $n-m=1$，$m\geqslant 1$ 的情况下，一个追随者吞并一个引导者总是有利可图的，并且兼并使消费者福利下降。

证明：在（n，m）=（3，1），（4，2）（4，1）（5，1）的情况下容易验证，我们只需证明在 $n=m+1$，$m\geqslant 1$ 的情况下，兼并前后消费者福利的对比。

这种“蛇吞象”式兼并前后市场总产量分别为：

$$Q^{pre}(n, m)=\frac{mn-m^2+n}{(m+1)(n-m+1)},$$

$$Q^{post}(n-1, m-1)=\frac{m(n-1)-(m-1)^2}{m(n-m+1)}$$

$$\begin{aligned}\Delta Q &= Q^{post}(n-1,m-1)-Q^{pre}=\frac{m(n-1)-(m-1)^2}{m(n-m+1)}-\frac{mn-m^2+n}{(m+1)(n-m+1)}\\ &=\frac{m(n-1)(m+1)-(m+1)(m-1)^2-m^2n+m^3-nm}{m(n-m+1)(m+1)}\\ &=\frac{-1}{m(n-m+1)(m+1)}<0\end{aligned}$$

所以这种“蛇吞象”兼并会导致市场总产量下降，价格上升，致使兼并后消费者福利水平下降。上述命题得证。

（社会福利证明见附录7。）

4.3 基本结论

以上命题 4.1 ~ 命题 4.4 四个命题，构成这个斯坦克尔博格兼并博弈的四个子博弈完美纳什均衡解。

这个斯坦克尔博格兼并模型的结果，生动地再现了世界兼并市场的真实景象——丛林法则：一般条件下，普遍存在的弱肉强食——“大鱼吃小鱼”和“强者更强”，也不乏特殊情况下的“蛇吞象”和“弱者联合”现象，所以兼并策略往往成为企业生存的必然选择。

对照博弈的四个子博弈完美纳什均衡解，我们不难看出，引导者作为市场的“强者”，由于拥有先动优势，无疑“大鱼吃小鱼”和“强强联合”式兼并最常发生，如果不考虑政府对兼并的监管，由于兼并的利益动机，市场力量使上述兼并过程不断出现，引发一系列兼并浪潮——形成“赢者通吃”或“产业通吃”的局面，见图 4.2。

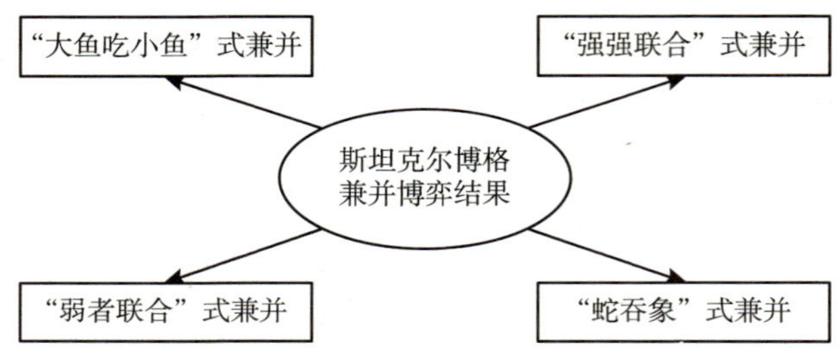

图 4.2　斯坦克尔博格兼并博弈结果

这也能说明每当政府放松兼并管制时，兼并现象会大量产生，反过来也证明政府有必要对兼并进行监管审核，以免兼并产生过度的市场集中，大大侵害公众利益。

而追随者作为市场的“弱者”，在市场结构处于特殊情形，如果初始博弈参与者的总数 n 及引导者总数 m 满足命题 4.2 和命题 4.4 的条件，也可以出现“弱者联合”式兼并甚至“蛇吞象”式兼并。

本章的模型与 Salant—Switzer—Reynolds 模型（简称 SSR 模型）不同的是，即使不存在兼并的协同效应，各种类型企业也存在兼并动机。

SSR 模型对横向兼并的研究是在古诺寡头市场中进行，把兼并产生的新企业同发生兼并前的企业等同起来，而我们知道兼并产生往往是一个动态过程，兼并可能发生在某一行业的多个引导者和追随者之间，这时市场结构特征就不是古诺寡头市场而是 Stackelberg 寡头市场，此时的兼并博弈演变成动态博弈，如果还用静态纳什均衡分析就有些不当，更适合用 Selten 的动态子博弈完美纳什均衡来分析 Stackelberg 产量竞争均衡的结果。

（1）扩展的 HKM 模型与 SSR 模型的相同点。

两者都是以产量作为策略变量，最大化博弈参与者的利益；两者都是在完全信息下，参与博弈过程；博弈初始每个企业以相同的边际成本为条件；为了推导方便，HKM 模型与 SSR 模型一律把边际成本标准化为零。两个模型结论的相似之处是：兼并后造成市场集中度提高，导致市场总产量下降，价格上升，致使消费者福利恶化。

（2）扩展的 HKM 模型与 SSR 模型的不同点。

HKM 模型是完全信息下的动态博弈，对应是斯坦克尔博格寡头市场，引导者企业具有先行优势（first mover advantage），引导者（Leader）企业赚取的利润一般大于追随者（Follower）企业的利润。而 SSR 模型是完全信息下的静态博弈，对应是古诺寡头市场，所有博弈的参与者都是同时做出自己的产量决策的。

（3）扩展的 HKM 和 SSR 模型的特色比较。

扩展的 HKM 模型最大特色是能有趣地反映常见的企业兼并，包括“强强联合”、“大鱼吃小鱼”、“弱弱联合”以及“蛇吞象”四种兼并方式，从我国企业兼并的短暂历史来看，以“大鱼吃小鱼”形式最为常见，“强强联合”、“弱弱联合”兼并的数量也有不少，但仅有极少量的案例能够称得上“蛇吞象”。

而 SSR 模型最大特色是反映现实世界为什么绝大部分兼并是失败的原因。SSR 模型的结论：“企业一般情况没有兼并动机，除非一个产业中 80% 以上的企业被同时兼并”。上述结论可以解读为：一个产业中 80% 以上的企业如果不能同时被兼并，参与兼并的企业是无利可图的。舍尔（Scherer）1980 年在应用产业组织文献中写道：“很多国家的企业兼并后的利润率数据表明，兼并给企业带来的利润为负，或者接近于零。SSR 模型的结论是许多企业兼并付出了惨重代价得出来的。”

（4）HKM 模型在特殊情况可以退化成 SSR 模型。

引导者作为市场的“强者”，由于拥有先动优势，无疑“大鱼吃小鱼”式兼并是他的首选兼并策略，重复几次“大鱼吃小鱼”兼并发生后，原先行业中有限的“跟随者”被兼并消失，使得行业中剩下的企业全都是“引导者”，他们的地位是平等的，失去了原先 Stackelberg 寡头的先动优势，这时 HKM 模型就退化成 SSR 模型。

同样，“跟随者”作为市场的“弱者”，在 $(n, m) = (3, 1)$，$(4, 1)$ $(5, 1)$ 的情况下，如果恰好发生一次“蛇吞象”式兼并，原先行业中唯一“引导者”被兼并消失，使得行业中剩下的企业全都是“跟随者”，他们的地位是平等的，这时 HKM 模型也退化成 SSR 模型。可见 HKM 模型中企业地位的变化结果也蕴含着哲学上辩证法的思想。见表 4.1。

表 4.1　　扩展的 HKM 模型与 SSR 模型的对比

	扩展 HKM 模型	SSR 模型
对应市场	Stackelberg 寡头市场	古诺寡头市场
信息条件	完全信息	完全信息
博弈类型	动态博弈	静态博弈
兼并博弈的均衡解	子博弈完美纳什均衡来刻画	古诺纳什均衡来刻画
企业类型	与兼并博弈有关的企业地位是不平等的，分为引导者和跟随者	与兼并博弈有关的企业地位都是完全平等的，没有强弱之分
模型的主要结论	“大鱼吃小鱼”和“强强联合”式兼并最常发生；特殊情况下的“蛇吞象”和“弱者联合”也会发生	一般情况，企业没有兼并动机，除非一个产业中 80% 以上的企业被同时兼并

为了分析方便，扩展的 HKM 模型（博弈理论）中的引导者及追随者，只是指策略选择中具有先动优势的参与者和策略选择的后动的参与者，概念显得过于单纯。而现实经济生活中的引导者，一般指行业的龙头企业，拥有着技术优势和强大的管理团队，因此具有更丰富的内涵。由于现实的企业兼并所处的各种竞争环境，结合许多无法模型化的因素，如企业的管理能力、创新能力、企业资产等许多因素，使得现实经济中的兼并行为比兼并模型的结论更加丰富多彩。参见表 4.2。

表 4.2　　HKM 模型引导者、追随者与现实经济中的引导者、追随者的对照

模型中的引导者	现实经济中的引导者（狭义概念上）
指博弈理论中的具有先动优势的参与者	指某种行业中的具有竞争优势的企业，如行业销售收入或者利润排在前三甲行列的企业，尤其是那些具有垄断优势的龙头企业，对行业的影响举足轻重
模型中的追随者	现实经济中的追随者（狭义概念上）
指动态博弈理论中策略选择的后动的参与者	指某种行业中的行业销售收入或者利润排在前三甲行列之外的企业，对行业的影响不大

4.4　典型兼并案例

2006 年 5 月，世界最大的家电连锁企业百思买获得国内家电连锁企业中排名第四的五星电器 56% 左右股权，完成了“大鱼吃小鱼”的跨国兼并。

面对百思买兼并战略，国美公司不再满足于国内市场的“窝里斗”，为追求长期战略优势，与以往的竞争对手“永乐”握手言和，实现国美与永乐的“双赢”，国美公司 2006 年 7 月 25 日宣布以 52.68 亿港元正式兼并永乐。显然这次兼并具有优势互补的特色，国美公司可以降低经营成本，实现规模效益，提升市场势力和市场占有率，以求在激烈的全球竞争中巩固国内家电的优势地位。

按我国的市场标准，国美公司为中国国内最大的家电零售连锁企业，位居全球商业连锁 22 位；永乐电器被兼并前位居中国家电连锁第三位，国美兼并永乐属于典型的“强强联合”式兼并。但按照世界兼并市场（百思买公司）的眼光，大概只能属于“弱弱联合”式的兼并。可见所谓“强弱”不是绝对的概念，而只是相对的概念。

联想集团 2006 年年初宣布以 12.5 亿美元收购 IBM 个人电脑部门，演绎了全球 IT 产业“蛇吞象”的神话。兼并前，联想在全球个人电脑市场的占有率为 2.2%，IBM 为 5.6%，双方合并之后占有率提高到 8%，仅次 DELL 和惠普，成为世界第三大电脑公司。

联想在明确的战略指导下的战略兼并，旨在改变产业结构和市场结构。兼并的目的主要是借助 IBM 的品牌优势，快速壮大企业实力，迎接电脑行业全球化背景国际市场的竞争，实现中国品牌提升到世界名牌的跳跃，这是联想积极参与国际竞争而做出的战略选择。

在人们津津乐道联想兼并 IBM 的 PC 业务的同时，我们不仅要为联想的壮举喝彩，更要认识到 IBM 的超前意识及其冷静思维：IBM 出售其 PC 业务后，可以更专注其高端服务业务和软件业务，而这些领域的高利润回报正是吸引 IBM 之所在。在产业发展的国际转移中，价值链中的制造业务已完成从美国转移到日本、韩国及东南亚地区的大迁徙，而且正逐渐从日韩转移到中国大陆、印度、越南等制造成本低廉的地区。IBM 顺应了这种产业国际转移潮流。

当前我国的通讯设备制造、彩电等行业加紧扩大规模，一味追求市场份额和短期利润，不重视技术创新，依靠价格战、广告战、渠道争夺战来跑马圈地，我们必须警惕，这种行为会由于缺乏长期效率的支撑点而丧失国际竞争力。如果说 2004 年 1 月 TCL 之于汤姆逊彩电的收购算是勉强吞下的话，那么三个月后它对阿尔卡特的兼并收购则显得有些难以消化了。难怪英国《金融时报》2005 年 5 月 24 日发表文章《TCL 收购热成为一种警示》，文章称：TCL 吞下了许多，也许太多了，在很短的时间内进行了太多的兼并交易，提醒人们注意 TCL 公司有限的管理能力能否支撑企业大规模的扩张。

4.5 小　　结

通过对扩展 HKM 模型的分析，我们发现斯坦克尔博格横向兼并会造成消费者福利损害，深刻地反映了现实市场经济的运行效率与消费者福利方面的冲突，可见企业兼并是一把双刃剑，也说明了政府对兼并市场进行依法监管的必要性。因此对企业兼并行为进行规制，成为政府颁布《反垄断法》的核心内容之一。

针对任何明显的以垄断细分市场甚至垄断整个行业为目的的横向兼并，尤其是具有限制竞争和反竞争的效应，甚至造成消费者福利及社会福利损害的兼并行为，我国现有的《反垄断法》已有明确的法律限制措施。我们只要恰当运用法律武器，平衡市场集中与市场竞争的关系，通过政府审核制度，就可以把兼并的负面影响减低到最小水平。

企业兼并不仅仅是一种企业行为，也是一种涉及社会效益的行为。对于当前我国企业规模普遍较小的行业，其集中度及生产效率较低，而兼并有助于企业快速地扩大生产规模，提高集中度和生产效率，提升竞争力，为企业带来微观经济效益，为社会提供更多更好的产品，因此在现阶段应鼓励企业兼并；但同时也必须注意到兼并可能对社会福利、资源配置、技术创新及收入分配等方面产生的不利影响。政府应在宏观上对企业兼并予以规制，通过完善法律制度，例如建立横向兼并指南，以推进企业兼并法律的细化，规范企业兼并行为，倡导兼并企业提高兼并效率，避免行业过度竞争，真正发挥其应有优化配置社会资源的效应。

第5章

企业纵向兼并理论模型研究

5.1 引　言

反垄断法旨在维护竞争秩序，规范企业间的竞争行为。企业间的关系通常分为横向关系和纵向关系。企业间的横向关系是指生产同类产品企业之间的竞争关系。竞争对手之间的合谋或主导企业滥用其市场势力实施的反竞争行为恰好是反垄断法规制的重要内容。纵向关系主要指的是处于同一产品的生产、分销等不同生产阶段上的企业之间的上下游关系。

较之横向兼并关系而言，企业间的纵向关系往往更为复杂。企业间纵向关系理论重点研究纵向结构关系和纵向行为关系的动因、途径和效果。从状态角度看，企业间纵向关系包括纵向限制（Vertical Restraint）、纵向兼并（Vertical Merger）、纵向圈定（Vertical Foreclosure）、纵向分离（Vertical Separation）等。有些学者认为与同业竞争之间的横向兼并相比，纵向兼并交易关系对竞争的危害性是模棱两可的。一般认为，处于不同经济层次上的企业之间是不存在竞争的，但纵向兼并（例如纵向圈定）中可能包含某些限制竞争的行为。

本章研究的纵向关系包括纵向兼并（包括圈定）和纵向限制。在产品的生产和分销过程中，一个企业如果参与了产品两个以上相续生产阶段，就被称为纵向兼并。纵向兼并可以通过企业内部扩张来实现，也可以通过兼并上下游企业来实现。纵向限制是指两个或两个以上在同一产业不同环节而有交易关系的企业，通过合同或其他形式实施的限制竞争行为，主要形式有转售价格维持、独家经营、特许经营、搭售等。纵向的限制竞争行为与横向的垄断及限制竞争行为都是反垄断法规制的重要内容。

本章以企业间的纵向兼并关系为例，讨论企业的纵向兼并及纵向限制行为是否具有反竞争的动机，并且是否产生了妨害竞争的后果。哈佛学派、芝加哥学派以及后芝加哥学派分别对企业纵向关系提出了不同的理论解释。由于经济发展、技术进步、企业形式等经济因素的变化不断改变市场结构，产业经济学理论也不断创新与演进，对规制的对象进行调整与完善是不可避免的。如此，经济分析方法在反垄断法中具有不可替代的作用。相应地，欧洲和美国关于纵向兼并和纵向限制的法律规定和判例也反映了经济理论的争议及主流经济理论的变迁。

5.1.1 哈佛学派对纵向关系的经济解释及影响

20 世纪 40 年代，哈佛大学的梅森（Edward S. Mason）和贝恩（Joe S. Bain）等人提出了著名的结构—行为—绩效框架，即 S－C－P 范式，形成了产业组织理论领域的哈佛学派。哈佛学派强调市场结构的作用，认为过高的产业集中度和高度的市场进入障碍能够使企业获得垄断势力并导致市场绩效下降，进而对社会福利产生不利影响。因竞争性结构被破坏而产生的市场失灵难以通过市场机制自动纠正，需要通过反垄断政策来干预市场结构和行为，因而哈佛学派主张严厉的反垄断政策。

哈佛学派把纵向兼并与纵向限制行为和垄断动机联系起来，认为企业通过纵向兼并或纵向限制，将其在一个市场中拥有的垄断势力延伸到其他市场中，而在这些市场中，垄断势力原本并不存在。该学派将企业看成一个生产函数，生产过程中的技术依存性是通过纵向兼并形成一体化的主要原因，也是唯一合理的原因。但是，在技术上的节约不明显的情况下，企业纵向兼并就是旨在谋求提高进入阻碍，获取垄断利润，如此垄断被认定为纵向兼并的驱动力与目的。例如，一个在投入品市场上具有垄断势力的企业通过一体化进入最终产品市场，该企业可以提高投入品的价格，迫使最终产品市场上的竞争对手在购买投入品时支付高价；或者通过压低最终产品的市场价，使未纵向一体化的竞争对手面临高价购进投入品与低价售出的双重挤压。

此外，哈佛学派认为，在一定条件下，纵向兼并与限制不仅具有延伸垄断势力的杠杆作用，还可以提高进入壁垒，从而阻止潜在的进入者。当在位企业的纵向兼并或限制行为严重影响了新进入者对投入品的购买或限制了其产品通向市场的渠道时，新进入者需要同时进入生产的两个阶段。额外的资本费用和规模经济效应将成为新的进入壁垒。对不熟悉的生产阶段的一体化进入会使新进入者在融资时承担一笔风险。同时，生产的两个阶段各自所需的最小规模可能显著不同，新进入者很难在生产的两个阶段都获得规模经济，运营成本会因此而提高。因而，哈佛学派认为纵向兼并与限制具有与横向的限制竞争行为相类似的性质，在一定的结构条件下将是一种严重的反竞争行为。

在对典型的纵向限制行为如搭售的分析中，哈佛学派也认为企业进行搭售的动机是谋求垄断势力的延伸，即具有垄断势力的企业通过附加条件交易，迫使消费者在购买一种产品的同时购买另一种产品，从而将其在搭售品市场的市场势力扩张到被搭售品市场上，最终排挤了该市场上的竞争者。以上被经济学家归纳为“杠杆理论”。

由于纵向兼并与限制被认为是有可能成为主导企业实现确立或加强控制市场的工具，因而需要采取严格的反垄断政策。在哈佛学派对企业纵向关系的经济理论的影响下，美国反垄断当局和最高法院对企业纵向兼并与纵向限制行为产生的反垄断问题采取了严厉的态度，认为如果纵向兼并涉及在生产过程的任意阶段上可以察觉到的市场控制程度，就应当被禁止。美国司法部 1968 年颁布的纵向兼并指导方针规定，当一个企业拥有某产业至少 10% 的产出量时，该企业从为其供应原材料或向其购买产品的企业收购超过 5% 的产出能力，就可以推定违反了反垄断法。在 1967 年以前，美国最高法院认定纵向限制本身是违法的行为。

5.1.2　芝加哥批判、交易成本理论对纵向关系的经济解释及影响

芝加哥学派以新古典经济学的价格理论为基础，以经济效率为标准对市场结构与行为进行分析，主要代表人物为博克（Robert H. Bork）、波斯纳（Richard A. Posner）、伊斯特布鲁克（Frank H. Easterbrook）等。关于纵向兼并与限制行为的动机和效果，芝加哥学派给出了与哈佛学派

大相径庭的解释：芝加哥学派认为企业实行纵向兼并与限制行为的动机是为了提高效率，节约交易成本，垄断动机微乎其微。

芝加哥学派认为纵向限制不存在垄断势力延伸的问题，哈佛学派提出的纵向兼并与限制的杠杆理论不能成立，上游垄断企业不能通过纵向兼并或限制获取额外的垄断利润，纵向一体化进入下游市场一无所获，只有一个垄断利润可获取，经典的斯彭勒（Spengler）模型说明了纵向兼并（一体化）消除双重加价，有利于消费者剩余和社会福利的提高，见 5. 2 节。

如果杠杆理论不成立，同时纵向兼并与限制的垄断动机也不能成立，那么企业进行纵向兼并与限制的动机又是什么？芝加哥学派在新古典经济学价格理论的基础上，借鉴了新制度经济学交易成本理论的观点，给出了企业纵向关系的经济解释，认为纵向兼并与限制行为是企业追求利润最大化的理性行为及对市场的不完善做出的反应，通常具有节约交易成本，提高资源配置效率的作用。

芝加哥学派运用新制度经济学将交易作为经济的基本单位，运用交易费用的概念，把企业与市场都视为一种治理结构，提出采取何种治理结构取决于交易成本的高低。由于有限理性、机会主义、不确定性、资产专用性、小数额交易者等因素使得在某些情况下利用市场或关系合同进行交易的成本过高，特别是资产专用性程度较高时，专用性资产投资方由于惧怕对方实施机会主义行为自己被“要挟”，结果导致了较高的交易费用。如果实施纵向一体化或纵向限制将市场交易内部化，则可以实现交易成本的节约。由于交易双方资产互为专用，把它们置于共同的所有权和共同的控制下可以提高效率，经济学家戴维·贝赞可①在该理论基础上，结合新古典企业规模理论，重新给出了纵向企业边界。

同时，通过限制性合约将经销商和制造商更紧密地联系起来，也有助于避免双方的机会主义行为。在转售价格维持问题上，制造商向最终消费者传递产品的相关信息时，需要分销商进行促销及支持性服务活动等相关投入。促销投入活动具有正的外部效应，使得个别不投入的独立分销商能以低于进行投入的分销商的价格销售该产品，损害竞

---

① ［美］戴维·贝赞可等：《公司战略经济学》，武亚军译，北京大学出版社 1999 年版，第 99 页。

争对手，迫使对手退出，最终损害制造商的利益。而纵向限制性合约通过固定转售价格在一定程度上能够防范机会主义行为，有利于节约交易成本。

两个学派分歧的根源在于二者对市场过程所做的假设不同。芝加哥学派假定市场能够有效地发挥作用，在没有政府干预的情况下形成的市场结构是企业效率状况的反映，干预市场结构只能破坏市场机制的作用。哈佛学派[①]则认为市场失灵难以通过市场机制自动纠正，需要通过反垄断政策来干预市场结构和行为。

在芝加哥学派反垄断理论和交易成本理论的影响下，从 20 世纪 70 年代末期起，美国反垄断当局和最高法院逐渐摒弃了对纵向兼并与限制行为的先入为主的态度，对纵向兼并与限制行为采取了宽松的政策。1982 年，美国司法部颁布了新的纵向兼并指导方针，放松了对纵向兼并的限制，仅当被收购企业所在产业的 HHI 值超过 1800 时，才关注纵向兼并的竞争后果。1985 年美国司法部颁布了《纵向限制指南》，该《指南》宣布：纵向限制协议应当被假定为是有效率的和合法的，除非有证据证明它们对竞争具有显著的限制性影响。在司法实践中，除转售价格维持外，对纵向兼并与限制行为通常使用合理推定原则。

5.1.3 后芝加哥学派对纵向关系的经济解释及影响

20 世纪 90 年代，芝加哥学派的反垄断思想受到了挑战。在吸收了博弈论和信息经济学的研究方法和相关理论的基础上，泰勒尔（Jean Tirole）、赛洛普（Steven C. Salop）等人发展了产业组织理论，用非合作博弈模型对掠夺性定价、合谋、进入壁垒、排他性交易等企业的策略性行为进行了动态分析，得出了许多与芝加哥学派相左的结论，被称为后芝加哥学派。后芝加哥学派认为，市场结构、市场行为与市场绩效之间相互影响，是企业博弈的结果。企业的策略性行为可能是出于垄断动机，纵向限制可能会提高竞争对手的成本，也可能是为了提高效率，应当通过动态分析综合权衡策略性行为的反竞争效应与效率效应。

---

① R. H. Bork, The Antitrust Paradox: A Policy at War with Itself Basic Book Inc. Publishers, 1978.

提高对手成本理论强调的不是纵向兼并和纵向限制行为的排他效应本身，而是纵向兼并与限制增加市场力量和扭曲效率的能力。纵向兼并与限制产生的排他权并不能把垄断力量从生产过程的一个阶段扩展到另一个阶段，而是通过实行一体化或限制性契约，促进原本是竞争关系的供给商之间的相互合作，使得排他权获得者达到提高竞争对手成本、排挤竞争对手的目的，获得原本不会有的垄断力量。

后芝加哥学派的反垄断思想对反垄断法的司法实践再次产生了较大的影响，反垄断当局开始重视主导企业的策略性行为和纵向限制行为，反垄断政策从过于宽松转向温和干预。从20世纪90年代起，美国司法部对以微软为代表的多个主导企业的纵向限制行为提起了诉讼，并在对各种形式的排他性行为进行评价时，也采用了“提高竞争对手成本”这一说法。2007年12月欧盟通过《非横向兼并指南》也充分体现了后芝加哥学派的反垄断思想。

5.2 简单纵向兼并模型——斯彭勒模型

本节用斯彭勒（Spengler）的上游独家垄断与下游独家垄断的模型来分析生产链的纵向兼并（纵向一体化）的正效应。从斯彭勒（Spengler）模型看出，纵向兼并（纵向一体化）会产生促进竞争的效应，因为当下游企业兼并了一家有效率的上游企业之后，不仅避免了一体化行为发生之前的双重加价，同时还可以提高生产中间产品的效率，最终降低了生产最终产品的边际成本，增加了最终产品市场上的消费者剩余和社会福利。

5.2.1 斯彭勒模型的前提条件

假设市场结构如下：上游企业U是某种产品的独家制造商，它不能直接销售自己的产品，只能依靠下游的零售企业D来销售，而下游企业D只能从U那里获得货源，再向消费者出售。再假设上游企业拥有与下游企业讨价还价的能力。假定消费者的市场反需求函数为$p=\beta-q$，p为消费者最终支付的商品价格，q是市场需求量。上游企业的

边际成本为 $c(c<\beta)$，而下游企业支付上游企业的批发价格 w，即中间产品的价格，下游企业 D 不再有其他成本，此外假设有关行为各方拥有完全信息。

5.2.2 纵向兼并之前——分开经营的均衡分析

下游企业与上游企业进行以下博弈：令上游企业 U 确定给下游企业 D 供货的批发价 w，然后，下游企业 D 确定给消费者的最终价格 p。用逆向归纳法先求解下游企业 D 的优化问题，即在批发价 w 既定情况下，确定使其利润最大化的最终产品价格：

$$\underset{p}{Max}\pi_d=(\beta-w)(\beta-p)$$

对利润函数求导数，$\partial\pi_d/\partial p=0$，可得 $p=\frac{1}{2}(\beta+w)$，则下游企业 D 利润最大化时产量及利润分别为：$q=\frac{1}{2}(\beta-w)$，$\prod_D=\frac{1}{4}(\beta-w)^2$。

上游企业 U 完全能预料到下游企业 D 的上述决策过程，具体地说，上游企业 U 能够确定批发价 w 时零售商的订货量（即对于任何已知的 w，下游企业 D 订购的数量不超过它觉得能卖给最终消费者的最优水平），因此上游企业 U 根据下游企业 D 的订货量 q 确定使自身利润最大化的 w：

$$\underset{w}{Max}\pi_U=q(w-c)=\frac{1}{2}(\beta-w)(w-c)$$

对利润函数求导数，$\partial\pi_u/\partial w=0$；可得 $w=\frac{1}{2}(\beta+c)$，则分开经营时价格 $p^{sep}=\frac{1}{4}(3\beta+c)$，$\pi_u^{sep}=\frac{1}{8}(\beta-c)^2$，$\pi_d^{sep}=\frac{1}{16}(\beta-c)^2$。

$p^{sep}=\frac{1}{16}(\beta-c)^2$ 就是消费者最终从下游企业 D 那里取得的价格。纵向价值链上、下游企业的利润总和为：

$$PS^{sep}=\prod_U^{sep}+\prod_D^{sep}=\frac{3}{16}(\beta-c)^2$$

参见图 5.1。

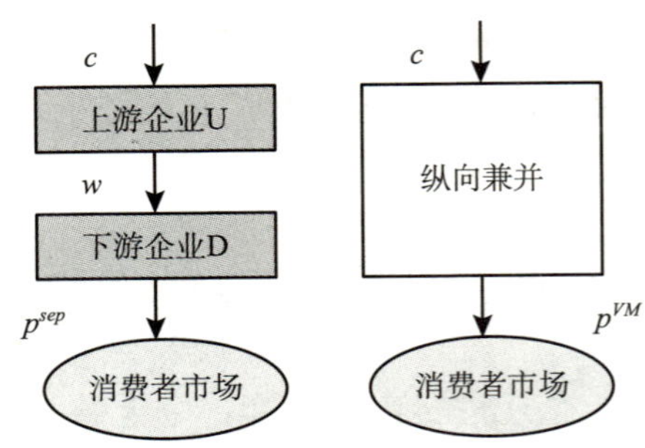

图 5.1 斯彭勒模型示意图

5.2.3 纵向兼并（一体化）之后的均衡分析

如果上游企业 U 和下游企业 D 实施纵向兼并 Vertical Merger（纵向一体化 Vertical integration），整合成一家企业，这意味着合并的企业能够直接把产品销售给消费者，假定：这种纵向一体化兼并后的新企业所面临的反需求函数仍然是 $p=\beta-q$；兼并企业有不变的边际成本 c；兼并企业的利润为：

$$\underset{p}{Max}\prod_{VM}(p-c)(\beta-p)$$

对利润函数求导数，$\partial\prod_{VM}/\partial p=0$，可得利润最大化的价格：$p^{VM}=\frac{1}{2}(\beta+c)$，求解后得到兼并企业利润最大化的产量是：$q^{VM}=\frac{1}{2}(\beta-c)$；兼并企业利润最大化值为：$PS^{VM}=\prod^{VM}=\frac{1}{4}(\beta-c)^2$。

5.2.4 斯彭勒模型的基本结论

p^{VM}是消费者从纵向一体化企业那里取得的最终商品价格。很明显，$p^{VM}=\frac{1}{2}(\beta+c)<p^{sep}=\frac{1}{4}(3\beta+c)$，从以上分析我们不难得到如下结论。

结论 5.1 纵向兼并（一体化）后，最终产品的市场价格总会比分开经营时的价格低。

显然，纵向一体化之前该产品存在双重的加成定价。利润最大化时企业的边际收益等于边际成本，上游企业U先把它的价格提高到它的边际成本以上，然后，下游企业D再把它的价格提到这个已经加价的成本之上。对消费者而言这个双重定价明显高于纵向一体化之后的价格。

$PS^{VM} > PS^{sep}$，纵向一体化结构所创造的利润也大于分开经营的利润，意味着上游企业（制造商）为了说服下游企业（零售商）参与纵向兼并，至少会把 $\prod_{D}^{sep}$ 支付给下游企业，两家企业都可以从纵向兼并（一体化）中获益。

结论5.2 由于纵向一体化之后，消费者剩余与生产者剩余都增加，因而兼并后的社会福利会因纵向一体化有所增进。

上述结论告诉我们，如果上下游企业都是唯一独家垄断，最终产品在定价过程中，经过双重加价，其市场价格要高于完全纵向一体化后单一垄断企业的情形。

而上述结论是在上、下游企业都是独家垄断企业的条件下得出的，当上游均为多个企业时，斯彭勒模型的两个结论是否成立？当上、下游均为多个企业，且数目不相等时，结论又有何不同？消费者剩余、社会总福利又将怎样变化？需要我们在新的上、下游企业数目假定下，对斯彭勒模型作进一步的拓展研究，这正是5.3节的内容。

5.3 斯彭勒模型向金字塔结构或平行结构产业链的拓展

就产业链的形态而言，众多的产业中，由于上、下游资源状况不同、产品特性不同，产业链的结构也多种多样，总体上划分为平行结构、金字塔结构和倒金字塔结构，当下游企业的数目大于上游企业的数目，我们称这种产业链为金字塔结构的产业链；当上游企业的数目等于下游企业的数目时，我们称这种产业链为平行结构的产业链，本节仅讨论这两种最为常见的平行结构或金字塔结构。

如图5.2所示，其中，$m \geqslant n \geqslant 2$。

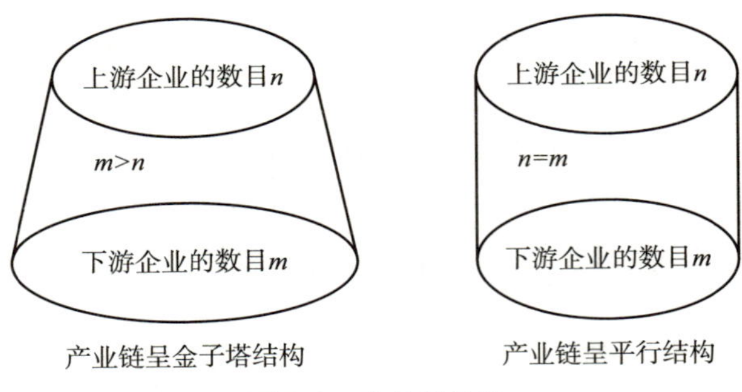

图 5.2　产业链结构

在本节中，上游产业内部、下游产业内部均进行古诺竞争，运用斯彭勒模型的基本思想，尝试构造出扩展的斯彭勒模型，讨论在平行结构、金字塔结构产业链下纵向兼并发生的经济条件，研究纵向兼并前后消费者剩余、上、下游企业利润以及社会总福利的变化情况。

5.3.1　拓展的斯彭勒模型的基本假定

借鉴斯彭勒的研究思路，假定存在一个产业链：上游产业 n 个企业，下游产业 m 个企业。假定上游产业的所有企业具有固定不变的产品单位生产成本 c，最终消费者的反需求函数为 $p=\beta-Q$。其中，p 为最终产品价格，Q 为下游企业提供的产品总量，β 为正的常数。假设上、下游产业生产的产品数量相同，市场可以出清（Market Clear）。上、下游产业之间的中间产品交易价格为 w（见图 5.3），上、下游产业中的每个企业都以自身利润最大化为目标进行生产决策。上、下游企业的角标分别用对应英文 upstream、downstream 的第一个字母 U、D 表示，兼并前分别用小写字母 u 和 d 表示，兼并后分别用大写字母表示。图中角标 VM 表示英文 Vertical Merge，即实施了纵向兼并后的状态；角标 Sep 表示英文 Separating，即分开经营的状态。参见图 5.3

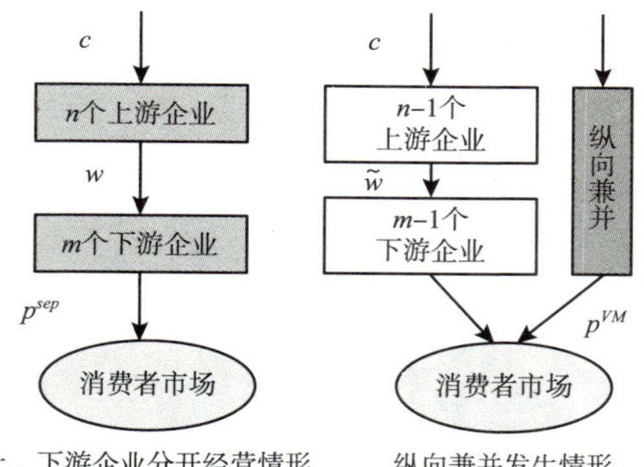

图5.3 拓展的斯彭勒模型示意图

5.3.2 纵向兼并发生前的博弈决策分析

在该产业链模型中，上、下游的每个企业都基于自身利润最大化进行生产，上下游企业之间的博弈过程为：首先，上游产业企业选择中间产品交易价格 w，然后下游产业的企业根据产品交易价格 w 确定自身利润最大化的产量，如图5.3左图所示。

对下游产业的企业而言，利润函数为：$\pi_i^d=(\beta-Q-w)q_i^d$，每个企业根据利润最大化进行生产，即 $\underset{q_i^d}{Max}\,\pi_d=(\beta-Q-w)q_i^d$，$Q$ 为下游产业的总产量 $Q=\sum_{i=1}^{m}q_i^d$。

$$\frac{d\pi_i^d}{dq_i^d}=\beta-w-(q_1^d+q_2^d+\cdots+2q_i^d+\cdots+q_{m-1}^d+q_m^d)=0$$

由于这里假定所有企业为同质企业，依据对称性，$q_1^d=q_2^d=\cdots=q_i^d\cdots=q_{m-1}^d=q_m^d$，即 $Q=mq_i^d$，得到：

$$q_i^d=\frac{\beta-w}{m+1} \qquad \text{（公式5.0）}$$

下游企业的均衡价格：

$$p=w+\frac{\beta-w}{m+1} \qquad \text{（公式5.1）}$$

下游企业的均衡产量：

$$q_i^d=\frac{\beta-w}{m+1} \qquad \text{（公式5.2）}$$

下游企业的均衡利润：

$$\pi_i^d = \left(\frac{\beta - w}{m+1}\right)^2 \qquad \text{（公式 5. 3）}$$

由上、下游产业总产量相等得到，上游产业总产量为：$Q = mq_i^d = \frac{m(\beta - w)}{m+1}$，结合（公式 5. 0）可得以下关系式：

$$w = \beta - \frac{m+1}{m}Q$$

对上游产业的企业而言，利润函数为：

$$\pi_i^u = (w - c)q_i^u = \left(\beta - \frac{m+1}{m}Q - c\right)q_i^u$$

利润最大化的条件为：

$$\frac{d\pi_i^u}{dq_i^u} = \left(\beta - \frac{m+1}{m}Q - c\right) - \frac{m+1}{m}q_i^u = 0$$

由对称性求解得到：$q_1^u = q_2^u = \cdots = q_i^u \cdots = q_{n-1}^u = q_n^u$，则上游产业总产量为：$Q = nq_i^u$，即 $\beta - c - (n+1)\ \frac{(m+1)}{m}q_i^u = 0$，所以 $q_i^u = \frac{m(\beta - c)}{(n+1)(m+1)}$。

根据 $w = \beta - \frac{m+1}{m}Q$ 和 $Q = nq_i^u$ 得到下列式子：

上游企业的均衡价格：

$$w = c + \frac{\beta - c}{n+1} \qquad \text{（公式 5. 4）}$$

上游企业的均衡产量：

$$q_i^u = \frac{m(\beta - c)}{(n+1)(m+1)} \qquad \text{（公式 5. 5）}$$

上游企业的均衡利润：

$$\pi_i^u = \frac{m(\beta - c)^2}{(m+1)(n+1)^2} \qquad \text{（公式 5. 6）}$$

把（公式 5. 4）分别带入（公式 4. 2）和（公式 4. 3），可得到下游产业企业的各项数据：

下游企业的均衡价格：

$$p^{sep} = c + \frac{(m+n+1)(\beta - c)}{(m+1)(n+1)} \qquad \text{（公式 5. 7）}$$

下游企业的均衡产量：

$$q_i^d = \frac{n(\beta - c)}{(m+1)(n+1)} \quad \text{（公式 5.8）}$$

下游企业的均衡利润：

$$\pi_i^d = \frac{n^2(\beta - c)^2}{(m+1)^2(n+1)^2} \quad \text{（公式 5.9）}$$

根据（公式5.6）和（公式5.9）式可知，上、下游产业的均衡利润受到两个产业中企业数的影响，均衡利润与本产业内企业数量成反比，而与另一个产业的企业数量成正比。以我国石油和化工行业为例，两个产业存在上、下游的产业关联，由于下游石化行业企业数量众多，所以竞争较为激烈，行业利润水平相对较低，而上游原油行业企业数量较少，基本为中石油垄断，所以利润率偏高。在国内外石油资源日益紧张的情况下，原油所在上游企业利润有所上升，大大高于中石化所在下游的企业。

根据（公式5.4）与（公式5.9），我们可以得到以下结论：

命题5.1　在上、下游产业结构呈金字塔结构或平行结构条件下，则上游企业比下游企业获得更多的利润。

证明：在上、下游企业结构呈金字塔结构或相同数目条件下，即 $m \geq n$，$\pi_i^u - \pi_i^d = \frac{m(\beta-c)^2}{(m+1)(n+1)^2} - \frac{n^2(\beta-c)^2}{(m+1)^2(n+1)^2} = \frac{(\beta-c)^2}{(m+1)(n+1)^2}\left[m - \frac{n^2}{m+1}\right] = \frac{(\beta-c)^2}{(m+1)(n+1)^2}\left[\frac{m^2-n^2+m}{m+1}\right] > 0$，命题得证。

对命题5.1的经济学解释是：由于上游企业的垄断利润只受到下游企业需求函数的影响，而下游企业的垄断利润不仅受到消费者需求函数的影响，而且受到上游企业供应商品价格的影响，所以主导力量受到很大的削弱。从现实经济实践中看到，由于资源稀缺性约束增强，上游产业又处于控制资源的地位，往往更容易通过提价转嫁风险，而处于下游的企业受到消费者的价格压力和上游企业带来的成本压力，更不容易获得垄断利润。该结论特别适合对基础性行业自然垄断特性的解释，由于基础性行业处于产业链的顶端，所以这些行业在同等条件下更容易获得垄断利润，如果政府不加以合理管制，对整个国民经济和社会福利将有负面的影响。近年来，钢铁、石油等上游产业的产品价格快速上涨，而下游的彩电、汽车等产业受困于成本增加，且很难通过提价向消费者转移成本增加的压力，导致整个行业利润有所下降，这与该结论模型揭示的情况较为类似。例如，上游企业中石油成为亚洲最赚钱的企业，而下游企业中石化则需要财政补贴来补亏损。

不难求出上、下游企业分开经营情形时，生产者剩余、消费者剩余以及社会福利对应值：

$$PS^{pre}=n\pi_i^u+m\pi_i^d=\frac{nm(\beta-c)^2}{(m+1)(n+1)^2}+\frac{mn^2(\beta-c)^2}{(m+1)^2(n+1)^2}$$

（公式 5.10）

由（公式 5.5）解出：

$$Q=nq_i^u=\frac{nm(\beta-c)}{(n+1)(m+1)}$$ （公式 5.11）

所以，

$$CS^{pre}=\frac{1}{2}Q^2=\frac{n^2m^2(\beta-c)^2}{2(n+1)^2(m+1)^2}$$ （公式 5.12）

社会福利 = 生产者剩余 + 消费者剩余：

$$SW^{pre}=CS^{pre}+PS^{pre}$$
$$=\frac{n^2m^2(\beta-c)^2}{2(n+1)^2(m+1)^2}+\frac{nm(\beta-c)^2}{(m+1)(n+1)^2}+\frac{mn^2(\beta-c)^2}{(m+1)^2(n+1)^2}$$

（公式 5.13）

5.3.3 纵向兼并发生的博弈均衡分析

当上游产业中一个企业和下游产业中一个企业发生纵向兼并时，上游企业中未参与兼并的企业数目变为 $n-1$，下游企业中未参与兼并的企业数目变为 $m-1$，$\tilde{w}$ 为兼并发生后未参与兼并的上游企业向下游企业出售中间产品的价格（见图 5.3 右边）；由于兼并企业规避了双重加价过程，与下游其他企业相比具有成本优势（$c<\tilde{w}$），从而获得成本低廉的竞争优势，故下游产业中存在非对称性竞争问题。以 M 为兼并企业的角标；令 q_M 为兼并企业生产的产品数量；Q_{m-1} 为没有参与兼并的下游企业生产的产品总量；$Q_{m-1}=\sum_{m=1}^{m-1}q_i^D$；$p^{vm}$ 为兼并发生后下游企业的产品价格；q_i^D 为下游某个未参与兼并企业的产量。

则兼并企业利润为：

$$\prod^M=(p^{vm}-c)q_M=(\beta-q_M-Q_{m-1}-c)q_M$$

兼并企业利润最大化的一阶条件：

$$\frac{d\prod^{M}}{dq_M} = \beta - 2q_M - Q_{m-1} - c = 0$$

兼并企业利润最大化的产量为：

$$q_M = \frac{\beta - Q_{m-1} - c}{2} \quad \text{（公式 5.14）}$$

没有发生兼并的下游企业的利润为：

$$\prod_i^{D} = (p^{vm} - \tilde{w})q_i^D = (\beta - q_M - Q_{m-1} - \tilde{w})q_i^D,\ i = 1, 2, \cdots, m-1$$

利润最大化的一阶条件为：

$$\frac{d\prod_i^{D}}{dq_i^D} = (\beta - q_M - Q_{m-1} - \tilde{w}) - \frac{dQ_{m-1}}{dq_i^D}q_i^D = 0$$

利润最大化时的产量为：

$$q_i^D = \frac{1}{m}(\beta - q_M - \tilde{w}),\ i = 1,\ 2,\ \cdots,\ m-1 \quad \text{（公式 5.15）}$$

则 $Q_{m-1} = q_1^D + q_2^D + \cdots + q_i^D + \cdots + q_{m-1}^D = (m-1)\ q_i^D$，结合（公式 5.14）和（公式 5.15），可得每个未参与兼并的下游企业的产量为：

$$q_i^D = \frac{1}{m+1}\left(\beta - \tilde{w} - \frac{\beta - Q_{m-1} - c}{2}\right) = \frac{2(\beta - \tilde{w}) - (\beta - c)}{m+1}$$

（公式 5.16）

兼并企业的产量为：

$$q_M = \frac{m(\beta - c) - (m-1)(\beta - \tilde{w})}{m+1} \quad \text{（公式 5.17）}$$

对于上游产业而言，没有参与兼并的 $n-1$ 个剩余上游企业生产的产品在纵向兼并发生后，只能销售给下游没有参与兼并的 $m-1$ 个企业，产量为：

$$Q_{m-1} = \sum_{i=1}^{m-1} q_i^D = (m-1)\frac{2(\beta - \tilde{w}) - (\beta - c)}{m+1}$$

上式变形为对应的需求函数：

$$\tilde{w} = \frac{(\beta + c)}{2} - \frac{m+1}{2(m-1)}Q_{m-1} \quad \text{（公式 5.18）}$$

而 $n-1$ 个未参与兼并的上游产业产品总量 Q_{n-1} 与下游没有参与兼并的 $m-1$ 个企业的产品总量 Q_{m-1} 相等。所以，上游产业单个企业的利润为：

$$\prod_i^U = (\tilde{w} - c)q_i^U = \left[\frac{\beta - c}{2} - \frac{m+1}{2(m-1)}Q_{n-1} - c\right]q_i^U, \ Q_{n-1}$$
$$= q_1^U + q_2^U + \cdots + q_i^U + \cdots + q_{n-2}^U + q_{n-1}^U$$

上游企业的利润最大化的一阶条件:

$$\frac{d\prod_i^U}{dq_i^U} = \frac{\beta - c}{2} - \frac{m+1}{2(m-1)}(q_1^U + q_2^U + \cdots + 2q_i^U + \cdots + q_{n-2}^U + q_{n-1}^U)$$
$$= 0 \ (i=1, 2, \cdots n-1)$$

整理得到利润最大化产量:

$$q_i^U = \frac{(m-1)(\beta-c)}{n(m+1)} \ (i=1, 2, \cdots, n-1)$$

根据:

$$Q_{m-1} = Q_{n-1} = q_1^U + \cdots + q_i^U + \cdots + q_{n-1}^U$$
$$= \frac{(n-1)(m-1)(\beta-c)}{n(m+1)} \qquad \text{(公式 5.19)}$$

得到:

$$\tilde{w} = \frac{(\beta+c)}{2} - \frac{m+1}{2(m-1)}Q_{n-1} = \frac{(\beta+c)}{2} - \frac{(n-1)(\beta-c)}{2n}$$
$$= c + \frac{(\beta-c)}{2n} \qquad \text{(公式 5.20)}$$

兼并企业的产量:

$$q_M = \frac{\beta - c - Q_{n-1}}{2} = \frac{\frac{n(m+1)}{n(m+1)} - \frac{(n-1)(m-1)}{n(m+1)}}{2} = \frac{(2n+m-1)(\beta-c)}{2n(m+1)}$$

兼并企业的利润:

$$\prod^M = (\beta - q_M - Q_{n-1} - c)q_M = \left[\frac{(2n+m-1)(\beta-c)}{2n(m+1)}\right]^2$$
$$\text{(公式 5.21)}$$

未参与兼并的上游企业的利润:

$$\prod_i^U = \left[\frac{\beta - c}{2} - \frac{m+1}{2(m-1)}Q_{n-1}\right]q_i^U$$
$$= \left[c + \frac{(\beta-c)}{2n}\right]\frac{(m-1)(\beta-c)}{n(m+1)} \ (i=1, 2, \cdots, n-1)$$

即:

$$\prod_i^U = \frac{(\beta - c)}{2n}\frac{(m-1)(\beta - c)}{n(m+1)} = \frac{(m-1)(\beta - c)^2}{2n^2(m+1)}$$

（公式5.22）

未参与兼并下游企业的产量及利润分别为：

$$q_i^D = \frac{2(\beta - \tilde{w}) - (\beta - c)}{m+1} = \frac{2\left(\beta - c - \frac{(\beta - c)}{2n}\right) - (\beta - c)}{m+1} = \frac{(n-1)(\beta - c)}{n(m+1)}$$

$$\prod_i^D = (\beta - q_M - Q_{n-1} - \tilde{w})q_i^D = (q_i^D)^2 = \left[\frac{(n-1)(\beta - c)}{n(m+1)}\right]^2$$

（公式5.23）

兼并后最终产品市场价格为：

$$p^{vm} = \beta - q_M - Q_{n-1} = \beta - \frac{(2n+m-1)(\beta - c)}{2n(m+1)} - \frac{(n-1)(m-1)(\beta - c)}{n(m+1)}$$

$$= c + \left[1 - \frac{(2n+m-1)}{2n(m+1)} - \frac{(n-1)(m-1)}{n(m+1)}\right](\beta - c)$$

$$= c + \left[\frac{2n+m-1}{2n(m+1)}\right](\beta - c)$$ （公式5.24）

根据上述公式，我们可以分析纵向兼并前后对上、下游产业的影响情况。

命题5.2 纵向兼并导致了下游企业进货成本降低，即中间产品价格下降，相应地导致了最终产品销售价格的下降，使消费者受益，但使未参与兼并的下游企业的利润水平下降。

证明：通过（公式5.4）和（公式5.20），我们比较下游企业在兼并前后的成本、销售价格情况：

由 $w = c + \frac{\beta - c}{n+1} > \tilde{w} = c + \frac{(\beta - c)}{2n}$ 看出，兼并导致了中间产品的价格下降，下游产业的进货成本降低。

通过（公式5.7）和（公式5.24），比较下游企业在兼并前后的最终产品的价格情况：

根据

$$p^{sep} = c + \frac{(m+n+1)(\beta - c)}{(m+1)(n+1)},\ p^{vm} = c + \left[\frac{2n+m-1}{2n(m+1)}\right](\beta - c)$$

$$p^{sep} - p^{vm} = \frac{(m+n+1)(\beta - c)}{(m+1)(n+1)} - \left[\frac{2n+m-1}{2n(m+1)}\right](\beta - c)$$

$$=\left[\frac{(m+n+1)}{(n+1)}-\frac{2n+m-1}{2n}\right]\frac{(\beta-c)}{(m+1)}$$

$$=\left[\frac{(2nm+2nn+2n)}{2n(n+1)}-\frac{2n(n+1)+m(n+1)-(n+1)}{2n(n+1)}\right]\frac{(\beta-c)}{(m+1)}$$

$$=\frac{(n-1)m+n+1}{2n(n+1)}\frac{(\beta-c)}{(m+1)}>0$$

显然，纵向兼并也会导致最终产品市场销售价格降低，使最终端的消费者受益。

通过（公式 5.9）和（公式 5.23），我们比较兼并前未参与兼并的下游企业的利润 π_i^d 与兼并发生后未参与兼并的下游企业的利润 $\prod_i^D$ 的情况：

$$\prod\nolimits_i^D-\pi_i^d=\left[\frac{(n-1)(\beta-c)}{n(m+1)}\right]^2-\frac{n^2(\beta-c)^2}{(m+1)^2(n+1)^2}$$

$$=\frac{(\beta-c)^2}{(m+1)^2}\left[\frac{(n-1)^2}{n^2}-\frac{n^2}{(n+1)^2}\right]<0$$

说明纵向兼并导致了未参与兼并的下游企业的盈利水平下降，命题 5.2 得证。

造成这种现象的原因是由于纵向兼并企业具有成本优势，自然在下游产业中获得先动优势，其按照兼并企业利润最大化的价格低于兼并前的价格水平，而其他未兼并企业不得不接受这个价格，并且被迫减少产量，导致利润下降。

命题 5.3 上游企业的数目在 $n=2$ 即为双头垄断的情况下，未参与兼并的上游企业利润可能增加也可能降低，这主要取决于下游企业的数目。

命题 5.4 上游企业的数目在 $n\geqslant3$ 的情况下，而致使未参与兼并的上游企业的盈利水平下降。

证明：由（公式 5.6），上游产业企业在兼并前的利润为：

$$\pi_i^u=\frac{m(\beta-c)^2}{(m+1)(n+1)^2}$$

由（公式 5.22），兼并后未参与兼并的上游企业的利润为：

$$\prod\nolimits_i^U=\frac{(m-1)(\beta-c)^2}{2n^2(m+1)}$$

$$\pi_i^u-\prod\nolimits_i^U=\frac{m(\beta-c)^2}{(m+1)(n+1)^2}-\frac{(m-1)(\beta-c)^2}{2n^2(m+1)}$$

$$= \frac{(\beta - c)^2}{(m+1)}\left[\frac{m}{(n+1)^2} - \frac{m-1}{2n^2}\right]$$

$$= \frac{(\beta - c)^2}{(m+1)}\left[\frac{2n^2 m}{2n^2(n+1)^2} - \frac{(m-1)(n+1)^2}{2n^2(n+1)^2}\right]$$

$$= \frac{[2n^2 m - (m-1)(n+1)^2](\beta - c)^2}{2n^2(n+1)^2(m+1)}$$

分析：当 $n \geqslant 3$ 时，由 $2n^2 > (n+1)^2 \Rightarrow 2n^2 m > (m-1)(n+1)^2$，因此得到 $\pi_i^u > \prod_i^U$，说明兼并发生后，上游企业的利润降低。

在上游产业呈现（$n=2$）双头垄断格局的情况下：

$$\pi_i^u - \prod_i^U = \frac{(\beta - c)^2}{(m+1)}\left[\frac{8m}{8 \times 9} - \frac{9(m-1)}{8 \times 9}\right] = \frac{(\beta - c)^2}{72(m+1)}(9 - m)$$

当下游企业数目 $m>9$ 时，$\pi_i^u < \prod_i^U$，则纵向兼并会导致另一上游企业的利润增加。

当 $m=9$ 时，兼并前后则导致另一上游企业的利润不变。当 $m<9$ 时，有 $\pi_i^u > \prod_i^U$。兼并后则导致另一上游企业的利润下降。

造成这种现象的经济学原因是兼并发生后下游产业的讨价还价能力增强，比较兼并前后的需求函数得知，通常情况下会发生纵向兼并后的下游企业的需求曲线向下移动，所以在一般情况下上游企业的利润相对下降。但上游产业在兼并前为双头垄断，而兼并后为完全垄断（只有一个企业）且面对多个下游企业（这里是 $m>9$）的时候，其可以通过最大化的利润攫取获得更多的收益，但一旦下游的垄断达到足够的程度（这里 $m<9$），导致其收益相对降低。

命题 5.5 并非所有的纵向兼并企业都是有利的，兼并企业利润的确定，取决于上下游企业数量结构情况：（1）当上、下游产业呈平行结构（$m=n$），纵向兼并始终有利可图；（2）在上、下游产业结构呈金字塔结构（$m>n\geqslant 2$）条件下，则下游企业数目满足 $m \leqslant m \times (n)$ 特定条件时，纵向兼并才有利可图；而当下游企业数目满足 $m > m \times (n)$ 条件时，没有纵向兼并的动机。

证明：由（公式 5.6），兼并前每个上游企业的均衡利润：

$$\pi_i^u = \frac{m(\beta - c)^2}{(m+1)(n+1)^2}$$

由（公式 5.9）得，兼并前每个下游企业的均衡利润：

$$\pi_i^d = \frac{n^2(\beta-c)^2}{(m+1)^2(n+1)^2}$$

所以：

$$\pi_i^u + \pi_i^d = \frac{m(\beta-c)^2}{(m+1)(n+1)^2} + \frac{n^2(\beta-c)^2}{(m+1)^2(n+1)^2}$$

$$= \frac{n^2+m+m^2}{(m+1)} \frac{(\beta-c)^2}{(m+1)(n+1)^2}$$

由（公式 5.21）得兼并发生后兼并企业的利润：

$$\prod{}^M = \left[\frac{(2n+m-1)(\beta-c)}{2n(m+1)}\right]^2 = \frac{(2n+m-1)^2(\beta-c)^2}{4n^2(m+1)^2}$$

故有：

$$\pi_i^u + \pi_i^d - \prod{}^M = \frac{n^2+m+m^2}{(m+1)} \frac{(\beta-c)^2}{(m+1)(n+1)^2} - \frac{(2n+m-1)^2(\beta-c)^2}{4n^2(m+1)^2}$$

5.3.3.1 当上、下游企业呈平行结构（$m=n$）条件下

$$\pi_i^u + \pi_i^d - \prod{}^M = \frac{(\beta-c)^2}{(n+1)^2}\left[\frac{2n^2+n}{(n+1)^2} - \frac{(3n-1)^2}{4n^2}\right]$$

$$= \frac{(\beta-c)^2}{4n^2(n+1)^4}[-n^4-8n^3+2n^2+4n-1]$$

$$= -\frac{(\beta-c)^2}{4n^2(n+1)^4}(n+8.1828)(n+0.7325)$$

$$(n-0.2511)(n-0.6642) < 0$$

对任意正整数 $n \geqslant 2$，关系式 $\pi_i^u + \pi_i^d - \prod{}^M < 0$ 永远成立，这时纵向兼并总是有利可图。

5.3.3.2 在上、下游企业呈金字塔结构（$m>n$）条件下

令 $m=x+n$，这时：

$$\pi_i^u + \pi_i^d - \prod{}^M = \left[\frac{n^2+m+m^2}{(n+1)^2} - \frac{(2n+m-1)^2}{4n^2}\right]\frac{(\beta-c)^2}{(m+1)^2}$$

$$= \left[\frac{n^2+x+n+(x+n)^2}{(n+1)^2} - \frac{(3n+x-1)^2}{4n^2}\right]\frac{(\beta-c)^2}{(m+1)^2}$$

$$= \frac{(\beta-c)^2[(n-1)(3n+1)x^2+2(n^3-3n^2-n+1)x-n^4-8n^3+2n^2+4n-1]}{4n^2(n+1)^2(m+1)^2}$$

由上式得到纵向兼并的充要条件：

$$(n-1)(3n+1)x^2+2(n^3-3n^2-n+1)x-n^4-8n^3+2n^2+4n-1\leqslant 0$$

即 $x_1\leqslant x\leqslant x_2$，$x_{1,2}=\dfrac{-(n^3-3n^2-n+1)\pm 2n\sqrt{n^4+4n^3-4n^2-2n+2}}{(n-1)(3n+1)}$，所以 $x_1\leqslant m-n\leqslant x_2$，再结合 $m>n$ 条件，只要 m 满足：

$$n<m\leqslant n+\frac{-(n^3-3n^2-n+1)+2n\sqrt{n^4+4n^3-4n^2-2n+2}}{(n-1)(3n+1)}$$

即 $n<m\leqslant\dfrac{2n^3+n^2-1+2n\sqrt{n^4+4n^3-4n^2-2n+2}}{(n-1)(3n+1)}$时，则 $\pi_i^u+\pi_i^d\leqslant\prod^M$，纵向兼并有利可图，产生兼并动机。

我们把$\dfrac{2n^3+n^2-1+2n\sqrt{n^4+4n^3-4n^2-2n+2}}{(n-1)(3n+1)}$计为 $m\times(n)$，定义为斯彭勒数（Spengle number）。

金字塔结构在 $n<m\leqslant m\times(n)$ 条件下，纵向兼并总是有利可图的，而当 $m>m\times(n)$ 时纵向兼并总是无利可图，说明当下游企业数目过多时，没有纵向兼并的动机。命题 5.5 得证。

我们给出 $n=2，3，4，\cdots，21$ 时，对应的斯彭勒数（Spengle number）。

当 $n=2$ 时，$n<m\leqslant\dfrac{19+4\sqrt{30}}{7}=5.844$；

当 $n=3$ 时，$n<m\leqslant\dfrac{62+6\sqrt{149}}{20}=6.7619$；

当 $n=4$ 时，$n<m\leqslant\dfrac{143+8\sqrt{442}}{39}=7.979$；

当 $n=21$ 时，$n<m\leqslant\dfrac{18962+42\sqrt{229721}}{1280}=30.541$。

现在当上游企业数目 n 一定时，下游企业数目 $m\leqslant$斯彭勒数 $m\times(n)$，才能保证兼并后的利润增大；如果 $m>$斯彭勒数 $m\times(n)$，兼并前的利润较大（见表 5.1）。

这种现象的经济学解释为：纵向兼并企业主要与下游企业发生竞争，其产量在兼并后具有向下游产业进行协同的特性，当上游企业数量 n 一定时，如果下游企业数量 m 过大，纵向兼并企业不得不减少上游产品的产量来协调纵向兼并（一体化），所以导致纵向兼并利润下降。

表 5.1　n 一定时，对纵向兼并有利可图时，下游企业数目 m 有效取值范围

n	2	3	4	5	6
m	$2\leqslant m\leqslant 5$	$3\leqslant m\leqslant 6$	$3\leqslant m\leqslant 7$	$5\leqslant m\leqslant 9$	$6\leqslant m\leqslant 10$
n	7	8	9	10	11
m	$7\leqslant m\leqslant 11$	$8\leqslant m\leqslant 13$	$9\leqslant m\leqslant 14$	$10\leqslant m\leqslant 15$	$11\leqslant m\leqslant 17$
n	12	13	14	15	16
m	$12\leqslant m\leqslant 18$	$8\leqslant m\leqslant 19$	$14\leqslant m\leqslant 21$	$15\leqslant m\leqslant 22$	$16\leqslant m\leqslant 23$
n	17	18	19	20	21
m	$17\leqslant m\leqslant 25$	$18\leqslant m\leqslant 26$	$19\leqslant m\leqslant 27$	$20\leqslant m\leqslant 29$	$21\leqslant m\leqslant 30$

命题 5.5 还隐含着更深一层的经济意义："只有当下游企业通过横向兼并达到一定垄断程度时，才有纵向兼并的动机"。如此，在近似完全竞争的市场结构中，下游企业的横向兼并往往比上、下游产业之间的纵向兼并更有可能率先发生。美国的兼并历史以及世界的兼并历史也印证了这一点。第一兼并浪潮发生在 1897 ~ 1903 年，是以同行业间横向兼并为主的，而纵向兼并的规模很小。这次兼并浪潮使美国完成了企业结构由传统结构向现代结构的转变，不仅为企业规模经济的发展和现代化经营方式奠定了基础，也为纵向兼并的后续发生铺平了道路。当横向兼并最终导致了很多行业集中度提高达到垄断时，以大规模的纵向兼并活动为特征的世界范围内第二次和第三次兼并浪潮发生了。

命题 5.5 中的结论也与维龙（Vernon）与格拉汉姆（Graham）1971 年的观点基本一致，当下游产业为竞争结构，上游垄断企业兼并下游企业并不增加其利润，没有兼并下游企业的动机。

需要进一步指出的是：当下游企业数量过多，接近无穷大时，市场结构会怎样变化？

命题 5.6　当下游企业的数目趋近无穷大，下游市场变为完全竞争市场。由于可以节约中间产品交易环节，这时上游市场竞争退化为简单的单一市场下的 n 个企业古诺竞争，消除了双重加价的影响。上游企业的需求可直接用下游市场的需求表述。

证明：在纵向兼并之前，所有上下游企业的利润之和的极限值为：

$$\lim_{m\to\infty} PS^{pre} = \lim_{m\to\infty}\left[\frac{2nm(m+1)}{2(m+1)^2(n+1)^2}+\frac{2mn^2}{2(m+1)^2(n+1)^2}\right](\beta-c)^2$$

$$=\frac{n}{(n+1)^2}(\beta-c)^2$$

即当下游市场趋向逼近为完全竞争市场时，上游企业的需求可直接用下游市场的需求表达，即 $p = \beta - Q$，这时市场竞争退化为简单的单一市场下的 n 个企业进行古诺竞争。

以上分析表明，在上下游都进行古诺产量竞争，当下游企业数量过多，特别是当下游企业数量趋向无穷大时，这时上下游企业则没有纵向兼并的动机；命题 5.6 强化了命题 5.5 中产业链为金字塔结构的纵向兼并的结论。

命题 5.7　在上下游企业结构呈金字塔结构或平行结构（$m \geqslant n$）条件下，实施纵向兼并或纵向一体化，不仅降低了中间产品的价格，而且消费者剩余和社会福利都得到提高。

证明：根据（公式 5.10）与（公式 5.15），纵向兼并（一体化）之后的总产量为：

$$Q^{post} = q_M + Q_{m-1} = \frac{(2n+m-1)(\beta-c)}{2n(m+1)} + \frac{(n-1)(m-1)(\beta-c)}{n(m+1)}$$

$$= \frac{2nm-m+1}{2n(m+1)}(\beta-c)$$

纵向兼并一体化后的消费者剩余为：

$$CS^{post} = \frac{1}{2}Q^2 = \frac{1}{2}\frac{(2nm-m+1)^2}{4n^2(m+1)^2}(\beta-c)^2$$

由（公式 5.21）、（公式 5.22）、（公式 5.23），计算出纵向兼并之后的生产者剩余（所有上下游企业的利润之和）为：

$$PS^{post} = \prod{}^{M} + (n-1)\prod{}_i^{U} + (m-1)\prod{}_i^{D}$$

$$= \frac{(n-1)(m-1)(\beta-c)^2}{2n^2(m+1)} + \frac{(m-1)(n-1)^2(\beta-c)^2}{n^2(m+1)^2}$$

$$+ \left[\frac{(2n+m-1)}{2n(m+1)}\right]^2(\beta-c)^2$$

纵向兼并（一体化）之后的社会福利：

$$SW^{post} = CS^{post} + PS^{post}$$

$$= \left\{\frac{1}{2}\frac{(2nm-m+1)^2}{4n^2(m+1)^2} + \frac{(n-1)(m-1)}{2n^2(m+1)} + \frac{(m-1)(n-1)^2}{n^2(m+1)^2}\right.$$

$$\left. + \left[\frac{(2n+m-1)}{2n(m+1)}\right]^2\right\}(\beta-c)^2$$

$$= \left[\frac{4(n-1)(m-1)(m+2n-1)}{8n^2(m+1)^2}\right.$$

$$+\frac{(2nm-m+1)^2+2(2n+m-1)^2}{8n^2(m+1)^2}\Big](\beta-c)^2$$

由（公式 5. 10）、（公式 5. 11）、（公式 5. 13）得纵向兼并之前的社会福利：

$$SW^{pre}=CS^{pre}+PS^{pre}=\Big[\frac{n^2m^2+2nm(m+1)+2mn^2}{2(n+1)^2(m+1)^2}\Big](\beta-c)^2$$

比较兼并前后社会福利的变化：

$$SW^{post}-SW^{pre}$$
$$=\frac{(\beta-c)^2}{2(m+1)^2}\Big[\frac{(4n^2-1)m^2+(8n^2-4n+2)m+(4n-1)}{4n^2}$$
$$-\frac{(n^2+2n)m^2+(2n^2+2n)m}{(n+1)^2}\Big]$$
$$=\frac{(\beta-c)^2}{2(m+1)^2}\left\{\frac{[4n^2-(n+1)^2]m^2+2(n+1)(2n^2-n+1)m+(n+1)^2(4n-1)}{4n^2(n+1)^2}\right\}$$
$$=\frac{[4n^2-(n+1)^2]m^2+2(n+1)(2n^2-n+1)m+(n+1)^2(4n-1)}{8n^2(n+1)^2(m+1)^2}(\beta-c)^2$$

而 $(3n+1)(n-1)m^2+2(n+1)(2n^2-n+1)m+(n+1)^2(4n-1)>0$ 永远成立

即：

$$SW^{post}-SW^{pre}$$
$$=\frac{(3n+1)(n-1)m^2+2(n+1)(2n^2-n+1)m+(n+1)^2(4n-1)}{8n^2(n+1)^2(m+1)^2}(\beta-c)^2>0$$

可见，兼并后社会福利相对兼并前社会福利是增加。

我们在命题 5. 2 已经证明了 $p^{sep}>p^{vm}$，即纵向兼并也会导致最终产品市场销售价格降低；所以由 $p^{sep}=\beta-Q^{pre}>p^{vm}=\beta-Q^{post}$ 推出 $Q^{post}>Q^{pre}$，而 $CS^{post}=\frac{1}{2}[Q^{post}]^2$，$CS^{pre}=\frac{1}{2}[Q^{pre}]^2$，故有 $CS^{post}>CS^{pre}$，纵向兼并使消费者剩余增加，使最终端的消费者受益。命题 5. 7 得证明。

命题 5. 7 与格林哈特（Greenhut）和奥塔（Ohta）在 1979 年证明的结论基本相同，纵向兼并消除了双重加价造成的价格扭曲，使总产量增加，价格下降，提高了社会福利。

5.4 小　结

布莱尔（Blair）和卡塞曼（Kaserman）1985 年曾指出："由于纵向兼并所造成社会福利的正面效果相对多且广，负面效果则相对小且窄，因此应当对纵向兼并持较宽松的法规管制"。

本节在斯彭勒基础上拓展了传统纵向兼并时的研究成果，通过研究上、下游企业之间的产量竞争的子博弈完美纳什均衡解，对比分析了上、下游企业在分别经营时和存在纵向兼并时的差异，给出了金字塔结构和平行结构产业链下纵向兼并的充要条件，即纵向兼并不一定导致兼并企业获利，在上、下游产业均为古诺竞争的条件下，兼并企业获利与否主要取决于产业链中上、下游产业的数目。只有当下游产业通过横向兼并达到一定垄断程度时，即下游的企业数目小于等于斯彭勒数，才有纵向兼并的动机。研究认为这种当上、下游都是垄断企业的产业链，纵向兼并或纵向一体化，可以降低交易风险和节约交易成本，消除双重加价，从而将其他非兼并的下游产业企业置于竞争劣势地位，消费者可以从纵向兼并中受益，而且这种兼并总有利于总体社会福利的提高。

一般来讲，上游和下游的未兼并企业都很难从纵向兼并活动中获利，而消费者福利和社会福利却由于最终产品销售价格的降低而得到了提高。这些研究成果从另一个角度阐述了纵向兼并活动的社会效益问题，对于分析企业的纵向兼并活动对相关利益主体的影响有理论意义。我国目前一方面在推动产业结构调整和企业整合，另一方面又在考虑进一步制定反垄断的相关配套法规如《纵向兼并指南》，而从产业链角度研究企业兼并有利于科学而全面地把握这两个问题，具有特定的现实意义。必须指出的是，本章主要结论研究只针对上、下游产业同时进行古诺竞争寡头，对平行结构的产业链和金字塔结构的产业链有效。

我们不难发现：如果上、下游都是古诺（Cournot）产量竞争，则与纵向兼并相关的纵向圈定，不会起到提高竞争对手的成本、弱化市场竞争的作用。斯彭勒模型及其在对平行结构的产业链和金字塔结构的拓展，肯定了芝加哥学派对纵向圈定的观点。

在寡头垄断下的纵向兼并（一体化）领域中，无论是理论还是实证研究的成果均反映出，企业的策略选择动机以及其市场效应在很大程度上都取决于其所处的市场条件及企业特征。大多数情况而言，纵向兼并通常能够消除双重加价无效率并增加兼并企业的利润，有利于增进社会福利。而圈定动机下的纵向兼并却可能导致不同的福利效应，在有些情况下，市场圈定动机下的纵向兼并有损于社会福利，政府干预是必要的。但是在本章的模型中，纵向兼并不仅是有效的，因此，鼓励纵向兼并的政策对于上、下游企业是有利的。由此可见，对于针对纵向兼并的规制政策的制定来说，识别纵向兼并的动机可能是重要的，但或许更重要的是识别纵向兼并的社会福利效应，这成为政府规制部门面临的问题。

在美国，公共政策对纵向兼并（一体化）的态度在过去数十年中发生了很大的转变。大约 30 年前，当美国铝业公司（Alcoa）案件发生时，因受哈佛学派的影响颇深，政府的公共政策倾向于否定纵向兼并（一体化），而近年来，受芝加哥学派的影响，特别是后芝加哥学派的影响，反垄断部门已经很少对兼并持怀疑态度了。美国司法部《兼并指南手册》于 1982 年和 1992 年分别作了修订，使得纵向兼并通常不再受到质疑，除非其具有明显的反竞争效应。尽管政策视角仍存在对纵向兼并可能促进合谋的关注，但目前对纵向兼并的详细审查较早期要少得多。

就我国的经济现实来说，由于反垄断法的长期缺位，政府在对一些重要的产业链纵向控制问题的政策制定中缺乏法律依据，其背后的主要原因是，该领域的理论研究落后于现实。正由于理论研究的落后，我们经常面临无法对企业纵向控制策略做出是否具有反竞争效应的判断，也无法对相应的政策给出其是否具有增进社会福利的效应的判断。这种情况在纵向兼并领域中更为突出。

这里我们以近年来成为热点问题的煤电关系为例。

近年来，由于汽车与房地产等产业的快速发展，拉动了以钢铁产业为代表的高能源消耗型产业的快速发展与大量投资，进一步导致电力供给的短缺，并进而导致煤炭市场的供不应求。这是一种需求波动引发的短缺。为了应对上游投入品的短缺，电力企业纷纷通过投资、参股以及控股等方式进入煤炭企业或控制煤炭的生产。同时，我国还出现了很多政府主导下的煤电一体化项目。在这样的背景下容易看到，我国所出现的电力厂商纵向兼并（一体化）进入上游煤炭产业的动机主要是确保投入品的供应。本章的模型或许就特殊情形已经给出明确的结论，给予政策制定以更有力的理论依据，其福利效应是积极的。

然而，值得关注的是，由于电力、煤炭等都属于周期性行业，在需求高峰过去之后将出现需求的减弱；那么，当市场需求趋于减弱时，这种纵向兼并是否仍然具有正面的社会福利效应？是否可能因此而出现纵向圈定动机下的反竞争效应？如果是，政府政策又该如何对其加以规制？国外理论研究的成果已经指出：在纵向兼并提高效率，如提高社会福利和消费者剩余的同时，也不可避免地带来了价格歧视，排挤竞争对手等反竞争效果，这也是政府反垄断部门一直在权衡和考量的问题。在某种特定情况下，纵向圈定有可能成为纵向兼并的主要动机。对此，我们就需要明确识别其是否具有反竞争效应，并在此基础上制定相应的规制政策，为反垄断和纵向兼并的实践提供理论支持。

例如，对下游产业是古诺产量竞争，而上游产业是伯川德价格竞争，则与纵向兼并相关的纵向圈定对市场竞争和消费者福利的影响呈现出不确定性的研究，探讨了政府在纵向兼并关系设计中的最优反应，即在此情形下如何规制纵向兼并。芝加哥学派与后芝加哥学派对纵向圈定的分歧焦点，我们将在下一章中展开。

第6章

斯彭勒纵向兼并博弈的进一步扩展：纵向兼并的圈定策略选择

本章设定的市场结构是上下游都是双寡头垄断企业，上游进行伯川德价格竞争，而下游进行古诺产量竞争，在斯彭勒的思想基础上进一步扩展模型，考察当兼并企业采用纵向圈定（兼并企业拒绝向其他下游竞争对手提供中间产品），或非纵向圈定（兼并企业仍然向其他下游竞争对手提供中间产品）策略时，考察纵向兼并对相关企业的利益影响、消费者剩余的变化以及社会福利变化。要回答的问题是纵向兼并一定会导致纵向圈定，排挤竞争对手吗？纵向圈定一定会导致反竞争效应，即导致消费者剩余下降吗？我们将得到一系列非常有趣的命题。

6.1 有关纵向兼并的圈定理论的争议

传统的市场圈定理论始于20世纪50～60年代，观点是纵向兼并否定了竞争对手与上游供应商或者下游企业进行交易，对竞争不利。20世纪70～80年代，芝加哥学派的博克（Bork）和波斯纳（Posner）认为传统的市场圈定理论有着逻辑上的错误。首先，他们认为纵向兼并导致的纵向圈定并不意味着对竞争对手供应量的减少；其次，垄断者进行纵向兼并不可能进一步提高其垄断力量，纵向兼并的经济性动机是为了获取旨在成本节约的协同效应，他们认定纵向兼并是创造经济效率的一种方式，而不是破坏竞争，在很大程度上是有利于竞争或者说竞争中性。但芝加哥学派的这一结论必须满足三个假设，即上游企业属垄断者、下游企业产品同质和可观察的合约（两步定价）。

假定上游仅有唯一一家企业 U，拥有强大市场势力，下游有两家销售企业 D_1 和企业 D_2，这种情况下，通过纵向兼并确实可以达到排挤竞争对手的目标。

在假设下游企业展开古诺（Cournot）产量竞争，市场反需求可由 $p=1-q_1-q_2$ 给出。

在分开经营的条件下，下游企业为采购中间产品支付批发价 w。下游企业选择数量 q_i 使自己的利润最大化 $\pi_i=q_i(p-w)$，这里 $i=1$，2。

根据古诺均衡结果，下游企业均衡产量 $q_1=q_2=\frac{1-w}{3}$；均衡价格 $p=\frac{1+2w}{3}$。

如果上游企业受线性合同约束，那么就会选择 w 以使 $\pi^u=2\left(\frac{1-w}{3}\right)(w-c)$。

由一阶条件可得：

$$\frac{d\pi^u}{dw}=2\left(\frac{1-w}{3}\right)-\frac{2}{3}(w-c)=0\Rightarrow w=\frac{1+c}{2}$$

经过替代可得最终价格 $p^s=\frac{1+2w}{3}=\frac{2+c}{3}$和上游企业的利润如下：

$$\pi^{u,s}=2(w-c)\left(\frac{1-w}{3}\right)=\frac{(1-c)^2}{6}$$

角码 s 表示英文 Separating：分开经营的状态；角码 u 表示英文 upstream：上游；而 d 表示英文 downstream：下游。

每个下游企业获得利润：

$$\pi_{1,s}^d=\pi_{2,s}^d=q_i(p-w)=\frac{1-w}{3}\left(\frac{1+2w}{3}-w\right)=\left(\frac{1-w}{3}\right)^2=\frac{(1-c)^2}{36}$$

现在考察 U 和 D_1 进行纵向兼并。对于 U 来说，由于拥有强大市场势力，最理想的情况是通过停止向下游竞争性企业供货来对 D_2 进行排挤，而以 $w=c$ 的价格向自己的子公司供货。这样，D_1 会制定零售价 $p^{vm}=\frac{1+c}{2}$，而纵向兼并会给兼并企业带来利润 $\pi^{vm}=\left(\frac{1-c}{2}\right)^2$。这里角码 vm 表示英文 Vertical Merge：纵向兼并。

因为 $\pi^{vm}=\left(\frac{1-c}{2}\right)^2>\pi_1^{d,s}+\pi^{u,s}=\frac{(1-c)^2}{6}+\frac{(1-c)^2}{36}=\frac{7(1-c)^2}{36}$，很

明显兼并有利可图。

根据这个简化的模型，纵向兼并确实会导致市场圈定，排斥竞争对手的效应——损害了其他下游竞争企业 D_2。然而，这种纵向兼并是有效率的，因为它解决了双重加价问题。我们能够方便地验证 $p^{vm}=\frac{1+c}{2}<p^s=\frac{2+c}{3}$，这意味着消费者也从纵向兼并中得到了好处（相对于纵向分开经营而言，兼并带来社会福利也有所增加）。这个模型确实体现了博克和波斯纳的思想。

在随后的众多基于连续寡头垄断框架下的纵向兼并动机和效应的模型研究中，难点恰恰在于如何确定纵向兼并企业在中间产品市场的策略，特别是，随着赛洛普（Salop）等（1983、1987）关于产业竞争中提高竞争对手成本的理论研究成果的发表，把市场圈定理论的研究推进到了新的阶段，被称为新市场圈定理论阶段。这阶段的市场圈定理论不仅关注圈定的因素，还考虑到这些圈定对上、下游市场竞争的冲击。也就是说，该理论关注为什么圈定和如何影响竞争对手，以及提高他们的成本，有时甚至考虑到未圈定竞争对手的情形。新的纵向圈定理论最典型的特征是博弈论的引入。

赛林格（1988）运用线性需求，对上、下游存在多头垄断，并进行古诺竞争的同质产品市场的纵向兼并进行研究。该模型假设兼并企业承诺不向下游未兼并厂商供给中间产品，并提出了纵向兼并的三大效应：第一，兼并企业在纵向兼并后增加最终产品的产量；第二，未兼并的下游企业面对产品剩余需求曲线的后移将减少对中间产品的需求；第三，兼并企业将退出中间产品市场。具体哪一种效应占优取决于市场结构。然而，由于下游市场古诺竞争，将导致双重加价，因而纵向兼并的竞争效应并不明显。同时，由于是静态模型，赛林格（Salinger）未考虑在动态环境下未兼并企业的反击行为，因此，兼并企业初始阶段的决策将受到影响，这一点在该模型中说服力不强。

奥迪夫等人（1990）提出了一个中间产品同质、但以伯川德竞争的连续双寡头动态均衡模型（简称 OSS 模型），考虑了未兼并企业可能采取跟随兼并策略。他们认为，由于参与兼并的企业与未兼并时相比，没有强烈的动机继续向下游竞争对手提供中间产品，所以兼并企业倾向于提高中间产品价格，这样给下游竞争对手一个成本劣势（成本提高），使最终产品价格提高，使得兼并企业扩大最终产品的市场份额，并获得相应的利润。

但OSS模型事先假设参与兼并的企业承诺不向下游竞争对手提供中间产品，以及下游竞争对手与上游其他企业合谋的可能性，这一假设值得怀疑（Hart and Tirole，1990）。上述模型都假设先动（率先参与兼并）企业故意假设兼并后参与兼并的企业在中间产品市场上不参与竞争。因此锐芬（Reiffen）1992年认为，在OSS模型中，如果兼并后参与兼并的企业在中间产品市场上继续参与竞争，那么此时纵向兼并就没有反竞争效应。对此奥迪夫（Ordover）等人（1992）坚持认为，由于参与兼并的上游企业有能力圈定对手，那么在中间产品市场上继续参与竞争，就如同与自己竞争，因此是没有意义的。但是，如果模型的结果强烈依赖于参与兼并的上游企业先前一定要的市场圈定假设，为什么它不能在不参加任何兼并的情形下制定同样的圈定策略呢？换句话说，既然有相同策略取得相同效果，那么纵向兼并到底目的何在？

为了解决上述圈定承诺的可信性问题，瑞奥登（1998）对下游主导厂商（在产业中占据主导地位企业）后向兼并，进入竞争性的上游产业进行分析。模型认为利用中间产品的有限供给来增加竞争对手成本的行为方式是可信的。结果发现纵向兼并引起了中间产品和最终产品的价格上升，主导厂商的成本优势是否可以弥补产品价格提高对社会福利的负面影响，取决于主导厂商在中间产品、最终产品市场的份额以及兼并前行业纵向整合的程度。陈氏（2001）运用上游双寡头、下游多寡头市场结构模型，假设上游某个企业具有成本优势，结果发现优势企业（具有成本优势）参与纵向兼并将导致中间产品价格提高，原因不是对下游竞争对手的圈定，而是恰好因为兼并企业将继续向下游竞争对手提供中间产品，并认为导致这一结果是因为纵向兼并改变了下游厂商的定价动机和选择供应商的动机。最终纵向兼并将导致效率优势和合谋效应，具体哪种效应占优取决于下游竞争对手转换供应商（关系特殊化投资）的成本和下游产品差异化的程度。

近来一些学者将市场圈定视作兼并企业技术性决策的结果。阿维内尔（Avenel）与巴勒特（Barlet）（2000）考虑到上游垄断者面对潜在的进入者时，纵向圈定是否发生取决于兼并企业使用的技术，结果发现只要下游产业的竞争程度足够低，兼并后采用非标准技术优于标准技术，纵向兼并有利可图，市场圈定发生，结果是竞争对手使用标准技术，变相地提高了成本。邱杰（Church）和甘达尔（Gandal）在 2000 年对最终产品由一个包括硬件和互补软件组成的系统，且系统价值取决于软件的可用性时的市场圈定的可能性进行了分析，发现当硬件厂商与软件厂商兼并，并且兼并企业使其软件与竞争对手的技术或者系统不兼容时，产生纵向圈定。乔（Choi）等（2000）分析了中间产品规格的选择导致的纵向圈定均衡模型，结果发现纵向兼并后，参与兼并的上游企业对内部下游企业采用专有性的中间产品（在兼并前采用通用的中间产品）时，纵向市场圈定发生，并对发生纵向市场圈定的均衡条件和福利结果进行了讨论。所有这些因采用不同于竞争对手的技术，无一例外地假设兼并企业拥有的这些技术更具有效率，结果纵向兼并导致对竞争对手的圈定，提高了竞争对手的成本，但最终产品价格是否提高有待进一步证实。国内关于纵向兼并和市场圈定的研究很少，只是近来有所涉猎，主要集中在陈宏民等学者的研究。他们假设纵向兼并企业与未兼并的企业之间在中间产品市场上能够自由交易的情况下（包括纵向兼并企业在中间产品市场上采取策略反应），纵向兼并企业不参与中间产品市场交易很难成为市场均衡，因为在均衡处纵向兼并企业的最优策略是采取完全圈定还是非圈定策略的兼并难以确定。在某些情况下，纵向兼并企业通过承诺完全圈定将会取得更高的利润。这就提出一个问题：纵向兼并企业怎样才能可信地承诺这种策略。关于这个问题，上述有关文献并未给出令人满意的回答。

如果上、下游都是寡头企业的产业链结构，特别是上游进行伯川德价格竞争，而下游进行古诺产量竞争时，斯彭勒模型原有的结论是否依然成立呢？特别是上、下游都是双寡头结构时，当兼并企业采用纵向圈定，或非纵向圈定时，哪一个策略在什么条件下是最优的？纵向兼并对相关企业的利益影响以及对消费者剩余、社会福利的变化如何影响？是我们这一节研究的重点。

6.2 模型假设与过程说明

考察一个上、下游产业均为双寡头的市场结构：假定：上游市场中有生产同质产品的企业 U_1 和企业 U_2，它们对应的边际成本分别是 $c_1 = 0$ 和 $c_2 \in \left(0, \frac{\beta}{2}\right)$，其中 $c_1 < c_2$，说明 U_1 比 U_2 具有成本优势，上游企业之间展开伯川德价格竞争，同时确定对下游企业 D_1 和企业 D_2 的中间产品的售价；而下游企业 D_1 和企业 D_2 展开古诺产量竞争。假设1单位上游产品转变为1单位下游产品，最终市场的反需求函数为 $p = \beta - Q$，$Q = q_1 + q_2$ 其中 q_1，q_2 分别是下游企业 D_1 和企业 D_2 提供给消费者的产量，我们考察 U_1 和 D_1 之间的兼并结果。

模型的博弈阶段顺序如下：（1）U_1 进行如下决策：如果不兼并 D_1，则所有企业都分开经营。如果 U_1 与 D_1 纵向兼并，并采用完全圈定策略或非圈定策略；实施非纵向圈定策略意味在纵向兼并发生后，U_1 可以继续向原有的下游企业 D_2 供货；实施纵向圈定策略意味在纵向兼并发生后，U_1 不再向原有的下游企业 D_2 供货。（2）上游企业进行伯川德价格竞争，形成中间产品（投入品）的价格。（3）下游企业 D_1 和 D_2 双寡头，进行古诺产量竞争。

6.3 不同策略下的兼并均衡

6.3.1 兼并发生前的博弈——分开经营状态

考察所有企业都独立经营的情形，因为两个上游企业进行非对称成本伯川德博弈，上游企业 U_1 比 U_2 拥有成本优势，故上游企业 U_1 夺得伯德川价格竞争的胜利，获得给下游企业的供货权力，而 U_2 暂时退出市场，结果两个下游企业 D_1 和 D_2 都按 c_2 从 U_1 进货，而下游企业则在就边际成本 c_2 展开古诺博弈，参见图6.1。

$\pi_i^d = q_i(p - c_2)$，$i = 1, 2$，这里 $p = \beta - q_1^d - q_2^d$，角标 d 为下游企业。

根据利润最大化一阶条件：

$$\frac{\partial \pi_1^d}{\partial q_1} = \beta - 2q_1 - q_2 - c_2 = 0, \quad \frac{\partial \pi_1^d}{\partial q_2} = \beta - q_1 - 2q_2 - c_2 = 0$$

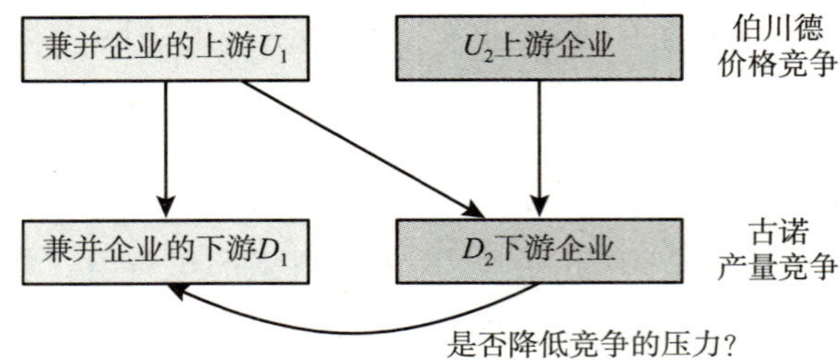

图 6.1　分开经营状态示意图

下游企业均衡产量：

$$q_1^{d,s}=q_2^{d,s}=\frac{\beta-c_2}{3}$$

为保证产量非负，这里 $0<c_2<\beta$。

下游企业均衡利润：

$$\pi_1^{d,s}=\pi_2^{d,s}=\frac{(\beta-c_2)^2}{9}$$

下游企业均衡价格：

$$p^s=\frac{\beta+2c_2}{3}$$

角码 s 表示分开经营的状态。

由于企业 U_1 获得独家供货权，供货量为 $Q=q_1^{d,s}+q_2^{d,s}=\frac{2(\beta-c_2)}{3}$，供货价格为 c_2，所以，

企业 U_1 的均衡利润为：

$$\pi_1^{u,s}=\frac{2c_2(\beta-c_2)}{3}$$

企业 U_2 的均衡利润为：

$$\pi_2^u=0$$

这时消费者剩余为：

$$CS^s=\frac{1}{2}[Q^s]^2=\frac{1}{2}(q_1^s+q_2^s)^2=\frac{2(\beta-c_2)^2}{9}$$

社会福利为：

$$SW^s=CS^s+\pi_1^{d,s}+\pi_2^{d,s}+\pi_1^{u,s}=\frac{4(\beta-c_2)^2}{9}+\frac{2(\beta-c_2)\ c_2}{3}=\frac{4\beta^2-2\beta c_2-2c_2}{9}$$

6.3.2 兼并发生后的博弈——采用纵向圈定策略

假设 U_1 和 D_1 进行兼并，U_1 宣布不再向 D_2 供货（我们将在下面详细讨论这个宣布承诺条件是否成立）。这样边际成本较高，企业 U_2 就会成为企业 D_2 的独家供应商，中间产品价格为 w_2，由于兼并企业消除了双重加价，下游的边际成本仍然是 $c_1=0$，博弈的最后阶段是成本为0的企业 D_1 与成本 w_2 的企业 D_2 之间的古诺博弈，见图6.2。

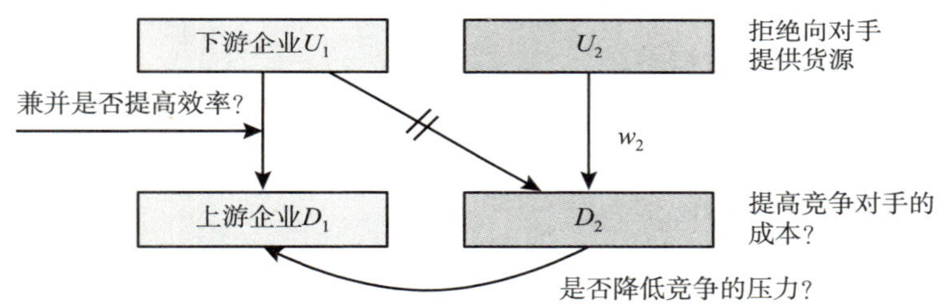

图6.2 纵向圈定策略示意图

$\pi_1^d=q_1(p-c_1)$，$\pi_2^d=q_2(p-w_2)$，这里 $p=\beta-q_1^d-q_2^d$，角标 d 为下游企业。

下游两企业的利润函数为：

$$\pi_1^d=q_1(\beta-q_1^d-q_2^d-c_1)$$
$$\pi_2^d=q_2(\beta-q_1^d-q_2^d-w_2)$$

根据利润最大化一阶条件：$\frac{\partial\pi_1^d}{\partial q_1}=\beta-2q_1-q_2-c_1=0$，$\frac{\partial\pi_1^d}{\partial q_2}=\beta-q_1-2q_2-w_2=0$，解出下游企业的均衡产量分别是 $q_1=\frac{\beta+w_2}{3}$；$q_2=\frac{\beta-2w_2}{3}$。

追溯博弈第一阶段，上游企业 U_2 选择对 D_2 的批发价以使利润最大化 $\underset{w_2}{Max}\pi_2^U=(w_2-c_2)\left(\frac{\beta-2w_2}{3}\right)$，由一阶条件：$\frac{\beta-2w_2}{3}-\frac{2}{3}(w_2-c_2)=0$

得到最优解是 $w_2=\frac{\beta+2c_2}{4}$，为保证产量非负，这里 $0<c_2<\beta/2$，故有：

$q_2^f=\frac{\beta-2w_2}{3}=\frac{\beta-2c_2}{6}$（角码 f 表示“圈定”FORCLOSE）。

经过替代，我们得到 D_2 的均衡产量：

$$q_2^f = \frac{\beta - 2w_2}{3} = \frac{\beta - 2c_2}{6}$$

为保证产量非负，这里 $0 < c_2 < \beta/2$。

D_2 的均衡利润为：

$$\pi_2^{D,f} = \left(\frac{1 - 2c_2}{6}\right)^2$$

兼并企业的均衡产量：

$$q_1^f = \frac{\beta + w_2}{3} = \frac{5\beta + 2c_2}{12}$$

兼并企业的均衡利润：

$$\pi_1^f = \frac{(5\beta + 2c_2)^2}{144}$$

最终产品市场价格：

$$p^f = \beta - q_1^f - q_2^f = \beta - \frac{5\beta + 2c_2}{12} - \frac{\beta - 2c_2}{6} = \frac{5\beta + 2c_2}{12}$$

上游企业 U_2 的均衡利润为：

$$\pi_2^U = (w_2 - c_2)\left(\frac{\beta - 2w_2}{3}\right) = \frac{(\beta - 2c_2)^2}{24}$$

消费者剩余为：

$$CS^f = \frac{1}{2}Q^f = \frac{1}{2}(q_1^{D,f} + q_2^{D,f})^2 = \frac{1}{2}\left(\frac{5\beta + 2c_2}{12} + \frac{\beta - 2c_2}{6}\right)^2 = \frac{(7\beta - 2c_2)^2}{288}$$

社会福利为：

$$\begin{aligned} SW^f &= CS^f + \pi_1^{D,f} + \pi_2^{D,f} + \pi_1^{U,f} \\ &= \frac{(7\beta - 2c_2)^2}{288} + \frac{(5\beta + 2c_2)^2}{144} + \frac{(\beta - 2c_2)^2}{36} + \frac{(\beta - 2c_2)^2}{24} \\ &= \frac{119\beta^2 - 68\beta c_2 + 92c_2^2}{288} \end{aligned}$$

6.3.3 兼并发生后的博弈——采用非纵向圈定策略

假设 U_1 和 D_1 进行兼并，兼并企业以 c_2 的价格给 D_2 供货：兼并企业成为企业 D_2 的供应商。

由于兼并企业下游阶段的边际成本 $c_1 = 0$，博弈的最后阶段是成本为 0 的企业 D_1 与成本为 c_2 的企业 D_2 之间的古诺博弈，见图 6.3

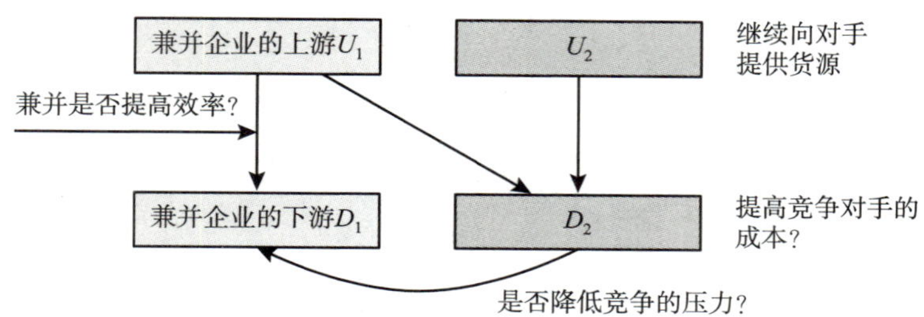

图 6.3　非纵向圈定策略示意图

兼并企业下游的利润函数为：$\pi_1^{D,n} = q_1(\beta - q_1 - q_2)$，角码 n 表示非纵向圈定策略。

企业 D_2 的利润函数为：$\pi_2^{D,n} = q_2(\beta - q_1 - q_2 - c_2)$，利润最大化一阶条件：$\frac{\partial \pi_1^D}{\partial q_1} = \beta - 2q_1 - q_2 = 0$，$\frac{\partial \pi_2^D}{\partial q_2} = \beta - q_1 - 2q_2 - c_2 = 0$。解出下游企业的均衡产量分别是：$q_1^D = \frac{\beta + c_2}{3}$；$q_2^D = \frac{\beta - 2c_2}{3}$，为保证产量非负，这里 $0 < c_2 < \beta/2$。

非纵向圈定时最终产品市场均衡价格：$p^n = \beta - \frac{\beta + c_2}{3} - \frac{\beta - 2c_2}{3} = \frac{\beta + c_2}{3}$。

所以兼并企业选择非圈定策略时，兼并企业的利润由两部分构成：一是兼并企业在最终品市场出售所得的利润$\left(\frac{\beta + c_2}{3}\right)^2$；二是在中间产品市场出售给 D_2 所得的利润$\left(\frac{\beta - 2c_2}{3}\right)c_2$。所以，兼并企业的均衡利润为：$\pi_{vm}^n = \left(\frac{\beta + c_2}{3}\right)^2 + \left(\frac{\beta - 2c_2}{3}\right)c_2$，角码 vm 表示纵向兼并。

消费者剩余为：

$$CS^n = \frac{1}{2}(q_1^{D,n} + q_2^{D,n})^2 = \frac{1}{2}\left(\frac{\beta + c_2}{3} + \frac{\beta - 2c_2}{3}\right)^2 = \frac{(2\beta - c_2)^2}{18}$$

社会福利为：

$$\begin{aligned} SW^{n} &= CS^{n} + \pi_{vm}^{n} + \pi_{2}^{D,n} \\ &= \frac{(2\beta - c_2)^2}{18} + \left(\frac{\beta + c_2}{3}\right)^2 + \left(\frac{\beta - 2c_2}{3}\right)c_2 + \left(\frac{\beta - 2c_2}{3}\right)^2 = \frac{8\beta^2 - 2\beta c_2 - c_2^2}{18} \end{aligned}$$

6.4 纵向兼并的决策分析

6.4.1 纵向兼并的占优策略分析

通过上述分析，显然在 $c_2 \in (0,\ \beta/2)$ 时，纵向圈定策略的兼并、非纵向圈定策略的兼并与分开经营状态同时存在，这是我们为什么在6.2节中假定 c_2 的取值区间的理由，我们来分析 U_1 和 D_1 三种策略下的占优策略。

U_1 和 D_1 均衡利润之和为：$\pi_1^{u,s} + \pi_1^{d,s} = \frac{2c_2(\beta - c_2)}{3} + \frac{(\beta - c_2)^2}{9}$，实施纵向圈定策略下兼并企业利润为：$\pi_1^f = \frac{(5\beta + 2c_2)^2}{144}$，两者比较看出：

$$\begin{aligned} \pi_1^f - (\pi_1^{u,s} + \pi_1^{d,s}) &= \frac{(5\beta + 2c_2)^2}{144} - \frac{2c_2(\beta - c_2)}{3} - \frac{(\beta - c_2)^2}{9} \\ &= \frac{9\beta^2 - 44\beta c_2 + 84c_2^2}{144} > 0 \end{aligned}$$

实施非圈定策略下兼并企业的利润为：

$$\pi^n = \frac{(\beta + c_2)^2}{9} + \frac{c_2(\beta - c_2)}{3},$$

$$\begin{aligned} \pi^n - (\pi_1^{u,s} + \pi_1^{d,s}) &= \frac{(\beta + c_2)^2}{9} + \frac{c_2(\beta - 2c_2)}{3} - \frac{2c_2(\beta - c_2)}{3} - \frac{(\beta - c_2)^2}{9} \\ &= \frac{3c_2^2 + \beta c_2}{9} > 0 \end{aligned}$$

对比以上三种状态策略，无论实施非纵向圈定兼并还是纵向圈定策略，都优于分别经营策略。参见图6.4。

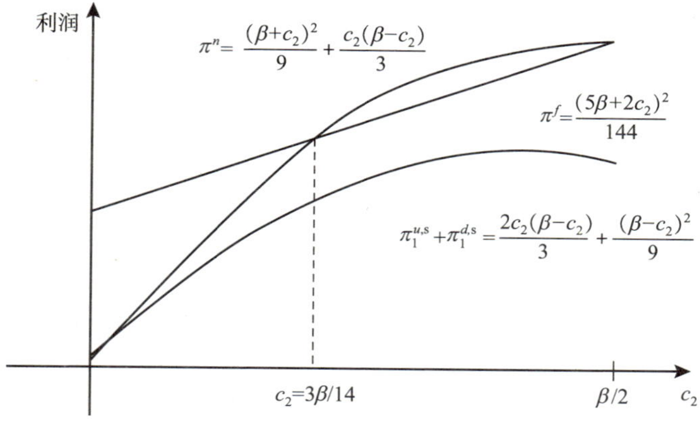

图 6.4　纵向兼并三种策略选择下的利润比较

命题 6.1　上游企业 U_1 无论采取纵向圈定还是非纵向圈定策略，纵向兼并的效率均高于分业经营，因此，纵向兼并是占优策略。

既然 U_1 无论选择完全圈定策略还是非圈定策略，都优于维持各企业独立经营的策略，我们进一步要问：完全圈定策略与非圈定策略之间谁优谁劣？

即 $\pi^n = \left(\frac{\beta+c_2}{3}\right)^2 + \left(\frac{\beta-2c_2}{3}\right)c_2$ 与圈定兼并利润 $\pi^f = \frac{(5\beta+2c_2)^2}{144}$，谁更大呢？

$$\frac{(5\beta+2c_2)^2}{144} > \frac{(\beta+c_2)^2}{9} + \frac{c_2(\beta-2c_2)}{3} \Leftrightarrow (2c_2-\beta)(14c_2-3\beta)>0 \Leftrightarrow c_2<\frac{3\beta}{14}$$

$$\frac{(5\beta+2c_2)^2}{144} \leqslant \frac{(\beta+c_2)^2}{9} + \frac{c_2(\beta-2c_2)}{3} \Leftrightarrow (2c_2-\beta)(14c_2-3\beta)\leqslant 0 \Leftrightarrow c_2\geqslant\frac{3\beta}{14}$$

因此，当 $c_2<\frac{3\beta}{14}$时，采用纵向圈定策略，对兼并企业更有利，或者说兼并企业“不向竞争性下游企业供货”的承诺是可置信的；当 $c_2\geqslant\frac{3\beta}{14}$时，兼并企业最好不要事先承诺不再向竞争性下游企业供货，或者兼并企业这时的“不向竞争性下游厂商供货”的承诺是不可信的，这时采用非纵向圈定策略，向竞争性下游企业供货，对兼并企业更有利，参见图 6.4。

命题 6.2　上游企业实施纵向兼并行为，当 $c_2<3\beta/14$ 时，采用圈

定策略是可置信的，优于非圈定策略；在 $c_2 \geqslant 3\beta/14$ 时，采用非圈定策略是可置信的，优于圈定策略。

我们看到：以往的纵向兼并理论研究中，也出现过可置信的讨论和研究，例如在 OSS 模型中，事先假设参与兼并的上游企业承诺不向下游竞争对手提供中间产品，即进行完全纵向圈定，其可置信性一直以来都备受学术界怀疑，而本模型中的可置信性问题得到了解决。

6.4.2 纵向兼并的反竞争效应与排挤对手效应分析

分别经营状态下最终产品市场价格是：

$$p^s = \frac{\beta + 2c_2}{3}$$

纵向圈定策略下最终产品市场价格是：

$$p^f = \frac{5\beta + 2c_2}{12}$$

非圈定策略状态下最终产品市场价格是：

$$p^n = \frac{\beta + c_2}{3}$$

三种状态下消费者支付价格参见表 6.1。

表 6.1 三种状态下消费者支付价格的对照

三种状态	分别经营状态	纵向圈定	非纵向圈定
消费者支付的价格	$p^s = \frac{\beta + 2c_2}{3}$	$p^f = \frac{5\beta + 2c_2}{12}$	$p^n = \frac{\beta + c_2}{3}$

容易比较出：$p^s = \frac{\beta + 2c_2}{3} > p^n = \frac{\beta + c_2}{3}$，说明非纵向圈定，消费者的境遇改善了，即非纵向圈定是不违反竞争的，反而有利于消费者剩余的提高，市场绩效得到改善。

从比较 $p^s = \frac{\beta + 2c_2}{3}$ 与 $p^f = \frac{5\beta + 2c_2}{12}$ 的数值大小，我们发现当 $c_2 < \frac{\beta}{6}$ 时，$p^s = \frac{\beta + 2c_2}{3} < p^f = \frac{5\beta + 2c_2}{12}$，实现纵向圈定，对消费者福利有损害作

用，因为消费者支付的价格与分别经营状态下相比提高了，这时纵向圈定呈现反竞争性的效应；当 $c_2 \geqslant \frac{\beta}{6}$ 时，$p^s = \frac{\beta + 2c_2}{3} \geqslant p^f = \frac{5\beta + 2c_2}{12}$，实施纵向圈定，对消费者剩余有提升作用，也没有反竞争性的效应，因为最终消费者支付的价格与分别经营状态下相比降低了，说明纵向圈定对消费者的福利影响呈现一定的不确定性，参见图 6.5。

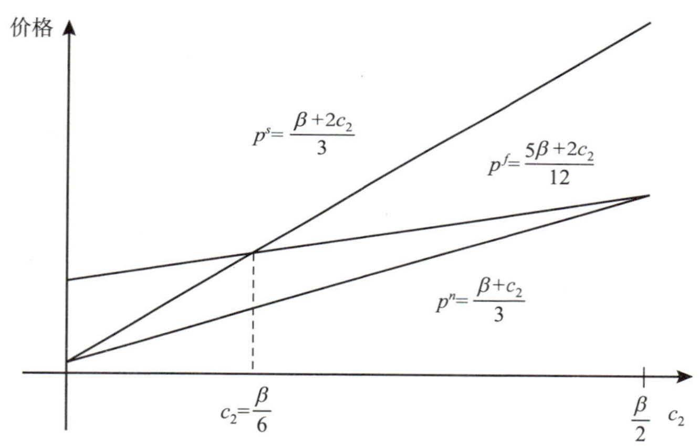

图 6.5　三种状态下消费者支付的价格比较

命题 6.3　当 $c_2 < \frac{\beta}{6}$ 时，纵向圈定造成消费者剩余减少，这时的纵向兼并具有反竞争效应；当 $\beta/6 \leqslant c_2 < \beta/2$ 时，纵向圈定使消费者剩余提高，这时的纵向兼并没有反竞争效应。

从表 6.2 分析不同策略下兼并对排挤竞争对手效应的状况。

表 6.2　　三种状态下中间产品或（投入品）价格的对照

三种状态	分别经营状态	纵向圈定	非纵向圈定
中间产品或（投入品）价格	c_2	$w_2 = \frac{\beta + 2c_2}{4}$	c_2

从表 6.2 看出，纵向圈定策略下，下游非兼并企业 D_2 的中间产品购买价格相对于分别经营时有所提高，$w_2 = \frac{\beta + 2c_2}{4} > c_2\left(0 < c_2 < \frac{\beta}{2}\text{条件}\right)$，实

际境况恶化，遭遇排挤。

而非纵向圈定策略下，下游企业 D_2 相对于兼并前分别经营状态的境遇没有变化。

如果进行纵向圈定，导致中间产品（投入品）价格上升，会损害竞争对手的福利，产生排挤对手的效应；如果实施非纵向圈定，中间产品（投入品）价格不变，不会损害竞争对手的福利，纵向兼并没有排挤效应。

上述纵向圈定模型表明，纵向兼并既不像芝加哥学派宣称的兼并一律是“改善消费者剩余和社会福利的，不会提高竞争对手的成本”，也不像哈佛学派所宣称的纵向兼并“会产生完全垄断，排挤竞争”，而是出现了中间产品和最终产品的价格变化的某种不确定性。关于纵向圈定一定是有损竞争的传统观点显然是片面的，纵向圈定的反竞争效果是不确定的，在某些条件下市场圈定不仅没有遏制竞争，违反竞争，反而促进了竞争，提高了消费者剩余（福利）。因此，严厉禁止纵向圈定的传统反垄断政策可能反而是有损竞争的。对于纵向圈定的反垄断规制，理性的做法是根据具体经济环境的变化，按照合理推论原则进行判断，而不是简单地禁止，一刀切。如果纵向兼并中通过市场圈定提高了兼并企业竞争对手的成本，特别是提高了最终产品的价格，导致消费者的福利受损，这是明显的反竞争行为，理应禁止这类兼并活动。而以往经济学家们对纵向兼并的动因和效应的研究还不够全面，需要进一步地补充与完善。欧盟最新公布的《非横向兼并指南》就体现了这一思想：即使纵向兼并的圈定策略可能提高了中间产品的价格，排挤了竞争对手，但是如果效率效应能超过排挤竞争对手的负效应，即只要最终消费者的福利得到提高，那么这样的纵向圈定是有利于竞争的，应当得到批准。

按照欧盟最新公布的《非横向兼并指南》，显然非圈定策略的纵向兼并本身是合法的。按照这一思路，我们不难得到此模型中兼并企业的最优选择，参见表 6.3。

表 6.3　　c_2 不同的区间情况下 U_1 和 D_1 的最优选择

c_2 不同的三种情况	$0 < c_2 < \frac{3\beta}{34}$	$\frac{3\beta}{34} \leqslant c_2 < \frac{\beta}{6}$	$\frac{\beta}{6} \leqslant c_2 < \frac{\beta}{2}$
U_1 和 D_1 兼并可选择的圈定策略	非圈定策略	非圈定策略	非圈定策略

续表

c_2 不同的三种情况	$0 < c_2 < \frac{3\beta}{34}$	$\frac{3\beta}{34} \leqslant c_2 < \frac{\beta}{6}$	$\frac{\beta}{6} \leqslant c_2 < \frac{\beta}{2}$
按欧盟最新公布《非横向兼并指南》判定	纵向圈定策略会造成中间产品的成本上升，消费者的境遇恶化，因此判定圈定策略不合法	纵向圈定策略具有反竞争性并且不可置信，这时候，非圈定策略是最佳选择	纵向圈定策略是合法的，虽然可能提高了中间产品的成本，但是消费者的境遇改善了
没有规制时，U_1 和 D_1 的最优选择	圈定策略	非圈定策略	非圈定策略
有规制时，U_1 和 D_1 的最优选择	非圈定策略	非圈定策略	非圈定策略

注：表中的“规制”是指欧盟 2007 年最新公布《非横向兼并指南》。

在本章的扩展模型中，当$\frac{3\beta}{34} \leqslant c_2 < \frac{\beta}{6}$和$\frac{\beta}{6} \leqslant c_2 < \frac{\beta}{2}$时，虽然纵向兼并中企业选择非圈定策略和圈定策略都是可能的，但是根据兼并企业自身利益最大化原则，兼并企业往往会选择非圈定策略，圈定策略具有反竞争性，特别是圈定策略具有不可置信性。这与传统模型中假定兼并企业事先一定会选择圈定策略的结论具有较大的差异。

当$0 < c_2 < \frac{3\beta}{34}$时，如果没有规制，纵向兼并选择圈定策略，从兼并企业自身的角度是最优，但这是建立在造成中间产品的成本上升，损害竞争，消费者的境遇恶化的基础之上，按照欧盟最新公布的《非横向兼并指南》，应当禁止。那么存在规制条件下，U_1 和 D_1 的最优选择只能是非圈定策略的兼并，纵向圈定的结果通常因模型而异。

本节模型的结论与施拉德（Schrader）的证明结果有一些类似，施拉德证明了纵向兼并企业不向未兼并的下游企业出售中间产品不是市场均衡，纵向圈定只有在特殊情况下才能出现，而不是一般性结果。

6.4.3 纵向兼并的社会福利分析

分别经营状态下的社会福利为：

$$SW^s = \frac{4\beta^2 - 2\beta c_2 - 2c_2^2}{9}$$

纵向圈定状态下的社会福利为：

$$SW^f=\frac{119\beta^2-68\beta c_2+92c_2^2}{288}$$

非纵向圈定策略状态下的社会福利为：

$$SW^n=\frac{8\beta^2-2\beta c_2-c_2^2}{18}$$

容易证明：

$$SW^n-SW^s=\frac{8\beta^2-2\beta c_2-c_2}{18}-\frac{4\beta^2-2\beta c_2-2c_2^2}{9}=\frac{2\beta c_2+3c_2^2}{18}>0$$

$$SW^n-SW^f=\frac{8\beta^2-2\beta c_2-c_2^2}{18}-\frac{119\beta^2-68\beta c_2+92c_2^2}{288}=\frac{(\beta-2c_2)(\beta+6c_2)}{32}>0$$

说明在 SW^s，SW^f，SW^n 三者中，在 $0<c_2<\frac{\beta}{2}$ 条件下，SW^n 始终最大，三种状态的社会福利的比较对照，参见图 6. 6。

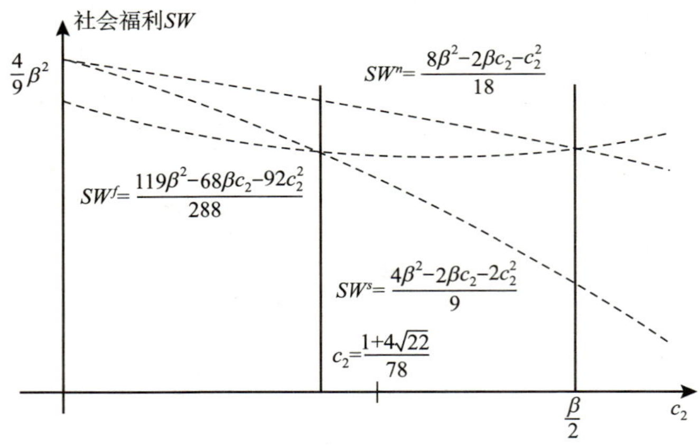

图 6. 6　三种状态下的社会福利的比较

命题 6. 4　纵向兼并企业选择非纵向圈定策略，从社会福利的角度始终最优。

$$SW^f-SW^s=\frac{119\beta^2-68\beta c_2+92c_2^2}{288}-\frac{4\beta^2-2\beta c_2-2c_2^2}{9}>0$$

$$\Leftrightarrow 156c_2-4\beta c_2-9\beta^2>0\Leftrightarrow\frac{1+\sqrt{352}}{78}\beta<c_2<\frac{\beta}{2}$$

说明当$\frac{1+\sqrt{352}}{78}\beta < c_2 < \frac{\beta}{2}$时，$SW^s < SW^f$，分别经营状态下的社会福利小于纵向圈定状态下的社会福利。

$$SW^f - SW^s \leqslant 0 \Leftrightarrow 156c_2^2 - 4\beta c_2 - 9\beta^2 \leqslant 0 \Leftrightarrow 0 < c_2 \leqslant \left(\frac{1+\sqrt{352}}{78}\right)\beta$$

说明当$0 < c_2 \leqslant \left(\frac{1+\sqrt{352}}{78}\right)\beta$时，$SW^s \geqslant SW^f$，分别经营状态下的社会福利大于等于纵向圈定状态下的社会福利，这些性质很容易由图5.6反映三种状态下的社会福利的图像所揭示。

按欧盟最新公布的《非横向兼并指南》，通过规制来约束纵向兼并的基本原则是：兼并策略不能具有反竞争性，即不能损害最终消费者的利益。从上述模型中U_1和D_1的最优选择的配合看，基于社会福利的角度，非圈定策略状态下的纵向兼并也成为资源配置最有效的社会最优的选择。

6.5　本章的基本结论与政策含义

有些学者认为（于立等，2007年）较之横向兼并关系而言，企业间的纵向关系往往更为复杂。企业间纵向关系理论重点研究纵向结构关系和纵向行为关系的动因、途径和效果。从状态角度看，企业间纵向关系大致包括纵向一体化（Vertical Integration）、渐变一体化（Tapered Integration）、企业集团、战略联盟等。从过程角度看，主要包括纵向限制（Vertical Restraint）、纵向兼并（Vertical Merger）、纵向圈定（Vertical Foreclosure）、纵向分离（Vertical Separation）等。与同业竞争之间的横向兼并相比，纵向兼并交易关系对竞争的危害性是模棱两可的。一般认为，处于不同经济层次上的企业之间是不存在竞争的，但纵向交易关系（例如纵向圈定）中可能包含有某些限制竞争的行为。

本章首先综述了哈佛学派、芝加哥学派以及后芝加哥学派关于纵向兼并的理论，在斯彭勒模型的基础上，将上下游企业数扩展为多个，研究了上下游均为古诺竞争时纵向兼并发生的条件。研究分为金字塔结构产业链、平行结构产业链两种情形，研究结果表明，不同的产业链结构下纵向兼并发生的条件是不同的，纵向兼并的效应也是不同的。平行结构的产业链下，纵向兼并总是有利可图的；消费者剩余与社会福利也是增加的，因此，对于平行结构的纵向兼并政府不应当过多限制。而对于金字塔结构的产业链，只有在下游企业数小于等于斯彭勒数时，企业才有纵向兼并动机；而下游企业数大于斯彭勒数时，纵向兼并也会导致消费者剩余、社会福利均能提高，但是，企业没有兼并动机。如此，斯彭勒数就成为纵向兼并作为市场行为的一个约束条件，而且能够从理论上解释世界工业化历史上为什么首先发生了以横向兼并为特征的第一次兼并浪潮，第二、第三次以纵向为特征的兼并浪潮发生在横向兼并之后。

接着，本章从企业策略选择角度出发，构建了一个上下游均为双寡头的市场结构，应用线性需求函数，分析了下游市场的企业有一定的市场势力，进行古诺（Cournot）产量竞争，而上游企业竞争十分激烈，采用伯川德价格（Bertrand）竞争时，企业不同的策略选择对纵向兼并结果的影响，进一步拓展了斯彭勒模型。该项研究结果显示，纵向兼并的效应受到兼并企业的策略选择影响，结果也会因策略选择不同而不同，因此，对纵向兼并是否会产生反竞争效应，应当在特殊情况下，运用博弈分析的结果进行断定。研究表明，实际上纵向圈定并不都是反竞争的，可能是反竞争的，也可能是促进竞争的，甚至是竞争中性的。在本章设定的双寡头模型中，当上游未参与兼并企业的边际成本小于 $3\beta/34$ 时，企业纵向圈定的效率最高，但导致中间产品成本增加，消费者剩余下降，属于反竞争行为，将受到规制，因此，企业会选择非纵向圈定；而当上游未参与兼并企业的边际成本小于 $3\beta/34$，大于 $\beta/6$ 时，纵向圈定不仅具有反竞争性质，而且是不可置信的，所以兼并企业选择非纵向圈定策略；当而当上游未参与兼并企业的边际成本大于 $\beta/6$ 时，纵向圈定虽然提高消费者剩余，其兼并行为是维护市场绩效的，但是生产效率低于非纵向圈定的效率，因此，纵向圈定不会成为兼并企业的选择。这就与圈定理论中传统的哈佛学派的结论相左，与芝加哥学派的结论也有差异。因此，在某些时候，禁止纵向圈定的传统的“规制本身”可能就是反竞争的。

受自身利益最大化影响，纵向兼并的圈定策略在商业实践中还是广泛存在。有关纵向兼并中兼并企业的圈定策略问题，一直以来也受到美国和欧洲反垄断机构和法院的密切关注。对于纵向圈定行为的法律待遇也从以前的严格禁止演变为后来的格外宽松，目前，各西方国家对纵向圈定采取了适度干预的折中政策。随着经济全球化，竞争的加剧，纵向兼并在中国市场经济中的采用也会日益广泛，圈定问题也会随纵向兼并的发展逐渐成为中国经济领域中的常见现象。但是纵向圈定作为一种企业纵向控制手段尚未引起反垄断规制机构的足够关注，已经出台的反垄断法尚未对圈定问题作出明确的判断标准和规制条文。

可以预见的是，随着中国市场化程度的提高和行政性垄断的不断弱化，这些纵向控制策略将逐渐成为反垄断法关注的焦点之一，纵向圈定将首当其冲。笔者提出，政府反垄断部门对纵向兼并的市场圈定的社会效果，也应当参照国外相关条例，将“合理推定原则”作为判断依据之一。纵向兼并显性排他特征和纵向兼并的效率作用以什么标准权衡，在我国法律上还是空白。相对西方欧美国家，我国的纵向兼并理论发展研究一直比较滞后，对企业采取纵向兼并的策略动机和相应的社会效果一直缺乏足够的理论进行阐述，相应地，反垄断政策的制定和实施也同样缺乏足够的成熟的理论作支撑，反垄断体系的构建也不成熟。随着人们对垄断理论和实践认识的深入，经济学家、法学家和反垄断的专业人士逐渐意识到，当前需要解决的问题是对纵向兼并要清晰地判断出以下问题：

（1）纵向兼并的动机到底是利益收益最大化，或者是完全垄断市场，还是排挤竞争对手？

（2）纵向圈定是反竞争行为还是提高了市场竞争效率？

（3）兼并对社会福利的影响究竟是负面的还是正面的？

本章模型或许提供了一个参考体系和可以借鉴的答案。

在反垄断规制的操作中，对纵向约束和纵向兼并采取合理推定原则，并不意味着凡是纵向兼并都要接受政府反垄断部门的审查。因为在经济活动过程中，政府的资源也是有限的，而对一个经济大国来说，纵向兼并在一定时期是频繁发生的。政府反垄断部门无法把自己稀缺的组织资源全部用于监控成千上万的纵向关系，只有在涉及将形成显著市场势力的企业纵向兼并行为时，并且产生反竞争效应，才应纳入反垄断审查。对涉及只有很小市场势力的厂商的纵向兼并不必每例都进行审查与规制。从操作性的角度看，规定一个兼并企业所占市场份额（如2007年欧盟《非横向兼并指南》规定低于30%）的上限，将这类小额企业的兼并免于审查，不仅可以提高政府效率，还可以避免政府干预过多导致效率下降的市场失灵现象。

第一，反垄断法应具有较大的灵活性和前瞻性应对经济学理论的发展。

反垄断所涉及的经济学理论的进展是在争议的漩涡中发展的，欧美经济理论的变迁又频繁不断地反映在反垄断法的立法和司法实践中。虽然，我国已经制定了反垄断法，但是相关配套法律尚需不断完善。借鉴历史上欧美国家反垄断法的动态性演变特征，制定的反垄断法应当具有较大的灵活性和前瞻性，不仅能适应相当长时期内我国产业结构、市场结构的快速变化，而且能应对因经济理论的发展而产生的不确定性。例如反垄断法律体系建立初期，在法条上宜粗线条不宜过度细化，应多作原则性的规定，建立起反垄断的基本框架即可。对于未来司法实践中出现的具有典型意义的问题由最高人民法院解释，以发展、补充现行的法律。此外，由政府反垄断部门会同最高人民法院对兼并、纵向限制等反垄断法规制的具体问题制定相应的指南。同时，要充分吸收判例法的经验，赋予法官更多的旨在维护竞争效率的自由裁量权，在充分的经济分析的基础上不断完善反垄断的立法和执法，构造出一个富有弹性、开放灵活的反垄断法律体系。

第二，法律实施的复杂性向所涉及的相关经济理论提出了挑战。

欧美的反垄断法经验表明，经济理论为反垄断法提供了深厚的法理土壤，经济分析在反垄断法的立法及司法实践中起着越来越重要的作用，同时反垄断法的实践也为经济理论的研究和发展提供了大量的判例，而这些鲜活的案例能激发研究者的创新灵感，为经济理论的发展注入源头活水。反垄断法实施的复杂性和动态性对经济理论提出了挑战：对于国外经济学的研究成果需要兼容并蓄，深入研究。伴随我国的社会经济不断向前发展，并且在定性研究的基础上结合具体案例对垄断与限制竞争行为作进一步的定量分析，为反垄断法后续制定纵向兼并指南和未来的司法实践提供理论依据，也给我们从事纵向兼并研究的学者提出了更新的课题。

第7章

跨国兼并模型研究

发展中国家拥有巨大的商品市场、劳动力市场优势，未来较高的收入需求弹性吸引着越来越多的国际直接投资。在经济全球化条件下，跨国公司利用资金、技术优势在发展中国家大规模展开兼并收购活动，已经成为跨国直接投资的主要方式之一。跨国兼并也是经济全球化的内在要求和重要内容。跨国兼并与经济全球化相互促动，一定程度上说，没有跨国兼并，就没有经济全球化，没有经济全球化，跨国兼并行为的世界性也难以想象。因此，排斥跨国兼并就等于排斥经济全球化，就不能充分利用经济全球化带来的利益，最终使本国经济的发展处于世界经济的边缘。通过兼并行为引进外资可以在借鉴发达国家经验的同时，引进国外的先进技术和管理方法，使国内企业更加紧密地融入世界经济发展大潮中，与国际接轨，对于提高国内企业在国际市场上的核心竞争能力具有重要意义，具体来说，外资的跨国兼并将会给发展中国家经济带来如下积极影响：

第一，可以缓解资金不足的约束，迅速形成具有规模经济的生产能力，增加社会的有效供给，提高人民生活水平。

第二，可以形成一批新的资金密集型产业、技术密集型产业，提高国家硬件水平，建设与更新支柱产业的物质技术基础，有助于发展中国家产业结构调整、升级和优化。

第三，通过引入国际经济通行的规则惯例，为国内企业树立国际市场中经济主体运营的样板，推动我国企业的制度创新、技术创新及市场创新。

第四，使发展中国家的国内企业直接面对国际竞争，直接学习吸收国外的先进的管理经验，使管理人员，技术人员和熟练工人的素质在实践中提高。

但是，我们也应当看到，国际跨国兼并给我国经济带来积极影响的同时，也有负面效应：

首先，跨国公司拥有的雄厚经济实力及全球经营发展战略，是以利润最大化为前提的。公司的经营目标、经营策略不可避免地会与发展中国家的经济发展目标相冲突。

其次，跨国公司对国内大型企业的兼并，容易形成对某些产业的垄断，它一旦控制市场就可能压抑市场竞争，降低市场效率，扭曲市场结构，甚至造成国际垄断代替国有行政性垄断。

再次，跨国兼并一旦形成垄断，国内企业市场份额减少，技术机遇（边界）缩小，技术创新的激励弱化，就可能抑制本国的技术进步。与此同时，跨国公司对发展中国家企业进行兼并，有可能只兼并企业优势资产，而将我们民族产业的其他资源边缘化，损害我国的产业安全与经济利益。

最后，外资兼并国内企业行为会引致各种复杂的变迁，带来了许多不确定性。例如，外资兼并上市公司可能意味着该上市公司产品获得进入国际市场的通行证，也可能意味着其原有品牌的丧失、原有大股东的退出和控制权的转移等。对国民经济而言，外资兼并行为背后还隐藏着市场、知识产权、专利及技术路径的竞争，因而这很难是一个合作性的博弈过程，其结果必然会影响到我国产业竞争水平的提高和民族工业的发展方向。这些都将弱化发展中国家的国际市场竞争力，结果违背我们市场换技术的初衷。

跨国兼并作为经济全球化条件下跨国直接投资发展的新趋势，为当代研究兼并理论提出了新的课题。从动态角度出发，用信息经济学的不对称原理，在经济学假定与行为假定下研究跨国兼并行为，有助于发展中国家认清自身的地位，更好地利用自身的优势，避免盲目性，在跨国兼并中选择恰当的策略，获取应得的利益。也有利于建立一套针对损害我国产业安全的跨国兼并行为进行规制的法律体系，同时，对指导我国企业在对外投资活动中实施跨国兼并具有重要的现实意义。

本章首先构建一个不完全信息的跨国兼并模型，研究跨国兼并行为在不对称信息条件下的动机，讨论不完全信息是否成为跨国兼并的障碍。然后，将已经在第四章研究过的斯坦克尔博格横向兼并模型运用于跨国兼并活动中，分析跨国兼并动机的持续性，并具体分析各种兼并格局下的兼并结果。最后，综合考虑两种模型分析跨国兼并对国家产业安全的影响。

7.1　不完全信息下跨国兼并模型

本节试图从不对称信息入手，分析跨国兼并行为的特点，探讨当前跨国公司兼并国内企业的行为模式及其主要获取手段。

7.1.1　全球性跨国兼并方兴未艾

跨国兼并是 20 世纪 90 年代随着世界经济的全球化和信息化而涌现的一股浪潮，近年来已成为跨国直接投资的最主要形式，也是外资在我国投资的主要形式。

据《中国兼并与股权投资基金年鉴（2007）》的数据统计，2000 年全球兼并交易总规模为 3.33 万亿美元，2000 年受“9·11”事件的影响，2003 年，全球兼并交易总规模滑落至 1.01 万亿美元的水平，比 2000 年下降了 69.66%，之后全球兼并活动逐渐上升，2005 年的全球跨国兼并总额达到 2.9 万亿美元。到 2006 年 12 月为止，全球兼并金额已超过 3.4 万亿美元，较上年同期增长 16.9%，其中跨国兼并占到全部兼并活动的 34%。据联合国贸发会议《2000 年世界投资报告》统计口径显示，1995～1999 年，跨国兼并案占全球跨国投资总额的比重平均都在 70% 以上。虽然两者统计口径不一，但都说明了随着经济全球化，跨国兼并规模的日益扩大，兼并既是当今国际市场竞争进一步加剧的具体表现，也是跨国公司实施全球经营战略的必然结果。在今后相当长的一段时期内，跨国兼并还将保持旺盛的发展势头，并可能成为国际直接投资持续增长的强大动力，参见表 7.1 和表 7.2。

表 7.1　　2002～2007 年中国兼并和收购市场规模

年份	2002	2003	2004	2005	2006	2007
交易数量（宗）	951	934	1541	1319	1765	1823
交易金额（亿元人民币）	777	923	2117	1323	3490	4123

资料来源：《中国企业兼并年鉴（2008）》。

表 7.2　　全球市场兼并交易额（M&A）　　单位：万亿美元

年份	2000	2001	2002	2003	2004	2005	2006
全球兼并交易额	3.33	1.84	1.40	1.30	1.70	2.90	3.86

资料来源：据《中国兼并与股权投资基金年鉴（2007）》的数据统计、整理得到。

中国作为世界最大的潜力市场，对于旨在开拓和占领更多市场份额的跨国公司而言富有极大的吸引力。目前，跨国公司正日益把中国纳入其全球战略安排之中，加大对中国的投资力度，兼并中国企业已成为外商对华投资的形式之一。

1992 年，黄鸿年在香港设立“香港中国策略投资公司”，该公司在山西、福建、辽宁、浙江、江苏等省连续收购国有企业 150 多家，成立由黄鸿年控股的中外合资企业，经过包装后在境外上市，获得了丰厚的资本利得。由于当时对横向兼并的手段、目的及对福利的变化影响认识不足，对兼并现象重视不够，“中策现象”并没有引起国内经济学家和决策层对外资兼并的关注。

1995 年 8 月，日本五十铃自动车株式会社和伊藤忠商株式会社，以协议购买方式，一次性分别购买北京北旅（证券代码 600855）非流通的法人股 2401.2 万股和 1600.8 万股，占北京北旅总股本 25%，从此日资成为北京北旅最大的股东，控制北京北旅成为可能。1995 年，美国福特汽车公司以 4000 万美元购买江铃汽车（证券代码 0550）B 股 1364.28 万股，福特公司占据了赣江铃董事会的三个席位。1996 年 1 月，法国圣戈班集团通过全资购买香港三益发展有限公司和香港泓侨海外有限公司，间接控制福耀玻璃最大的子公司万达工业有限公司 51% 的股权。同年 3 月，圣戈班斥资购买福耀玻璃外资法人股，成为福耀玻璃的第一大股东，持股比例 42.166%。

2000 年，法国达能集团，这个只有三十年历史的欧洲第三大食品集团收购了豪门啤酒 63.2% 的股权、武汉东西湖啤酒 54.2% 的股权和娃哈哈公司的部分股权。2000 年 3 月，达能又收购了乐百氏公司 50% 的股权。同年 12 月，达能参股上海光明乳业，持有光明乳业 5% 股权，并收购梅林正广和饮用水有限公司 50% 的股份。至 2001 年下半年，达能一举将乐百氏品牌收入囊中。

2001 年法国阿尔卡特公司出资 3 亿美元从中方股东收购上海贝尔 10% 加 1 股的股份，同时买断比利时拥有的上海贝尔 8.35% 的全部股份，阿尔卡特公司持有上海贝尔股份从 31. 65% 上升到 50% 加 1 股，中方持有上海贝尔股份为 50% 减 1 股。

2004 年，美国安海斯（AB）集团以每股 5. 58 港元收购哈尔滨啤酒原第一大股东——南非 SAB 集团 29. 41% 的股权，总价 50 多亿港元，AB 集团替代南非 SAB 集团成为哈尔滨啤酒第一大股东。2004 年 8 月，AB 集团持有哈尔滨啤酒 99. 91% 的股份，并强行收购余下的股份，按照国际惯例，哈尔滨啤酒从香港联交所主动退市。

2005 年 1 月 14 日，米塔尔钢铁公司以 25. 9875 亿元受让华菱集团持有的华菱管线 65625 万股（占华菱管线总股本 37. 17%）。转让后华菱集团继续持有华菱管线 65625 万股国有法人股，与米塔尔钢铁公司拥有同样的持股比例，共同控制华菱管线。2005 年 10 月 25 日，美国凯雷投资公司出资 3. 75 亿美元现金试图收购徐工机械 85% 的股权。

从当前全球跨国兼并看，一个主要的趋势是：以高科技产业为代表的新经济与以传统产业为代表的旧经济之间互补性的兼并增加。我国众多国有企业由于长期技术投入不足，机制落后，引进人才乏力等原因，研发能力缺乏，技术基础薄弱，经营管理水平低下，但却拥有廉价的生产原料和劳动力、广阔的产品市场和闲置的生产能力，而国外跨国公司情况正好相反，从我国国有企业与跨国公司之间在技术基础差异特征上看，恰好为跨国兼并提供了互补性机会，因而跨国兼并成为必然趋势。

7. 1. 2　不完全信息下跨国兼并模型分析

由于各国、各企业利益不同，竞争中商业机密存在是合理的，本国企业不能完全了解对方企业的边际成本的真实数值是一个合理的假设。本节中首先设定模型的条件为信息不对称，借助线性需求函数，构建一个有国内企业和一个外国企业形成的双寡头古诺市场结构，研究跨国兼并对市场绩效的影响。研究结果表明，模型中只存在一个简单的混同贝叶斯均衡，不存在分离贝叶斯均衡，如果没有政府干预，外国企业只要具有成本上的优势，即使在不完全信息下，也不能阻止跨国兼并的发生。

7. 1. 2. 1　模型建立的条件

假设，某产品国内市场的反向需求函数为：$p=\beta-Q$，β 是一个正常数；Q 是该产品行业的总产量。假定：在博弈的初始阶段一个国内企业和一个外国企业具有相同的边际成本 c；国内企业生产中没有固定成本，外国企业进入国内市场也没有引起固定成本。为了增添不确定性，假定：外国企业具有研发改进该产品生产的专利技术的能力，可使现有的边际成本 c 下降到零。又假定：外国企业研发这项专利技术的成功概率为 θ，研发这项专利技术失败的概率为 $1-\theta$。国内企业知晓外国企业这项专利技术的成功概率为 θ，这里 $\theta \in (0,1)$，但是，国内企业却不知道当外国企业进入国内市场的时候真实边际成本的大小。

7.1.2.2 博弈过程与求解

跨国兼并博弈以下列方式进行，这家外国企业首先提出兼并要约给国内企业，国内企业可以选择接受兼并，也可以选择拒绝兼并；如果选择拒绝兼并，这时两家企业进行双寡头古诺竞争；如果选择接受兼并，国内企业接受了外国企业兼并报价 p^M，这时外国企业就独家垄断国内市场。结果如图 7.1 动态博弈树所示。

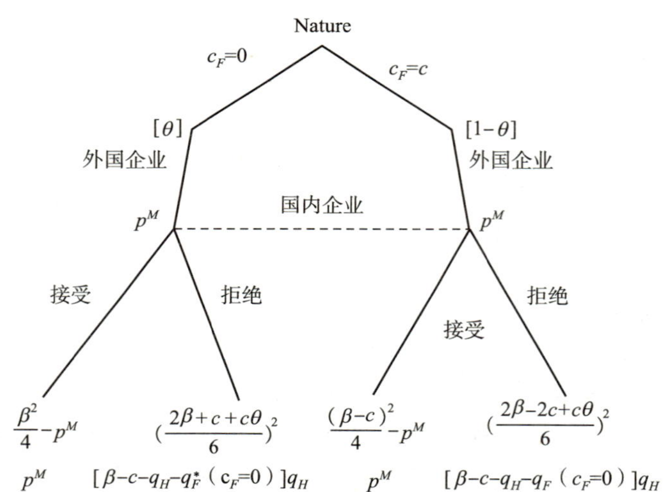

图 7.1 跨国兼并动态博弈树

注：图中上下代数式分别是为外国企业和国内企业的利润数值。

下面分析动态博弈的过程，求解对应的贝叶斯均衡解。

因为外国企业知道自己的真实成本类型，当专利技术研发成功时，按照假定，其真实成本为 $c_F=0$，若外国企业的兼并意图遭到国内企业拒绝，则进入市场与国内企业进行双寡头古诺竞争，其利润函数为：

$$\prod_F(c_F = 0) = [\beta - c_F - q_H - q_F]q_F$$

其中，F 表示外国企业，H 表示国内企业。

企业利润最大化的一阶条件为：

$$\frac{d\prod_F}{q_F} = \beta - c - q_H - 2q_F = 0 ,$$

外国企业在真实成本为 $c_F=0$ 时，对应均衡产量为：

$$q_F^*(c_F=0) = \frac{1}{2}(\beta - q_H)$$

当专利技术研发失败时，其真实成本为 $c_F=c$。这时候外国企业遭到拒绝兼并而进入市场，与国内企业进行双寡头古诺竞争的利润函数为：

$$\prod_F(c_F = c) = [\beta - c - q_H - q_F]q_F$$

利润最大化的一阶条件：

$$\beta - c - q_H - 2q_F = 0$$

均衡产量为：

$$q_F^*(c_F=c) = \frac{1}{2}(\beta - c - q_H)$$

考虑国内企业选择拒绝兼并策略时，由于不知道外国企业的真实成本类型，国内企业的期望利润为：

$$E\prod_{host} = \theta\prod_{host}(c_F = 0) + (1-\theta)\prod_{host}(c_F = c),$$

$$\begin{aligned} E\prod_{host} &= \theta[\beta - c - q_H - q_F^*(c_F = 0)]q_H \\ &\quad + (1-\theta)[\beta - c - q_H - q_F^*(c_F = c)]q_H \end{aligned}$$

期望利润最大化的一阶条件：

$$\begin{aligned} \frac{d(E\prod_{host})}{dq_F} &= \theta[\beta - c - 2q_H - q_F^*(c_F = 0)] \\ &\quad + (1-\theta)[\beta - c - 2q_H - q_F^*(c_F = c)] = 0 \end{aligned}$$

将 $q_F^*(c_F=0) = \frac{1}{2}(\beta - q_H)$，$q_F^*(c_F=c) = \frac{1}{2}(\beta - c - q_H)$ 代入上式可得到：

$$\theta\left[\beta - c - 2q_H - \frac{1}{2}(\beta - q_H)\right] + (1-\theta)\left[\beta - c - 2q_H - \frac{1}{2}(\beta - c - q_H)\right] = 0$$

$$\theta[\beta - 2c - 3q_H] + (1-\theta)[\beta - c - 3q_H] = 0 \Rightarrow q_H = \frac{\beta - c - c\theta}{3}$$

这时候 $q_H^* = \frac{\beta - c - c\theta}{3}$，$q_F^*(c_F = 0) = \frac{2\beta + c + c\theta}{6}$，$q_F^*(c_F = c) = \frac{2\beta - 2c + c\theta}{6}$，构成国内企业选择拒绝兼并时，后续博弈的贝叶斯均衡解。

国内企业拒绝兼并时，解得国内企业的期望利润为：

$$E\prod_{host} = \frac{1}{9}(\beta - c - \theta c)^2$$

这是外国企业兼并国内企业的最低报价，国内企业也会接受此兼并报价，因为拒绝此报价不会改善、提高自己的利润水平。

命题 7.1 在上述不完全信息条件下，只要外国企业给国内企业提出兼并收购报价 $p^M = \frac{1}{9}(\beta - c - \theta c)^2$，$\beta > 2c$，无论外国企业的成本是否变化，跨国兼并一定发生。

证明：当国内企业选择拒绝兼并时，两个企业的最优反应，构成后续博弈的贝叶斯均衡之解为：

$$q_H^* = \frac{\beta - c - c\theta}{3},\ q_F^*(c_F = 0) = \frac{2\beta + c + c\theta}{6},\ q_F^*(c_F = c) = \frac{2\beta - 2c + c\theta}{6}$$

由于当外国企业的专利技术研发成功时，真实成本为 $c_F = 0$，外国企业进入国内市场，与国内企业进行双寡头古诺竞争的利润为：

$$\prod\nolimits_F^*(c_F = 0) = \left(\frac{2\beta + c + c\theta}{6}\right)^2$$

当外国企业的专利技术研发失败时，其真实成本为 $c_F = c$，外国企业进入国内市场，与国内企业进行双寡头古诺竞争的利润为：

$$\prod\nolimits_F^*(c_F = c) = \left(\frac{2\beta - 2c + c\theta}{6}\right)^2$$

而当国内企业接受低成本类型的外国企业的兼并，这时外国企业就独家垄断国内市场，其垄断利润为$\frac{\beta^2}{4}$，我们只需证$\frac{\beta^2}{4} - \left(\frac{\beta - c - c\theta}{3}\right)^2 > \left(\frac{2\beta + c + c\theta}{6}\right)^2$ 即可。

为此我们定义二次函数 $f(x)=\frac{\beta^2}{4}-\left(\frac{\beta-c-cx}{3}\right)^2-\left(\frac{2\beta+c+cx}{6}\right)^2$，其图像是一条开口向下的抛物线，易证：$f(0)=\frac{\beta^2}{4}-\left(\frac{\beta-c}{3}\right)^2-\left(\frac{2\beta+c}{6}\right)^2=\frac{(\beta-c)(\beta+5c)}{36}>0$，而 $f(1)=\frac{\beta^2}{4}-\left(\frac{\beta-2c}{3}\right)^2-\left(\frac{2\beta+2c}{6}\right)^2=\frac{(\beta-2c)(\beta+10c)}{36}>0$，这就保证了在 $\theta\in(0,1)$，不等式 $\frac{\beta^2}{4}-\left(\frac{\beta-c-c\theta}{3}\right)^2>\left(\frac{2\beta+c+c\theta}{6}\right)^2$ 永远成立，外国企业兼并国内企业有利可图。

当国内企业接受高成本类型的外国企业的兼并，这时外国企业就独家垄断国内市场，其垄断利润为 $\frac{(\beta-c)^2}{4}$，利用上述同样的方法，我们可以证明 $\frac{(\beta-c)^2}{4}-\left(\frac{\beta-c-c\theta}{3}\right)^2>\left(\frac{2\beta-2c+c\theta}{6}\right)^2$ 永远成立，兼并对外国企业有利可图。

我们证明了在不完全信息，不考虑进入成本的情况下，只要外国企业给国内企业提出兼并报价 $p^M=\frac{1}{9}(\beta-c-\theta c)^2$，这里 $\beta>2c$，无论外国企业是何种成本类型，国内企业一定会接受外国企业兼并报价，跨国兼并博弈一定发生。很明显，这是跨国兼并博弈的混同均衡解。因为低成本类型的外国企业任何试图提出比上述报价更低的兼并价格，都会遭到高成本类型的外国企业的模仿，从而会改善或提高国内企业的获利水平，因此该跨国兼并博弈不存在分离均衡解。

这个跨国兼并博弈证明了在混同均衡下，无论外国企业专利技术研发是否成功，即使在不对信息下，跨国兼并行为一定发生，说明了跨国兼并经常大量发生的特性。

7.1.3　不完全信息与完全信息下跨国兼并博弈比较

7.1.3.1　完全信息下跨国兼并

如果模型其他条件完全一样，只把不完全信息改为完全信息，这时候的模型就为完全信息跨国兼并模型。

完全信息下跨国兼并博弈以下列方式进行，这家外国企业首先提出兼并要约给国内企业，国内企业可以选择接受兼并，也可以选择拒绝兼并；国内企业的最优反应是：当外国企业是低成本 $c_F=0$ 类型，则国内企业一定选择接受兼并，因为 $p^M=\frac{1}{9}(\beta-c-\theta c)^2>\left(\frac{\beta-2c}{3}\right)^2$；当外国企业是高成本 $c_F=c$ 类型，由于 $p^M=\frac{1}{9}(\beta-c-\theta c)^2<\left(\frac{\beta-c}{3}\right)^2$，则国内企业一定选择拒绝兼并，双方进行古诺竞争。参见表 7.3 完全信息下跨国兼并矩阵。

表 7.3　　国内企业的策略

外国企业类型	概率	接受	拒绝
低成本外国企业	θ	$\frac{\beta^2}{4}-p^M$，p^M	$\left(\frac{\beta+c}{3}\right)^2$，$\left(\frac{\beta-2c}{3}\right)^2$
高成本外国企业	$1-\theta$	$\frac{(\beta-c)^2}{4}-p^M$，$p^M$	$\left(\frac{\beta-c}{3}\right)^2$，$\left(\frac{\beta-c}{3}\right)^2$

注：表中数组分别是外国企业和国内企业的利润数值。

7.1.3.2　不完全信息与完全信息下社会福利变化对比

根据微观经济学中把社会福利定义为消费者剩余与企业利润之和，我们可以求出完全信息下这个跨国兼并模型的社会福利：

当外国企业是低成本 $c_F=0$ 类型时，国内企业一定选择接受兼并，对应的社会福利为：

$$W^C(c_F=0)=p^M+\left(\frac{\beta^2}{4}-p^M\right)+CS(c_F=0)=\frac{\beta^2}{4}+\frac{\beta^2}{8}=\frac{3\beta^2}{8}$$

右上标 c 是完全信息（Complete Information）的缩写。

当外国企业是高成本 $c_F=c$ 类型时，则国内企业选择拒绝兼并，对应的社会福利为：

$$W^C(c_F=c)=2\left(\frac{\beta-c}{3}\right)^2+CS=2\left(\frac{\beta-c}{3}\right)^2+\frac{1}{2}\left(\frac{2\beta-2c}{3}\right)^2=\left(\frac{2\beta-2c}{3}\right)^2$$

所以，完全信息下跨国兼并模型的社会福利的期望值为：

$$W^C=\theta W(c_F=0)+(1-\theta)W(c_F=c)=\theta\frac{3\beta^2}{8}+(1-\theta)\left(\frac{2\beta-2c}{3}\right)^2$$

同理计算出，不完全信息下跨国兼并模型的社会福利期望值为：

$$W^P=\theta\frac{3\beta^2}{8}+(1-\theta)\left[\frac{(\beta-c)^2}{4}+\frac{1}{2}\frac{(\beta-c)^2}{4}\right]=\frac{3}{8}[\theta\beta^2+(1-\theta)(\beta-c)^2]$$

W 的右上标 P 是指混同均衡的英文 Pooling Equilibrium 的缩写。

比较不完全信息下跨国兼并与完全信息下跨国兼并的社会福利得出：

$$\begin{aligned}W^P-W^C&=\frac{3}{8}[\theta\beta^2+(1-\theta)(\beta-c)^2]-\theta\frac{3\beta^2}{8}-(1-\theta)\left(\frac{2\beta-2c}{3}\right)^2\\&=-\frac{5}{72}(1-\theta)(\beta-c)^2\end{aligned}$$

说明：不完全信息下跨国兼并的总社会福利比完全信息下跨国兼并的社会福利还要小。

有意思的是，在不完全信息条件下产生混同均衡兼并价格，对涉及的本国企业和外国企业在贝叶斯均衡的角度是最优的，但贝叶斯均衡下的社会福利与完全信息条件相比较，却不是一种帕累托最优状态。不完全信息为我们研究企业跨国兼并战略行为开辟了全新的视角，促使我们对经济全球化背景下的市场结构和市场行为进行更为全面而深刻的研究。

7.1.4 基本结论

长期以来，经济学的传统观点认为：不对称信息可能成为兼并领域的障碍因素，跨国兼并中，信息不对称又是极为常见的，因此，跨国兼并不会高频率发生。通过本节的模型研究与结果分析发现，传统观点显得极为片面。如果没有政府干预，外国企业只要具有成本上的优势，跨国兼并的发生是不可避免的。但是不完全信息下的跨国兼并对东道国造成的社会福利损失要更大一些的结论，深刻地反映了现实市场经济的运行效率与社会福利方面的冲突，说明了政府依法监管兼并市场是非常必要的。

7.2 外资兼并国内企业与国家产业安全分析

7.2.1 关于外资兼并的国家产业安全争论

兼并作为企业资本运作中最为常见的一种方式，是企业追逐市场势力、提高竞争力的一种战略行为。在开放经济条件下，跨国兼并就成为企业跨国经营战略的重要选择。但是，横向兼并行为往往导致市场集中度的提高，垄断势力形成，市场绩效下降，因此，各国出于维护竞争，提高产业持续的国际竞争力，维护国家最高经济利益的考虑，普遍制定了反垄断的法规体系。从中国看，改革开放以来，为了打破传统的行政垄断，做大做强国有资本，在2000年前后推动了较大规模的国有企业的战略性重组。由于是以国有企业为主体，这一时期的兼并是由国家直接推动的，带有浓重的行政特色。

加入世界贸易组织以来，外商在加快对华直接投资的同时，也加快了对我国本土企业的兼并速度，出现了投资方式由以直接投资为主，向直接投资与收购兼并国内优势企业并重转变的迹象。2004年以前，外资兼并占直接投资的5%；2004年占11%；2005年占20%，这是发生在我国的又一次兼并浪潮，而且，这次兼并是由外资主导，而且是市场化的战略行为，呈现出明显的行业扫荡式特征。具体表现为：第一，外国企业选择具有良好发展前景的中国优质行业的龙头企业作为兼并对象；第二，外国企业资本采取绝对控股的方式与中国现有企业进行合资；第三，外国企业凭借资本实力采取整个行业一网打尽的兼并模式。这三类兼并都造成了国内企业在行业中的竞争地位相对或绝对下降和国内无形资产竞争力的弱化。我国允许外商直接投资、参股的目的是获得国外先进的技术成果和管理经验，加快企业市场主体的形成过程，改善国内企业的技术效率与经营效率，打破垄断，提高国际竞争力。但是，近期的外资兼并活动如果蔓延，对国内的正面效应和经济安全的影响难以预料，有必要考虑新形势下的产业安全问题。

产业安全是指在对外开放条件和国际竞争条件下，国家的重要产业能够保持相对优势，在资本、技术、市场等领域不受跨国资本的左右，从而实现本国利益最大化（吕政，2004）。根据这个定义，在开放经济的背景下，在反垄断法尚未完善的条件下，技术创新能力不仅成为产业动态的核心竞争力，而且还是能否确保产业安全的关键因素。从目前来看，将我国产业安全面临的问题归纳为：第一，我国产业具有自主知识产权下的技术和产品少；第二，能源、资源环境（要素供给）对产业发展的制约；第三，外资对国内某些行业已经形成了控制和垄断；第四，全面开放带来的其他新的不安全因素（郑新立）。

对于外资兼并国内企业的新趋势及其对国家产业安全的影响，学者们的观点集中在两种截然相对的方面：

第一类观点认为：外资兼并国内企业会从以下方面威胁我国产业安全：第一，外资以先进的核心技术控制产业的技术标准，使国内产业相关需求外溢，剥夺了国内产业的成长机会；第二，外资扫荡式兼并国内企业会控制产业的主导权和控制权，通过垄断价格获得垄断租金依然流入国外，从而损害我国的收益权，减弱国家长期增长的储备；第三，兼并加强了垄断，抑制技术创新的激励，弱化技术创新的能力，延缓产业结构的升级；第四，国内品牌消失，无形资产以隐蔽的形式向外资转移。

第二类观点认为：外资兼并在当前不会威胁中国产业安全，不然难以解释国际上众多的兼并没有危及产业安全的现象。因为，第一，国有经济的战略调整就是国有资本逐渐向战略行业和关键领域集中，其他大部分行业的国有资本不断被民间资本和境外资本所置换，应该是一个改革的趋势。所以外资兼并国有企业，应该是其中的一个章节。第二，尽管外资兼并占 FDI 的比例上升，但是，兼并占我国国内总资本的比例还很小。日本在 20 世纪 80 年代前后对欧美市场的直接投资中，收购占直接投资的比例也由 7% ~8% 上升到了 26% ~28%，但是，没有影响欧美的产业安全（山胁秀树）。第三，就产业安全讲，国内民营企业改造和整合中国国内企业的能力远高于外资，只要放宽民营企业的准入，外资就不能威胁国家产业安全（张文魁）。外资兼并国内企业在开放经济条件下是双向的，我国引进外资，允许外资兼并的同时，国内企业兼并外国企业的现象也同时存在。

外资在中国的兼并行为会进一步持续和强化为获得某产业控制权的行为吗？如果是，其理论依据是什么？外资在我国战略产业的兼并是否应当受到限制？如果不限制，我国的产业安全是否由此受到威胁？

本节试图证明了处于产业中的强势企业兼并弱势企业的必然性，并运用第四章强势企业兼并弱势企业的模型，解释外资加快兼并中国企业和扫荡式兼并会持续的经济学原因，并提出维护产业安全的相关政策建议。

7.2.2　斯坦克尔博格博弈模型及其对持续性外资兼并行为的解释

本章第 1 节中构建的横向兼并模型是在古诺市场中进行的不对称信

息条件下进行的，着重突出了跨国兼并与国内企业之间兼并的主要差异。本节重点分析的是当跨国兼并发生在不同规模的企业之间时，兼并活动会有怎样的结果？是否所有的规模不对称的跨国兼并都会影响国家产业安全？如将兼并产生的新企业同发生兼并前的企业等同起来，按照SSR模型的结论，只有被兼并企业数占到80%以上时，兼并才是有利可图的，竞争行业中的兼并行为会因利润动机弱化自动停止。因此，对于开放经济中的外资对国内企业的兼并，不必过多担心。然而，跨国兼并往往是一个动态过程，兼并企业与被兼并企业在企业规模、市场势力等方面有较大的差距，跨国公司兼并我国小企业形成“大鱼吃小鱼”的格局；而对我国行业内龙头企业的兼并形成“强强联合”的兼并格局，即兼并发生在某一行业中多个的引导者和追随者之间，这时市场结构的特征就不是古诺寡头市场，而是斯坦克尔博格寡头市场，兼并博弈过程是动态博弈。

将第4章研究过的动态兼并模型——斯坦克尔博格兼并模型运用到跨国兼并活动中，基本上反映了跨国企业处于强势、我国企业处于弱势的地位差异。跨国公司以其资本、技术、产业规模等优势，对兼并行为模式的选择具有主导性。我国国有企业虽处于弱势地位，但这并不影响双方博弈，国内企业作为博弈一方，虽然也具有一定能动性，但是相对于处于强势地位的跨国企业，有其明显的劣势地位，兼并模式选择十分有限。本章节以博弈论为分析工具，以第四章动态的斯坦克尔博格产量竞争模型为基础，分析外资兼并对我国经济的影响，说明外资在中国的兼并行为会成为具有持续性动机的动态过程，如果对外资兼并不做任何范围与领域的规制，不仅国家总体福利水平的持续下降难以避免，而且技术创新能力也受到抑制，国家产业安全受到威胁，政府有必要建立产业安全的政策体系，维护产业安全。

假设市场中有 n 个企业，生产同质产品，所有企业的边际成本相同，标准化为零，产量分别为 q_1，q_2，…，q_n，市场反需求函数为 $p=1-Q$，产品的市场总产量 $Q=q_1+q_2+\cdots+q_n$，其中 m 个跨国公司是斯坦克尔博格引导者，率先同时一起做出产量决策；$n-m$ 个国内企业作为追随者随后作出产量决策，构成动态序贯博弈，即斯坦克尔博格产量竞争。参见图7.2。

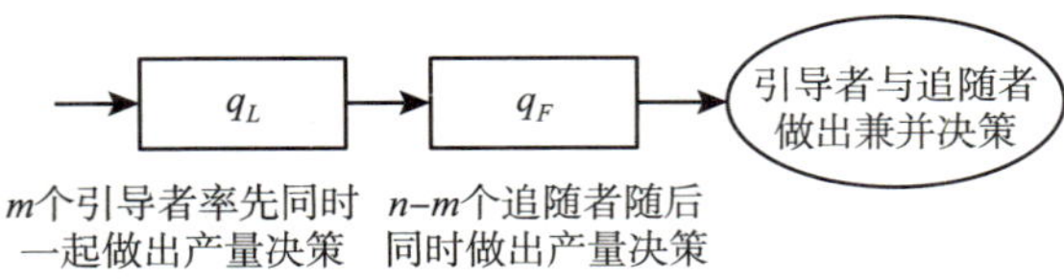

图 7.2　斯坦克尔博格兼并动态博弈树

在斯坦克尔博格模型中，外资企业作为引导者率先选择自己的产量，国内企业追随者根据引导者的决策选择自己的产量。显然企业在市场中所处的地位不同，选择有先后之分，而且追随者知道引导者的产量。因此，斯坦克尔博格博弈模型反映了企业在市场中地位有强、弱之别的事实，是一个完全信息的动态博弈，第 3 章曾用逆向归纳法求解，得出下列四个外资兼并国内企业的斯坦克尔博格兼并博弈均衡解。

结论 1　斯坦克尔博格兼并博弈中，只有初始参加博弈的跨国企业个数为 $m=2$ 的情况下，“强强联合”的跨国兼并才有动机，并且兼并后导致国内消费者剩余及社会福利水平下降。

结论 2　斯坦克尔博格兼并博弈中，只有在初始参加博弈的国内企业个数为 2 的情况下，即 $n-m=2$ 时，“弱弱联合”的跨国兼并才有兼并动机，并且兼并后导致消费者剩余与社会福利水平下降。

结论 3　斯坦克尔博格兼并博弈中，“大鱼吃小鱼”即任意一个跨国企业吞并一个国内企业总是有利可图的，并且兼并后导致消费者剩余与社会福利水平下降。

结论 4　斯坦克尔博格兼并博弈中，只有在初始博弈参与者的总数 n 及外国引导者总数 m 满足下列两个条件其中一条的情况下，即 $(n, m)=(3, 1)$，$(4, 2)$ $(4, 1)$ $(5, 1)$，以及 $n-m=1$，$m\geqslant 1$，国内企业兼并国外企业的“蛇吞象”格局是有利可图的，并且兼并后也导致消费者剩余与社会福利水平下降。

从以上四个子博弈完美纳什均衡解看出：如果没有协同效应，外资在中国的兼并行为会成为具有持续性动机的动态过程。如果对外资兼并不做任何范围与领域的规制，不仅国家总体福利水平的持续下降难以避免，而且技术创新能力也受到抑制，国家产业安全受到威胁，政府有必要建立产业安全的政策体系，维护产业安全。具体分析如下：

(1) 外资企业（跨国企业）收购国内“龙头企业”属于“强强联合”式的兼并行为。由于国内原有“龙头企业”在市场形象、销售网络、品牌效应等方面均具有优势，在外资进入之前，“龙头企业”在不同程度上具有影响产业的能力。外资凭借技术、资金优势，收购“龙头企业”，实施“强强联合”式的兼并行为，会分享垄断租金，因此，收购国内“龙头企业”的“强强联合”式的兼并行为，会在各类产业发生。一旦“强强联合”式兼并完成，外资企业的强势地位确立，国内资本就处于被动状态，品牌消失，无形资产也冠以外资商标，整个产业受外资控制的状态就难以避免。

（2）外资企业借助管理水平和技术优势将成为产业引导者，对国内企业扫荡式兼并属于“大鱼吃小鱼”式的兼并。具有资金、技术和管理优势的外资，作为市场的“强者”，由于拥有先动优势，实施“大鱼吃小鱼”的兼并行为是没有无障碍条件约束的。与外资企业大多处于引领者地位相比，我国企业基本处于追随者的弱势地位。外资兼并国内企业的行为一旦发生后，进一步强化了外资企业的市场强者地位，动态下的持续性兼并的动机是存在的。国内市场主体只要被兼并后的利益没有下降，兼并就成为必然，如果没有政府对兼并行为的规制，市场力量使外资的动态兼并过程不断重现与强化，必然引发一系列的外资吞并国内企业的现象，可能造成同一外资企业连续兼并国内企业的产业内兼并浪潮，最终形成“外资通吃”国内企业，国内丧失产业市场意义上的控制权。如果“外资通吃”国内企业发生在关键产业，如决定国家工业化进程、技术基础和国家经济安全的机械装备工业，那么国家经济安全就可能受到威胁。

（3）在动态兼并条件下，无论哪一种兼并行为，都造成了产量减少，价格上升，结果是社会福利水平的下降。如果外资兼并国内企业后利润上升，社会福利下降，必然是以国内消费者剩余的较大幅度下降为前提的。国家的竞争政策的制定原则恰好是“一整套旨在确保市场竞争不易有害于社会的方式受到限制的政策和法律”，经济福利的改进是经济学在静态条件下很合理的行业绩效的标准概念，导致社会福利下降的外资兼并行为没有符合国家利益最大化的产业安全范畴。

（4）尽管“蛇吞象”和“弱弱联合”在特殊条件下也能出现，并且给弱势企业带来利润，兼并动机也存在，但是，这两类兼并的条件过于苛刻，兼并中的障碍约束较多，发生的概率较小。因此，政府当局试图通过创造条件，以这两种途径实施国内企业对外资企业的反收购与抗衡，扭转国内企业的被动地位，成功的机会也会很小。特别是这两种兼并的结果依然使企业处于弱势的追随者地位，难以避免再次被外资兼并的厄运，兼并浪潮难以避免。

（5）外资扫荡式兼并国内企业，形成垄断，将抑制我国的总体创新能力。当前外资对我国企业的大规模的横向兼并，不仅使外资在国内企业的产权范围扩大，先进技术的溢出效应内化在外资之内，而且，兼并后，外资获得垄断地位抑制了产业的技术创新激励。经济理论证明：企业的创新激励取决于沉没成本、替代效应和效率效益。一般条件下，受沉没成本、替代效应的影响，垄断企业的技术创新激励低于新进入企业。只有新进入企业具有创新能力并凭借创新成果与垄断企业分享市场时，效率效应才会激发出垄断企业的创新行为。但是，国内现有的技术基础、人力资源很难与外资竞争，效率效应发生作用的机会很小。如此，一旦外资以扫荡式兼并获取某一行业的垄断地位，我国该行业的技术创新激励的弱化不可避免。

7.2.3　构建应对外资兼并行为的产业政策体系

用市场换取先进技术和管理经验，获得溢出效应是我国引进外资的初衷。那么，允许外资兼并就隐含着一个前提：兼并能增强我国国内资本的长期盈利能力，增强我国产业的国际竞争力，从战略的意义上确保国家经济安全。

现实是，我国传统工业正面临着巨大的挑战：一是我国工业的技术水平低，一些关键技术和重大技术装备国内尚不能生产，要靠进口解决，如：造船业的配套装备设备自给率只有40%，农产品的后加工设备主要靠引进，机床产量的数控率不到5%。二是主导产品的核心技术大多依赖外国，一半以上的大型企业没有自己的技术开发中心，制造装备的技术大部分依赖进口，石油装备的80%，光纤设备的100%，集成电路芯片制造设备的85%，轿车、纺织机械和数控机床的70%都依赖进口（李京文，2003）。显然，工业的现状不能承担推进我国新型工业化的历史任务。但是，如果用引进外资来替代进口，外资兼并一旦获得我国机械装备工业的控制权，对我国经济的制约是难以预料的，外资不仅因此得到了在中国的长期获利空间，也就此从产业技术标准的控制权上，左右着我国装备工业乃至整个产业的技术进步，对国家经济安全的影响是难以预料的。必须制定能够促进关键产业尽快发展，保证国家经济安全，又能与 WTO 规则相容的产业政策。

（1）尽快完善反垄断的相关配套法律，规制企业兼并行为。我国以前长期缺乏反垄断法律，现在又缺乏相关配套法律，难以满足市场经济条件下维护竞争的需要。从已有的一些案例来看，外资兼并虽然有利于外资实现规模效应，但由于我国没有反垄断法相关配套的法律细则，对吞并和排挤竞争对手、兼并后市场规模过于集中等问题没有数量上的限制，外资在我国进行的兼并活动明显地以垄断细分市场甚至整个行业为目的，具有限制竞争和反竞争的效应。美国是垄断企业主导市场体制的市场化国家，在 1914 年就颁布了反垄断法律体系，由《谢尔曼法》、《克莱顿法》、《联邦贸易委员会法》、《艾克森－弗劳里奥法案》、《国防审查法》等国会的立法、联邦最高法院的有关判例以及政府的《兼并指南》等共同构成。此外，在美国的《联邦证券法》、《证券交易法》、《公司法》等立法中也有专门的条款规制企业兼并行为。正是以这一系列法律为配套，美国将垄断行为对国家经济福利的副作用控制在一定的范围之内，保证技术创新能力的提高。

（2）加快建立我国产业安全审查机构，对外资兼并行为进行经济安全审查。我国新颁布的《反垄断法》明确规定，建立兼并审查机构，以确保在外资兼并时国家经济和产业的安全。商务部在 2006 年 8 月发布《关于外国投资者兼并境内企业的规定》，其中明确提出了“反垄断审查”。我们看到，美国反垄断法规体系中的《艾克森－弗劳里奥法案》，授权成立美国外国投资委员会，由法律、经济、科技和贸易等相关的 13 个部门负责人组成，对可能威胁美国国家安全的外资兼并项目进行秘密审查，专门从事外资兼并的监管。而我国目前尚无专门机构进行外资兼并审查，商务部临时代行审查工作，不能有效保证对外开放条件下，对外资兼并行为的监管。

（3）制定产业结构政策，促进涉及国家经济安全的产业的快速发展。各国在实施经济振兴发展战略的过程中，都有产业扶植政策，如日本的《机械工业临时振兴法》等。但是，由于产业政策受国际规则制，使得本国产业政策对产业的扶持与保护作用被削弱。如由政府对国内市场的直接保护与对出口的直接支持来扶持国内战略产业的做法，被

WTO的规则视为被禁止的补贴而受到国际规则的约束。我们必须结合国情，积极探索符合WTO规则的、行之有效的保护国内市场的新方式。对内要改变过去采用行政性手段，以单一的产业扶持为主的"倾斜型"产业政策状况，从横向上为各类企业和产业创造一种公平竞争的政策环境，同时改善企业治理结构、保护与鼓励技术创新、降低社会交易成本等方面，以提高产业竞争力的"竞争型"产业政策。对外应该在强化全球竞争意识的前提下，加强国际协调能力以及国际规则的运用能力，制定产业结构政策。

（4）在全局上坚持竞争政策，加快对民营企业准入的进程。要从全局上强调和坚持竞争政策，通过竞争法律法规的实施，进一步肃清特权经济，消除行政垄断、行业垄断、所有制垄断和行政性市场分割，确立公平竞争的市场环境。但在局部范围内，由于一些产业尚处于幼稚发展阶段，竞争力较弱，以及一些具有外部性的产业还有待进一步壮大，所以要充分发挥产业政策的激励、导向和保护作用，促进这些局部的、特定的产业的发展和结构的调整。为解决与竞争政策的冲突，可以借鉴日本的经验，通过推行适用例外的原则，使一些特殊产业在一定时期内不受竞争政策的规制，以解决法律冲突问题。

（5）加快培育为跨国兼并服务的中介机构。从国际经验看，投资银行、会计事务所、律师事务所和证券公司等中介机构在跨国兼并中起着不可或缺的作用，从咨询、融资到评估等都离不开它们的参与，但我国由于市场化程度不高，绝大多数企业还没有意识到中介机构的重要性，加上投资银行等中介机构尚处于初级发展阶段，其服务水准远未达到市场经济的要求，对国际惯例也缺乏了解，因此，要加快培育一批运作规范、熟悉国际惯例的为跨国兼并服务的中介机构，建立包括产权交易、融资担保、会计审计、资产评估、法律咨询等全面的中介服务体系。这样将大大减少跨国公司兼并我国企业的摩擦，降低交易成本，防止国有资产流失。

第8章

基于稳定条件下市场最优结构与技术创新、固定成本关系分析

8.1 引　言

受世界范围内金融危机的影响，从2008年下半年起，我国主要支柱产业包括钢铁、汽车、机械装备、纺织和其他轻工业等都出现了国外需求急剧减少、产品库存成本上升、企业经营环境恶化和农民工二次返乡等问题，暴露了我国制造业产业技术结构低端化、集中度低、重复建设严重、缺乏核心技术等结构性特征。2009年1月起，国务院先后审议并原则通过包括汽车、钢铁、纺织、装备制造、船舶、电子信息、石化、轻工业、有色金属和物流业十个产业的调整振兴规划，规划对制造业都提出了加快技术改造，鼓励自主创新的要求，并且，对汽车、钢铁、装备和纺织产业提出了通过兼并重组淘汰落后产能，提高产业集中度的目标。从经济学角度看，兼并重组、扩大企业生产规模在静态分析中可以获得规模经济和市场势力，提高利润率，但是无论从理论上还是从各国近几十年的实践经验看，不断的技术创新是中长期企业获得动态持续竞争力与国家经济持续增长的有力手段。需要讨论的是，在以技术创新为背景的动态增长过程中，提高产业集中度、扩大企业规模一定是有效率的吗？产业集中度对企业技术创新的激励效果在所有的产业中都是正相关吗？这种相关关系是否受到产业特性的影响？

8.2　产业组织与技术创新理论综述

关于哪一种市场集中度和企业市场势力或企业规模更有利于技术创新，创新理论的开拓者熊彼特（Schumpter）就提出观点：大企业才是技术创新的主要力量。① 这是因为大企业内部有实力筹措研发资金，可能组织有效的一定规模的研究活动，才能担负起极其复杂的现代工业产品和工艺的开发。并且，不论事前还是事后，大企业的市场支配力都促进了技术创新。学术界普遍地将上述观点称为熊彼特假说。熊彼特的说法引起了学术界对产业组织和市场力量与技术创新关系的广泛讨论，至今指导着经济学家们探讨研究、开发和创新行为的分析过程。

阿罗（Arrow）在 1962 年研究了现存市场垄断者与潜在进入者创新的研发动机，比较发现：假设具有与垄断企业相同的创新能力，潜在进入者比市场垄断者有更多的创新动机。因为事前已经有了垄断利润，创新后的利润增加量很少，研发动机不强。而趋近于零利润的完全竞争厂商却有很强的研发动机②。

熊彼特假说、阿罗的观点是否相互矛盾呢？

熊彼特假说、阿罗的观点以及其他学者的理论都说明，无论是竞争性结构还是寡占性结构，通过技术创新获得利润的动机都很强烈。为此学者们也开始从实证研究寻找不同类型市场结构对企业技术创新的影响的经验性结论。但是在企业规模与市场支配力与技术创新的关系上，国内外研究得出了不一致的结论。如：曼斯菲尔德（Mansfeild，1962，1968）的实证研究否定了熊彼特假说。施雷尔（Scherer，1965）、卡吾斯（Caves）等在研究中，得出了这样的结论：R&D 占销售收入的比例与企业规模变化的关系呈倒 U 形。菲利浦斯（Philips，1966、1971）的

---

① 一旦我们深入到具体细节探究每个进步最令人瞩目的项目时，我们遵循的足迹没有把我们引领到自由竞争的企业门前，而是把我们带到了大企业的门前。也许大企业在创造生活标准方面（而不是降低它）真的起到了更大的作用。Schumpter, Joseph A, 1943: The Capitalism, Socialism and Democracy, London: Allen & Unwin; New York: Harper & Row, Colophon Edition, 1975. p. 82.

② 参见植草益等，《日本的产业组织》（中译本，锁箭译）[M]，经济管理出版社 2000 年版，第 199 页。

研究发现："研究开发→市场结构集中化"存在因果关系。

本章借助 Motta - Cournot 竞争模型，增加固定成本的大小反映产业要素密集特征，构造了一个以节约生产成本为创新标志的二阶段博弈模型，满足稳定性 NASH 均衡条件下，研究固定成本的变化对生产者福利、社会总福利的影响，试图得出创新背景下，产业特性与市场结构的关系。什么条件下独家寡头是市场最优结构？什么条件下双寡头是市场最优结构？多寡头的特点，在技术创新条件下政府如何规制企业兼并与市场竞争之间的关系？

8.3 研发、固定成本与古诺竞争的模型研究

8.3.1 模型建立的条件

假设产业中存在 n 家企业，每家企业都生产同质产品，且企业固定成本都为 F，企业追求利润最大化。根据 Motta（2000）模型，研发之前企业 i 的产品边际成本均为 c，x_i 是企业 i 研发行为导致的边际成本节约额，研发之后企业 i 的产品边际成本为 $c-x_i$，研发成本为 $\frac{1}{2}gx_i^2$（注：$g>0$，反映研发效率的参数，即成本每降低 x_i，研发投入增加 gx_i），显然，随着生产规模扩大，等额成本节约额所耗的研发投入是增加的，即研发投入的效率是规模递减的。设该同质产品的市场反需求函数为：

$$p=\beta-Q,\ Q=q_1+q_2+\cdots+q_n$$

其中 q_1，q_2，. . q_n 分别是这 n 家企业的产量；

p 表示该同质产品的市场价格。

8.3.2 企业创新博弈过程

设 n 家企业进行博弈决策，博弈分为二个阶段。第一阶段，n 家企业同时进行研发投资；第二阶段，n 家企业同时进行创新背景下的古诺产量竞争。最后政府以社会总福利的变化为规制标准，制定产业规制政策。

8.3.3　企业创新博弈的求解过程

首先，按照 Selten 的逆向归纳法求出这个博弈的子博弈完美 NASH 均衡：在第二阶段，n 家企业同时进行古诺产量竞争，企业 i 的利润函数为：

$$\prod_i = [p - (c - x_i)]q_i - F - \frac{1}{2}gx_i^2$$

$$= [\beta - c + x_i - (q_1 + q_2 + \cdots + q_n)]q_i - F - \frac{1}{2}gx_i^2$$

该企业利润最大化的一阶条件：

$$\frac{\partial \prod_i}{\partial q_i} = 0$$

即　$$\beta - c + x_i - (q_1 + q_2 + \cdots 2q_i + q_n) = 0$$

则：每个企业的利润最大化一阶条件分别为：

$$\beta - c + x_1 - (2q_1 + q_2 + \cdots + q_n) = 0$$

$$\beta - c + x_i - (q_1 + \cdots 2q_i + \cdots + q_n) = 0$$

……

$$\beta - c + x_n - (q_1 + q_2 + \cdots + 2q_n) = 0$$

由对称性求出：$q_1 + q_2 + \cdots q_i \cdots + q_n = \dfrac{n(\beta - c) + (x_1 + x_2 + \cdots x_i \cdots + x_n)}{n + 1}$

$q_i = \dfrac{\beta - c + x_i + \sum_{j \neq i}(x_i - x_j)}{n + 1}$；所以企业 i 的利润函数可以写成：

$$\prod_i = (q_i)^2 - F - \frac{1}{2}gx_i^2 = \left(\frac{\beta - c + x_i + \sum_{j \neq i}(x_i - x_j)}{n + 1}\right)^2 - F - \frac{1}{2}gx_i^2$$

第一阶段，令其他企业成本节约额均为 x，n 家企业同时进行利润最大化的研发投资。

令：

$$\frac{\partial \prod_i}{\partial x_i} = \frac{2n(\beta - c + x_i) + 2n(n - 1)(x_i - x)}{(n + 1)^2} - gx_i = 0$$

分项得：

$$\frac{\partial \prod_i}{\partial x_i} = \frac{2n(\beta - c + x_i)}{(n+1)^2} + \frac{2n(n-1)(x_i - x)}{(n+1)^2} - gx_i = 0$$

从上式看出，以降低成本为目标的研发创新受三个因素的影响：

第一，研发成果专有性对创新的影响。公式中的第一项$\frac{2n(\beta - c + x_i)}{(n+1)^2}$表明：企业研发动机随着企业数 n 的减少而增大，并且在 $n=1$ 达到最大。显然，市场集中度越高，企业的研发激励越强。当市场上只有一个企业时，研发行为产生的全部利润都由该企业独家享有，诱使企业产生巨大的研发激励。这可以从研发成果专有性方面印证熊彼特关于大企业更有利于技术创新的假说。同时，该项也反映出研发动机随市场净需求（$\beta - c$）增大而增加，旁证了市场需求对技术创新的正相关关系。

第二，竞争程度对创新的影响。从公式中的第二项$\frac{2n(n-1)(x_i - x)}{(n+1)^2}$看出，在独家垄断下此项为零，而在竞争条件下（$n \geqslant 2$）大于零，且随着行业内企业数 n 的增加而增大，以反映由市场竞争压力产生的创新动机。该项公式可以支持阿罗关于竞争性的市场结构更有利于企业技术创新的观点。值得注意的是，曲线$\frac{2n(n-1)(x_i - x)}{(n+1)^2}$向下凹，表明增速随着 n 的增加而递减，当 $n \to \infty$ 时呈现渐进线：$\lim_{n \to \infty} \frac{2n(n-1)}{(n+1)^2} = 2$，即对于竞争程度较为充分的市场结构，继续增加行业内的企业数对创新没有明显的激励效应。

第三，研发行为本身的边际成本 g 对企业技术创新的影响。从公式来看，公式中的第三项 gx_i 仅受研发效率参数 g 的影响，似乎不受到市场结构的影响。但是，当决策企业在纳什均衡点上选择研发水平 $x = x_i^c$，企业数 n 同样影响 x 和 gx 的大小。

求解子博弈完美纳什均衡，得各厂商最优节约额：

$$x_i^c = \frac{2n(\beta - c)}{g(1+n)^2 - 2n}, \ i = 1, \ 2, \ \cdots, \ n$$

显然，企业数越多，g 值越大，研发激励效应越小。进一步，通过替代得：

$$q_1^c = q_2^c = \cdots q_i^c \cdots = q_n^c = \frac{(\beta - c) g(1+n)}{g(1+n)^2 - 2n} \Rightarrow Q^c = \frac{n(\beta - c) g(1+n)}{g(1+n)^2 - 2n}$$

将最优解代入利润函数得：

$$\prod_1^c = \prod_2^c = \cdots \prod_i^c \cdots = \prod_n^c = \frac{g[g(1+n)^2 - 2n^2](\beta - c)^2}{[g(1+n)^2 - 2n]^2} - F$$

考虑到技术创新既受到市场需求的影响，又受到企业利润的影响，我们以社会福利为绩效标准，观察产业组织结构变化和产业特性（固定成本）变化对市场绩效的影响。由于社会福利为消费者剩余与生产者剩余之和，即：$SW = CS + PS$。

而消费者剩余：

$$CS = \frac{1}{2}(\beta - p^c)Q^c = \frac{1}{2}(Q^c)^2 = \frac{1}{2}\left[\frac{n(\beta - c)g(1+n)}{g(1+n)^2 - 2n}\right]^2$$

生产者剩余：

$$PS = \sum \prod_i = \frac{gn[g(1+n)^2 - 2n^2](\beta - c)^2}{[g(1+n)^2 - 2n]^2} - nF$$

我们得到社会福利：

$$SW = CS + PS = \frac{gn[(2+n)g(1+n)^2 - 4n^2](\beta - c)^2}{2[g(1+n)^2 - 2n]^2} - nF$$

$$\frac{\partial SW(g,\ n)}{\partial g} = \frac{4n^2[(g + 2gn + gn^2 - n^2)](\beta - c)^2}{[g(1+n)^2 - 2n]^3} < 0$$

我们注意到，在（$\beta - c$）比较大，并且 $F > 0$ 的条件下，如果企业数目很少，企业数目 n 的增加还可能导致整个行业利润提高；但是当 n 超过特定数值 $\hat{n}$ 时，生产者剩余会随企业数目的增加而减少，降低企业技术创新的动机。特别是当 n 趋向无穷大，不仅生产者剩余会趋向 $-\infty$，而且社会总福利也会趋向 $-\infty$。显然，在技术创新背景下，企业数目盲目增加将会出现重复研发，重复建设，降低市场绩效。

需要说明的是，以上结论是在企业固定成本相同的条件下得出的，不反映不同产业之间的生产特性。如果产业特性不同，F 值大小不同，有利于技术创新的最优市场结构也将不同。例如，钢铁工业、汽车工业和石油化工等属资本密集型产业，有较大的固定成本，而纺织工业、轻工业等产业固定成本较小而市场需求较大，那么不同产业有利于技术创新的最优产业组织结构将会有怎样的变化？

考虑二阶条件要求 $\frac{\partial^2 \prod_i}{\partial x_i^2} < 0 \Rightarrow g > \frac{2n^2}{(1+n)^2}$（对静态纳什均衡存在的条件），而对静态纳什均衡稳定性条件要求：

$$\frac{\partial \prod_i^2}{\partial x_i \partial x_j} / \frac{\partial \prod_i^2}{\partial x_i^2} = \frac{2n(n-1)}{g(1+n)^2 - 2n^2} < 1 \Leftrightarrow 4n^2 - 2n < g(1+n)^2 \Leftrightarrow g > \frac{2n(2n-1)}{(1+n)^2}$$

显然 $g > \frac{2n(2n-1)}{(1+n)^2}$ 比 $g > \frac{2n^2}{(1+n)^2}$ 更严格。我们容易发现后者极限 $\lim_{x \to \infty} \frac{2n\ (2n-1)}{(1+n)^2} \to 4$，故要满足二阶条件要求及稳定性条件要求只需 $g > 4$，为叙述方便，我们简称之为稳定条件。

我们下面给出稳定条件下（$g > 4$）完全垄断（独家垄断）的最优市场结构的条件：

由 $SW(g,\ n) = \frac{gn[(2+n)g(1+n)^2 - 4n^2](\beta - c)^2}{2[g(1+n)^2 - 2n]^2} - nF$，$SW(g,\ 1) > SW(g,\ 2)$，$SW(g,\ 1) > SW(g,\ 3)\ \cdots SW(g,\ 1) > SW(g,\ k)$，$k$ 是大于 3 的整数，不难得到命题 8.1。

命题 8.1 当 $g > 4$，$F > \frac{g(5g^2 - 11g + 4)(\beta - c)^2}{2(9g-4)(2g-1)^2}$ 时，独家垄断为最优市场结构。

如果考虑独家垄断的利润 $\prod = \frac{g(\beta - c)^2}{(4g-2)} - F \geq 0$ 或者 < 0，推出以下两个推论；

推论 8.1 当 $g > 4$，$\frac{g(5g^2 - 11g + 4)(\beta - c)^2}{2(9g-4)(2g-1)^2} < F \leq \frac{g(\beta - c)^2}{2(2g-1)}$ 时，独家垄断为最优市场结构，独家垄断有利润，可以生存。

推论 8.2 当 $g > 4$，$F > \frac{g(\beta - c)^2}{2(2g-1)}$ 时，虽然独家垄断为最优市场结构，但是此时独家垄断也没有正利润，如果没有政府财政支持，即使独家垄断的企业也无法独立生存。

现实中，航天工业、核工业产业虽然市场需求很大，但是高技术要求研发过程要投入科研力量，承担巨大的研发成本以及生产过程中的固定成本，只有当研发成果为独占企业专有时，企业才有可能收回固定成本和研发成本。因此，对于这一类产业，独家垄断市场为最优市场结构。众所周知，航空市场是全球发展最快的行业，欧洲民航市场快速成长，促使了对大客机的需求，但是空客公司只面对欧洲区域内市场的需求是远远不够的，大飞机制造的远景必须是立足于全球化的市场，否则巨大的进入成本和研发成本无法收回，这是欧洲国家联合起来成立空客公司发展大客机制造的根本原因。

例如，航天工业、高速铁路、航空母舰等的研制都类似这种市场结构。对于一些中小国即便在国内市场实现独家垄断，企业也无力承受这些产业巨大的固定成本及研发成本，这就不难理解在许多中小型国家，为何这类企业或甚至连相关产业都不存在的原因。

很明显这类产业特性：资本密集度和技术密集度都极高的高技术产业。产业特性为研发成本、固定成本趋向十分巨大。例如 $\beta=6$，$c=2$，$g=5$，$F=1$，满足命题 8.1 中的条件，我们利用 Maple 软件，绘出 $SW(n)=\frac{40n[(2+n)5(1+n)^2-4n^2]}{[5(1+n)^2-2n]^2}-n$ 的图像（见图 8.1）。

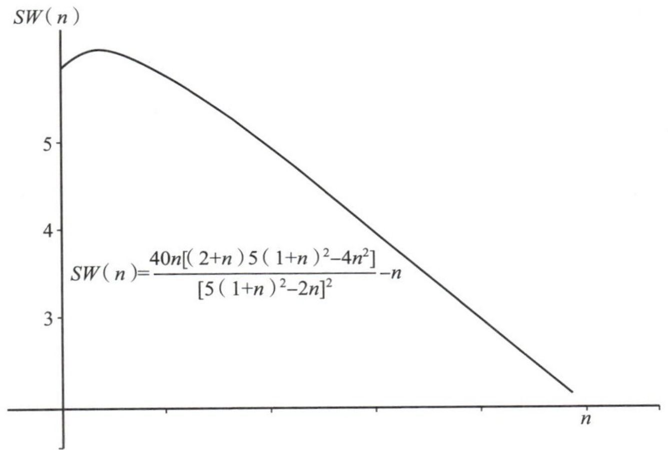

图 8.1 第一算例社会福利与企业个数关系示图

从图 8.1 上看，当市场中企业数目越过最优企业数目 $\hat{n}=1$，企业数目的增加过程，就是社会总福利减少的过程。说明当市场需求 $(\beta-c)$ 一定时，由于固定成本、研发成本巨大，企业在固定的需求条件下进行研发创新、设备改造，无法收回固定成本和研发成本，沉没成本效应高于竞争效应，企业数目的增加只能导致重复研发、重复建设和资源浪费，结果行业内企业生产无效率，从而社会总福利 $SW(n)$

下降。值得注意的是，如果需求方只有政府一家，企业的研制行为接近于贡献性专用资产研发，资产的专用性将导致高额的交易费用。因此，为降低交易费用往往都是政府直接投资，承担研发、生产，或者通过市场化的方法委托大型企业进行研发、生产，而政府进行巨额补贴。

当然，我们还可以下面给出稳定条件下双寡头的最优市场结构的条件：由社会福利公式 $SW(g,\ n)=\frac{gn[(2+n)g(1+n)^2-4n^2](\beta-c)^2}{2[g(1+n)^2-2n]^2}-nF$，$SW(g,\ 2)\geqslant SW(g,\ 1)$，$SW(g,\ 2)>SW(g,\ 3)\Rightarrow SW(g,\ 2)>SW(g,\ k)$，$k$ 是大于 3 的整数，不难得到命题 8.2。

命题 8.2 稳定条件下，$4<g<8.0815$，$\frac{4g(25g^2-44g+14)(\beta-c)^2}{(9g-4)(25g-10)^2}<F\leqslant\frac{g(5g^2-11g+4)(\beta-c)^2}{2(9g-4)(2g-1)^2}$时，双寡头为最优市场结构。

而在 $g\geqslant 8.0815$ 时，$\frac{g(28g^2-99g+36)(\beta-c)^2}{2(9g-4)(8g-3)^2}<F\leqslant\frac{g(5g^2-11g+4)(\beta-c)^2}{2(9g-4)(2g-1)^2}$时，双寡头为最优市场结构。

例如 $\beta=6$，$c=2$，$g=5$，$F=0.25$ 时，我们很容易利用 Maple 软件绘出社会福利函数 $SW(n)=\frac{40n[(2+n)5(1+n)^2-4n^2]}{[5(1+n)^2-2n]^2}-\frac{1}{4}n$ 的图像（见图 8.2）。

如图 8.2 所示，纵坐标为社会福利 $SW(n)$，横坐标为企业数目 n。显然社会福利 $SW(n)$ 在开始阶段会随着 n 的增大而增大，竞争不足，这时阿罗的更新效率占上风，政府应当鼓励企业竞争，降低企业准进门槛，当市场中企业数目到达最优企业数目 $\hat{n}=2$，市场的社会福利达到最大，说明双寡头竞争为最优市场结构。但是当市场中企业数目越过最优企业数目 $\hat{n}=2$ 后，大于 3 时，整个行业处于过度竞争。这时熊彼特的垄断效应占上风，政府这时产业政策应当鼓励兼并重组，优化产业结构，淘汰落后产能，这样能使社会福利趋向增大。

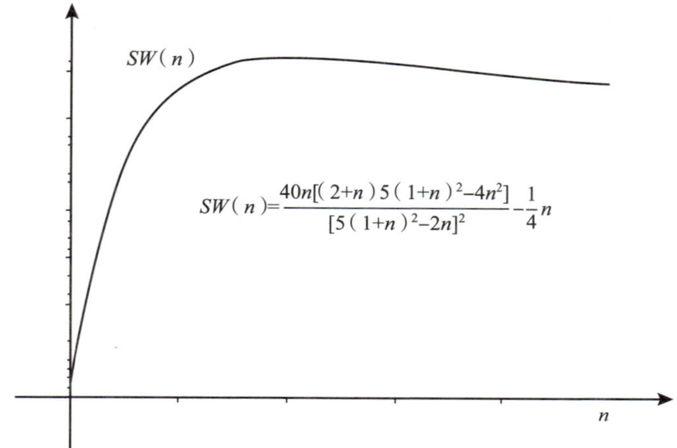

图 8.2　第二算例社会福利与企业个数关系

8.3.4　更一般情况下最优产业结构算例分析

下面我们以几个实例来说明不同于命题 8.1、命题 8.2 条件下，最优企业数目的确定。

由利润公式：

$$\prod_{n}^{c} = \frac{g[g(1+n)^2 - 2n^2](\beta - c)^2}{[g(1+n)^2 - 2n]^2} - F = 0 \Rightarrow \frac{g(\beta - c)^2}{F} = \frac{[g(1+n)^2 - 2n]^2}{g(1+n)^2 - 2n^2}$$

我们很容易求出企业自由进入时，产业内可以容纳的最大企业数目 $n_{\max}$，企业数目是上述方程中最大整数解：多一个企业造成每个企业亏损，对潜在进入企业而言没有企业想进入。

例如，$\beta = 6$，$c = 2$，$g = 5$，$F = 0.01$，$\frac{g(\beta - c)^2}{F} = \frac{[g(1+n)^2 - 2n]^2}{g(1+n)^2 - 2n^2}$，我们可以解出 $n_{\max} = 31$。

由社会福利公式：

$$SW(g, n) = \frac{gn[(2+n)g(1+n)^2 - 4n^2](\beta - c)^2}{2[g(1+n)^2 - 2n]^2} - nF$$

$\frac{\partial SW(g,n)}{\partial n} = \frac{g[g^2 + 3g^2 n + 3g^2 n^2 + g^2 n^3 - 6gn^2 - 8gn^3 + 2gn + 4n^3]}{[g(1+n)^2 - 2n]^3}(\beta -$

$c)^2 - F = 0$ 解出上述方程的 $n = 4.2$，而企业数目必须是整数，可以检验最优企业数目 $\hat{n} = 4$，说明在这种情况下，四寡头竞争为最优市场结构，市场的社会福利达到最大。当企业数目小于 4 个时，竞争不足，这时阿罗的更新效率占上风，政府应当鼓励企业竞争，降低企业准进门槛；而市场企业数目大于 4，小于 31 时，整个行业处于过度竞争。这时熊彼特的效率效应占上风，政府应当鼓励兼并重组，优化产业结构，淘汰落后产能。见图 8.3。

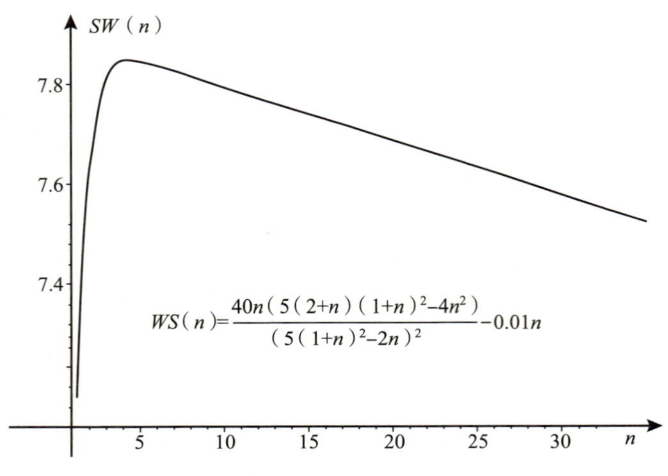

图 8.3　第三算例社会福利与企业个数关系

用上述方法，我们不难算出表 8.1 中给出稳定条件下独家垄断企业为最优市场结构，和双寡头为最优市场结构的算例；同时也给出稳定条件下三家，四家，五家寡头的最优市场结构的算例。

表 8.1　　最优市场结构与企业数量的算例表

$\beta=6$，$c=2$，$g=5$，$F=1$	$\beta=6$，$c=2$，$g=5$，$F=0.25$
容纳的最大企业数目 $n_{max}=2$ 最优企业数目 $\hat{n}=1$ 独家垄断为最优市场结构	容纳的最大企业数目 $n_{max}=6$ 最优企业数目 $\hat{n}=2$ 双寡头为最优市场结构
$\beta=6$，$c=2$，$g=5$，$F=0.1$	$\beta=6$，$c=2$，$g=5$，$F=0.01$
容纳的最大企业数目 $n_{max}=9$ 最优企业数目 $\hat{n}=3$ 三寡头为最优市场结构	容纳的最大企业数目 $n_{max}=31$ 最优企业数目 $\hat{n}=4$ 四寡头为最优市场结构

续表

$\beta=6$，$c=2$，$g=5$，$F=0.005$	$\beta=6$，$c=2$，$g=5$，$F=0.001$
容纳的最大企业数目 $n_{\max}=43$ 最优企业数目 $\hat{n}=5$ 五寡头为最优市场结构	容纳的最大企业数目 $n_{\max}=98$ 最优企业数目 $\hat{n}=5$ 五寡头为最优市场结构

命题 8.3 当市场净需求（$\beta-c$）不变，以及 g 技术特性不变时，当 F 变得越来越小，一方面最优市场数目 $\hat{n}$ 增大，另一方面市场最大容纳企业数目也变会增加。当市场净需求（$\beta-c$）变大或增大时，即使 F 和技术特性不变，则一方面市场最优企业数目 $\hat{n}$ 会增大，另一方面，市场最大容纳企业数目也会增加，当然这种变化规律不是简单的线性变化。命题 8.3 预示着一般情况下，市场最优结构为多寡头市场竞争。

从社会福利 SW 公式来看，一般情况下，社会福利的大小不仅受净市场需求（$\beta-c$），研发效率的参数 g 的影响，而且受企业数目的影响以及固定成本的共同作用的影响，见图 8.4。

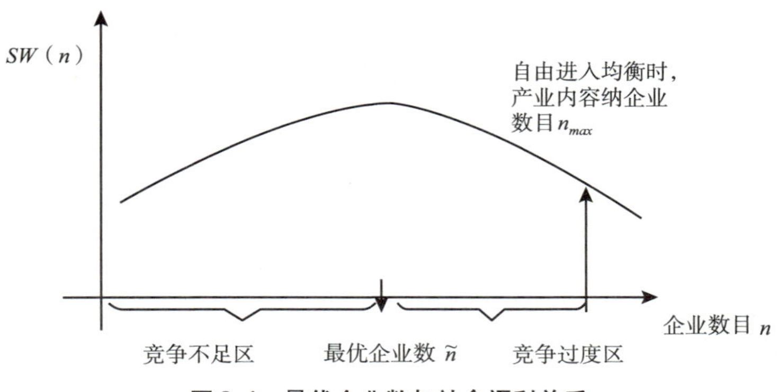

图 8.4 最优企业数与社会福利关系

从图 8.4 上看，当净市场需求不变，即（$\beta-c$）一定时，只要 $F\to0^+$，当企业数目小于 $\hat{n}$ 个时，因为固定成本变得很小接近于零，研发过程不受沉没成本效应的影响。企业数目的增加过程就是社会总福利增加的过程，最优企业数目 $\hat{n}$，说明在这种情况下，$\hat{n}$ 寡头竞争为最优市场结构，市场的社会福利达到最大。当企业数目小于 $\hat{n}$ 个时，竞争不足，这时阿罗的更新效率占上风，政府应当鼓励企业竞争，降低企业准进门槛；而市场企业数目大于 $\hat{n}$，小于 n_{max} 时，整个行业处于过度竞争，这时熊彼特的效率效应占上风，政府应当鼓励兼并重组，优化产业结构，淘汰落后产能。当企业数目大于 n_{max} 时，会造就全行业的企业亏损，市场原本会自动给予实力比较弱小企业惩罚，通过市场机制便可实现优胜劣汰，就有企业自动退出市场。但是，在我国有些行业由于地方政府保护主义严重，这些行业出现低水平重复研发，固定资产重复建设，垂而不死，使得各种资源过度消耗大大超越国际平均水平。

我们看到一个介于完全垄断和完全竞争之间的多寡头市场结构，将会积极促进企业的技术创新活动，所以有时我们不能简单地在垄断和竞争这两个极端的情况下进行选择。不同情况产业内的企业、处于同一产业中不同发展阶段的企业对于技术进步应具备的最佳规模也不同。如在行业处于过度竞争时，适度维持垄断行为是创新的必要条件。例如，由专利保护形成的垄断在短期内给经济带来负面影响；从长期看，专利产生的垄断的存在可以刺激发明创造和研究开发的积极性，有力地推动技术进步和经济发展的进程，增进了经济的动态效率。

8.4 本章的模型与 Motta – Cournot 的不同点

本章的模型给出稳定条件下完全垄断（独家垄断）的最优市场结构的条件，能生动地反映常见的最优市场结构并非完全竞争，而是涉及拥有一定垄断势力的动态竞争形式。研究企业的研发决策，把行业内的企业数目作为行业竞争程度的衡量指标的话，进一步激烈的市场竞争，并不一定能改善社会福利。当然企业的研发不但决定于竞争的存在与否，而且还取决于研发投资成果的专有性。如果市场竞争过于激烈，企业数目越过特定的关键值（最优企业数目 $\hat{n}$）后，投资成果的专有性就会下降，这时就会影响企业的研发投资和创新。按照熊彼特和加尔布雷恩的观点，处于某种中间水平的竞争最有利于创新和企业的生产效率，也就是说，多寡头垄断的市场结构其实是非常有效率的，这与我们与现实经济的观察和经济学方面的直觉相吻合。

从我国企业的反垄断短暂历史来看，我们不能一味地反对独家垄断，我们给出稳定条件下完全垄断（独家垄断）的最优市场结构的条件，当然独家垄断为最优市场结构并不是一成不变的。正如沃特森（Waterson，1988）指出：一个产业不仅仅可以通过技术基础的改变，也可以通过需求的改变而成为独家垄断的产业。特别是，如果市场净需求不断增长，或者市场进入成本减低，一个产业可以从独家垄断的状况脱离出来。从本章的模型也反映到需求的变化，技术的变革及需求的改变会使产业最优结构发生本质上的变化，本章的模型正好印证这一特色。此外，阿罗的观点与熊彼特假说，在本模型博弈不同的阶段都是正确的，所呈现表面上的貌似矛盾在模型被巧妙化解。

而 Motta - Cournot 模型特色是把 A - J 模型从两个企业研发竞争模型拓展到 n 个企业研发情形，可以解读为：社会福利不一定随着企业数目增加而增加，可能出现大大高于社会最优水平的研发，即研发成本的重复会导致企业生产的无效率（见表 8.2）。

表 8.2　　本章的模型与 Motta - Cournot 模型的对照

	本章的模型	Motta - Cournot 模型
对应市场	Cournot 寡头市场	Couront 寡头市场
信息条件	完全信息	完全信息
博弈类型	动态博弈	动态博弈
企业成本特点	每个企业具有相同边际成本 每个企业具有相同二次研发成本 每个企业具有相同固定成本 $F>0$	每个企业具有相同边际成本 每个企业具有相同二次研发成本 每个企业的固定成本为零
博弈的均衡解	子博弈完美纳什均衡来刻画	子博弈完美纳什均衡来刻画
模型的主要结论	特殊情况下的最优市场结构是独家垄断（如命题 1 所述），或双寡头垄断（如命题 2 所述），而最常发生最优市场结构是多寡头垄断（如命题 3 所述）	社会福利不一定随着企业数目增加而增加，可能出现大大高于社会最优水平的研发，即研发成本的重复会导致企业生产的无效率

如果 $F=0$，这时本章的模型便退化成 Motta - Cournot 模型。

某种程度的市场垄断势力是企业追求垄断利润，进行投资创新活动的前提，没有一定市场垄断势力，企业就不会有创新动力。尽管市场垄断势力可能是暂时的，但是对于企业的投资及技术进步不可或缺，但并非垄断程度越高，创新就会同比例增加。

阿罗的观点与熊彼特假说形成鲜明对照。为了在理论上通解两种观点，经济学家将企业的技术创新激励分为三方面：第一，沉没成本效应，即原有企业实施动态的创新行为，可能使已经投入的固定成本无法回收；第二，替代效应，对已经居垄断地位的垄断企业，新进入者为获得产业垄断地位进行技术创新的激励更充足；第三，效率效应，“由于竞争减少了行业利润，现有的在位企业进入阻绝的激励比新进入者实施进入的激励更大一些”（Tirole，1988），即现在的垄断者如果不创新会失去垄断，而新进入者如果创新成功（最多），会成为两家垄断者之一。

特别的，技术创新最主要的表现为生产工具和手段的创新，固定成本 F 低，边际成本 c，研发成本相应也比较低。即使重复研发、重复建设，所损耗的资源也远低于研发成功所创造的效应。初始阶段表现为企业数目越多，通过降低成本获得市场份额的动机越强，结果社会总福利越高。这时最优市场结构接近完全竞争市场。例如，一般的电子仪器、仪表工业、纺织工业、玩具生产和其他轻工业等。对于这些行业，不应当一刀切地推进兼并重组，而应当鼓励竞争性资本进入，通过提高竞争程度提高创新的积极性和福利水平。

从图 8.4 上看，在技术创新背景下，这类产业在由独占向多寡头市场过渡时，社会福利是增加的。但是，一旦形成多寡头市场结构，随着企业数目增加，社会福利减少。而且，行业中最优市场结构的企业数目与固定成本的大小反向变化。因为，固定成本的存在，产品的复杂性导致研发成本较大，都需要市场需求相对集中于几个企业，才能通过成果的专有性降低沉没成本效应。但是这些行业又是可竞争的，独家垄断就会丧失竞争效应。从纳什均衡的稳定性考虑，若 $g>4$，以多寡头是最优结构。例如汽车、钢铁、石化等资本密集型产业。从我国目前所处的工业化阶段来看，汽车、钢铁、石化和大型装备制造工业如船舶、石化成套设备等的生产都属于支柱产业，在我国目前人均收入水平条件下，需求弹性也是较大的。根据本章的研究，在技术创新作为新形势下企业常规性的战略行为的背景下，考虑到中国经济转型、培育造就竞争意识、资源地域性特征和市场容量大等因素，这些产业组织结构应当以多寡头竞争为最优市场结构。

8.5 本章小结

本章考察了同一产业中具有同质产品企业，根据市场需求变化，通过企业技术创新，兼并活动。政府积极适度进行规制，实施积极的科技研发激励政策，可达到优化产品结构和实现产业结构重组之目的，从而改善企业生产效率和社会总福利，提供了一定理论参考依据。

标普投资公司（S&P Capital）提供的数据显示，2011 年苹果研发费用为 26 亿美元，位列各大公司排名的第十八位，低于微软、英特尔、IBM、思科、甲骨文、高通、惠普和亚马逊等科技巨头。研发费用低、产品价格高是苹果利润不断攀升，以及现金存储和短期投资超过 970 亿美元的一大原因。苹果研发费用仅占其 1278 亿美元营收的 2%。苹果在销售、总务和行政方面的支出为 83 亿美元，占营收的比例为 6.5%。2011 年惠普在研发方面的支出为 32 亿美元，占其 1245 亿美元营收的 2.6%；销售、总务和行政费用为 137 亿美元，在营收中的比例为 11%。表 8.3 为 2011 年全球研发费用最高的十大公司。

表 8.3　2011 年全球研发费用最高的十大公司

研发费用公司排位	研发费用	主要业务
微软	94 亿美元	操作系统、应用软件开发
辉瑞	84 亿美元	制药
英特尔	84 亿美元	半导体芯片
默克	83 亿美元	制药、化工
强生	75 亿美元	制药
IBM	63 亿美元	计算机、信息技术
思科	56 亿美元	互联网、计算机网络技术
Google	52 亿美元	互联网技术、软件开发
礼来	50 亿美元	制药
甲骨文	44 亿美元	应用软件、数据库软件

检验企业规模和市场结构对创新活动的影响的过程中，一些重要的细节必须不能放过：

第一个问题就是与基础科学相关程度不同的产业在创新存在显著的差异。从表 8.3 中，对于化学工业产品或者计算机硬件这类产品的行业，其具有坚实的技术基础和科技知识优势，使得该市场的企业能迅速地将这些知识转化为产品创新或过程创新。然而诸如与大学和实验室很少联系的行业，通常难以获得重大技术突破，这说明技术机会的几率与产业集中度是高度相关的。换言之，当产业集中和创新之间是简单的正相关关系时，这种正相关关系反映了一个产业的技术进步机会的增加对创新的正反馈作用；近期的研究表明，这种控制因素的影响是十分重要的。

第二个问题就是区分研发支出与真正的创新的关系。虽然创新的努力可以由研发支出占销售收入的比重来衡量，但是这种方法实际上仅仅衡量了研发过程中的投入。真正激发我们兴趣的是研发过程中的产出：创新的数量，这可能可以由一家公司的获得的专利数量来衡量。即使不同的企业具有相同的研发支出，但是企业规模或者集中度能导致研发支出更具生产性的话，熊彼特的假设可能得到印证。科恩和克莱伯（Cohn and Klepper，1996）总结指出，大企业确实比小企业从事更多的研发，但是从研发努力中获得创新成果较少。对这一观点持异议的就是盖勒（Gayle，2002）的研究，盖勒发现当专利不能简单计算基于引用权重来衡量的时候，处于高度集中度的产业的企业确实产生更多的专利数量。

第三个问题就是市场结构与企业创新的内生性问题。例如像微软或者谷歌这类企业以剧烈创新为基础而在产业中处于主导地位。以谷歌公司为例，它依赖的就是其独特的搜索引擎市场精炼算法的这一创新成果。对于微软公司来讲，它依赖的就是其独领风骚的个人电脑视窗操作系统。从这两个例子不难看出，导致企业占据主导地位的关键技术都是与大量的专利相关的。如果这种现象是普遍的，研究者可能会发现，占主导地位的大企业也是有更多专利的企业，并得出熊彼特的假设是正确的这一错误的结论。按照美国经济学家皮派尔（Pepall）的观点：在这些情况下，是创新导致了市场势力，而不是与创新活动相关的其他方式。如果那些在各自市场占据主导地位的企业是从小规模经营开始，然后以企业家的技能和技术突破为基础成长起来的话，这可能导致与熊彼特的假设完全不同的判断。有时完全竞争市场不如寡占市场结构更具激励机制，但是，有令人震惊的数量的关键性创新，却来自小企业。

分类分析表明，技术创新与市场势力、企业规模和竞争程度等因素的关系，不是单纯的因果关系，技术创新实际上受到生产过程中技术特性和产业特性等其他因素的影响。本书用固定成本、研发成本的大小反映产业特性，从数理逻辑和经济学上证明了克里斯·弗里曼、罗克·苏特关于技术创新受到产业特性影响的经验性观点。实际上，在现代经济条件下，无论是劳动密集型中小企业，还是大中型资本密集型企业，都面临着最为严重的竞争，越是大中型企业投入的 R&D 费用越高正好说明了这一点。同时也说明，随着社会分工的深化，现代生产体系日益复杂，技术体系也日益成熟，研发新技术、新工艺、新产品所需要的条件更为多样化，为了分摊日益上升的固定费用、研发费用，需要扩大企业规模给予支持，生产过程出现 21 世纪的再度集中化恰好反映了现代化生产下产业特性对技术创新和企业规模的要求。从我国来看，汽车工业、钢铁工业、石油化工和大型装备制造业等资本密集度较高的产业在生产特性上均属于这一类，实行兼并重组，提高产业集中度是有利于他们技术创新的。但是，对于机械工业、电子工业等兼有资本密集与劳动密集型特征的企业，应当考虑垄断竞争的结构，不宜一刀切地推行兼并重组。而对于纺织工业和轻工业等劳动密集型产业是企业数越多，竞争越充分，创新激励越强。提高产业集中度反而影响创新。因此，在实施产业结构调整与振兴应对危机的过程中，应当分类指导。特别的，对于固定成本极高，研发成本巨大，影响国家安全的高技术产业，应当由政府直接进行研发，以避免市场失灵导致国家关键技术创新供给不足。

第 9 章

运用集中度临界值抑制产业合谋的经济学解释

9.1 引　言

贝恩在 1951 年的经典论文《利润率与产业集中的关系：1936 ~ 1940 年的美国制造业》中，试图验证两个观点：一是卖方的集中度与有效串谋的营利性之间存在正的相关关系；二是垄断和寡头的有效串谋的利润率高于非垄断、非寡头有效串谋的利润率。他采用美国 340 个制造业 5 年的普查数据，验证了高集中度将增加厂商利润，消费者剩余减少的观点。从此，理论界也开始了用集中度指标大小反映垄断程度高低的研究。而且，政府反垄断部门也开始运用集中度指标的高低，衡量产业的市场结构特征，从行政与法律层面确定产业内的兼并行为反垄断的临界值，为相应的反垄断管制提供标准。但是，后期的研究主要集中在用集中度的临界值确定产业内的兼并行为是否具有反竞争性，对于兼并的作用、目的、效果和方式等相关研究成果丰厚，而对于贝恩提到的由高集中度引发的串谋行为带来的高利润率的研究被淡化了。只有海和凯利（Hay and KeLLey）在 1974 年用实证研究再次①证明了高集中度市场与高串谋的正相关关系。本章试图从理论上解释，政府对产业高集中度临界值的界定，实际上是通过遏制串谋抑制反竞争行为的，为贝恩的实

① G. A. Hay and D. KeLLey, 1974: An empirical survey of price fixing conspiracies. Journal of Law and Economics, Vol. 17, No. 1, 1974, pp. 13 – 38.

证观点再增加一个理论证明。

9.2　产业集中度指标与产业规制的临界值

学术界经常使用的表述市场集中度的指标有两个：CR_n 和 HHI 指数。CR_n 是指市场份额位于前 n 家的企业的产出之和在产业总产出中的份额，$CR_n \in [0, 1]$。产业分析中经常使用的指标是 CR_4、CR_8。根据 CR_4 的大小，可将市场结构分为极高寡占型、高寡占型、适度集中型、与竞争型市场结构。如果 $CR_4 \geqslant 75\%$，市场结构就是极高寡占型。HHI 指数（Hirschman - Herfindahl　Index）是赫希曼 - 赫芬达尔指数的简称，该指标也是衡量市场集中度和竞争水平的重要指标。如果 x_i 为第 i 个企业的产量，X 为产业总产量，有 $\sum_{i=1}^{N} x_i = X$，$s_i = x_i/X$，s_i 是第 i 个企业的市场份额。HHI 指数的标准表述公式是：$HHI = \sum_{i=1}^{N} \left(\frac{x_i}{X}\right)^2 = \sum_{i=1}^{N} {s_i}^2$。显然，如果产业内只有一家企业，市场结构为完全垄断（独占）时，HHI 为 1。只要产业内的企业数目在两个以上，HHI 指数就小于 1。如果产业内只有 10 个完全相同规模的企业，则 HHI 理论指数为 0.1，实践中表述为 1000①。随着产业内企业数目的减少，单个企业市场份额增加，竞争程度下降，HHI 指数是上升的。因此，有关部门往往会关注 HHI 指数上升，并使用该指标，判断产业现有市场结构的竞争程度。

由于各产业的性质、特征以及要素的密集程度不同，最有效率的市场结构的 HHI 指数也不相同。那些规模经济明显、进入壁垒高的产业，从效率原则出发要求市场适度集中，企业就可能利用技术经济特征，提高集中度，实现串谋，掩盖反竞争行为。因此，从管制部门看，为维护竞争效率，必须确定一个 HHI 的最高临界值，如果企业的兼并行为使该产业的 HHI 值达到或超过临界值，说明该行为的结果有可能是反竞

---

① 考虑到企业数目多造成 HHI 指数过小而难以运用，所以，实际操作中，运用指数时会对理论指数乘以 10000。如 10 个完全相同产量的企业构成的产业 HH 指数就为 $0.1 \times 10000 = 1000$。

争的，这就为政府反垄断行为提供了一个管制依据。

近 30 年来，市场化国家大都采用 HHI 指数衡量市场结构并进行相应管制，如美国、欧盟、加拿大等国。使用 HHI 指数作为界定标准，在于它既考虑了集中度，又考虑了企业规模分布：首先，它能够更精确地反映市场的结构。与 CR_4、CR_8 不同，HHI 指数不仅考虑相关市场上 4 个或 8 个最大企业的市场份额，而且还全面反映了其他竞争者的市场份额。其次，HHI 指数使用的是平方计算法，大企业在市场上所占的份额越大，指数就越高，所显示的市场集中度也越高，所以，HHI 指数更能够体现大企业对市场竞争有较大影响的事实。以美国为例，1968 年美国司法部颁布的第一个兼并指南（1968 年指南）中采用的集中度指标的标准是：若兼并行为使 $CR_4 \geqslant 75$，是市场进入高度寡占型，反垄断机构就要审查兼并行为是否具有反垄断倾向。1982 修订的指南中将临界指标由 CR_4 改为 HHI 指数标准，规定若 HHI 指数达到 1800，以及增量为 100，就要审查兼并行为的反竞争性质。但是，HHI 指数 1800 的上限实际上包含了 CR_4 这个指标的意义。例：如果产业内有 6 个规模相同的企业，每个企业的市场份额为 16.7%，此时的 HHI 指数为 1673，四个企业的市场份额为 66.8%，即 $CR_4 = 66.8\% > 65\%$，那么市场结构达到贝恩表述的高度寡占型。如果是 5 个规模相同的企业，HHI 指数为 2000，$CR_4 = 80\% > 75\%$，超过极高寡占型市场。因为此时市场结构已经是高度寡占型，进一步的兼并容易导致高度垄断。而同时，欧盟的 HHI 临界指标为 2000。1992 年美国出台《横向兼并指南》，对 1982 年的内容进行修订，但是 HHI 值依然定为 1800。

2010 年 8 月 19 日，美国司法部（Department of Justice，DOJ）和联邦贸易委员会（Federal Trade Commission，FTC）联合颁布了经修订的《横向兼并指南》（Horizontal Merger Guidelines）（“2010 年新指南”）①。该指南是对已适用 18 年之久的“1992 年旧指南”的重大修改。

修改内容中一个重大的调整就是对衡量市场集中度的指标——HHI 指数（赫希曼 - 赫芬达尔指数）的临界值进行调整。调整情况如表 9.1 所示。

① 源自美国反垄断局网：http://fldj.mofcom.gov.cn/aarticle/xxfb/201009/20100907145143.html.

表 9.1 美国 2010 年版《横向兼并指南》与 1992 年版《横向兼并指南》的比较

“2010 年新指南”的规定	“1992 年旧指南”的规定
兼并后的 HHI 指数增量低于 100：该兼并交易不太可能具有反竞争影响，因此通常无须进一步分析	无对应规定
兼并后的 HHI 指数低于 1500：相关的市场将视为不集中的市场（unconcentrated market）；该兼并交易不太可能具有反竞争影响，因此通常无须进一步分析	不集中的市场之规定：兼并后的 HHI 指数为低于 1000
兼并后的 HHI 指数在 1500 ~ 2500 之间，且 HHI 指数的增量高于 100：相关的市场将视为适度集中的市场（moderately concentrated market）；该兼并交易将产生竞争问题且通常需要审查	适度集中的市场之规定：兼并后 HHI 指数在 1000 ~ 1800 之间，且兼并后的 HHI 指数增量高于 100
兼并后的 HHI 指数高于 2500，且 HHI 指数的增量在 100 ~ 200 之间：相关市场将视为高度集中市场（highly concentrated market）；该兼并交易将产生竞争问题且通常需要审查	高度集中的市场之规定：兼并后的 HHI 指数高于 1800，且 HHI 指数的增量在 50 ~ 100 之间
兼并 HHI 指数高于 2500，且 HHI 指数的增量高于 200：推定（rebuttable presumption）兼并将提高市场权力（enhance market power）	市场权力被提高之推定适用：兼并后的 HHI 指数高于 1800，且 HHI 指数的增量在高于 100

资料来源：http：//fldj. mofcom. gov. cn/aarticle/xxfb/201009/20100907145143. html.

表 9.1 说明，在美国的 2010 年新《指南》中，放宽了兼并的临界值，当 HHI 数值为 2500 时，才被认定为高度集中市场。如果是产业内仅剩 4 个规模完全相同的企业，$CR_4 = 100\%$。

可以看出，美国司法部与联邦贸易委员会确定的反竞争的 HHI 临界值从 1800 接近 2500，而欧盟为 2000，实际上都是以贝恩界定的 CR_4 为底线。美国 2010 年的新《指南》中，从主导企业数目看也未突破 4 个企业。CR_4 是贝恩作实证研究的结果，本章要回答的是，集中度以 4 个主导企业为反兼并、反垄断的底线，其经济学解释是什么？4 个主导企业留存产业内会有什么结果？

本章通过建立一个三阶段的卡特尔模型，说明当产业内企业数目不多于 6 个时，也就是当 HHI 数值大于 1667 时，其中 4 个企业会结成稳定的卡特尔联盟，操纵市场，反竞争格局不可避免，这也是集中度临界值确定的依据之一。

9.3 卡特尔联盟主导与产业的卡特尔均衡

卡特尔（Cartel）联盟是指两个或两个以上的企业所订立的以限制同业竞争、控制市场、增加共同利润为目的串谋协定。主要有限制生产协定的卡特尔、价格卡特尔。通常情况下都是通过限制产量阻止价格下降。本章想要从理论上说明，当市场集中度极高时，4 个企业极易结成稳定的产量联盟卡特尔，实施反竞争行为，这才是产业集中度临界值最终控制在 2500 的关键因素。

9.3.1 模型设定与古诺均衡

假定产业内有 N 个生产同质产品的企业，且 $N \geqslant 2$，所有企业均符合古诺均衡的基本假设。市场反需求函数为 $P = a - bQ$，所有企业的边际生产成本均为 $MC = c$。为了考察卡特尔联盟的均衡数目，我们先求出古诺竞争下的均衡变量。

解：为了得到古诺均衡解，我们必须先计算每个企业的最优反应函数。

令：第 i 个企业的产量为 q_i，其他企业的产量之和为 Q_{-i}。

则：$q_i = Q - Q_{-i} = Q - \sum_{k=1}^{N} q_k$，其中 $K \neq i$。

企业 i 的剩余需求曲线为：

$$P = (a - bQ_{-i}) - bq_i \quad \text{（公式 9.1）}$$

边际收入为：

$$MR_i = (Pq_i)' = (a - bQ_{-i}) - 2bq_i$$

利润最大化的一阶条件：

$$MR_i = (a - bQ_{-i}) - 2bq_i = MC_i = c$$

单个企业古诺竞争的均衡产量为：

$$q_i^c = \frac{a-c}{2b} - \frac{Q_{-i}}{2} \quad \text{（公式 9.2）}$$

根据对称性，所有企业的产出都相同，从而：

$$Q_{-i}^c = (N-1)q_i^c \quad \text{（公式 9.3）}$$

对于任何的$N\geqslant 2$，将（公式9.3）代入，得到单个企业的古诺均衡产量：

$$q_i^c=\frac{a-c}{2b}-\frac{(N-1)\ q_i^c}{2}$$

$$\Rightarrow q_i^c=\frac{a-c}{b\ (N+1)} \qquad \text{（公式9.4）}$$

古诺市场均衡产量为：

$$Q^c=\frac{N(a-c)}{b(N+1)} \qquad \text{（公式9.5）}$$

将（公式9.5）代入反需求函数，得古诺市场均衡价格为：

$$P^c=a-bQ^c=a-b\frac{N(a-c)}{b(N+1)}=\frac{a+cN}{N+1} \qquad \text{（公式9.6）}$$

将古诺均衡价格代入利润函数，得到单个企业的利润为：

$$\pi_i^c=(P^c-c)q_i^c=(\frac{a+cN}{N+1}-c)\frac{a-c}{b(N+1)}=\frac{(a-c)^2}{b(N+1)^2} \qquad \text{（公式9.7）}$$

9.3.2　卡特尔均衡

以上述古诺竞争为背景，考虑一个三阶段博弈。

在阶段1：产业内有M家企业决定组建一个卡特尔联盟，其中，$M\leqslant N$，非卡特尔成员的企业数量为$K=N-M$。

在阶段2，卡特尔成员企业抉择总产量Q_M和单个成员企业的产量配额q_i。

在阶段3：卡特尔成员按照联盟商议的配额生产，K家非卡特尔成员企业自己决定产量，且非卡特尔成员企业产量之和为Q^k。

分阶段后，模型总体上采取逆向求解法，先求出第三阶段的产量均衡结果。由于所有企业同质，由K个企业结成的卡特尔联盟后，市场力量最大，有能力做出可置信的承诺，因此成为领导企业，而非卡特尔成员企业成为跟随企业。

根据斯坦克尔博格（Stackelberg）竞争理论，卡特尔联盟在第三阶段的序贯博弈中率先行动，形成先动优势。

第一步：求解在阶段3中斯坦克尔博格竞争中的跟随者非卡特尔成

员的古诺均衡产量。

假定，在第二阶段中，卡特尔联盟商议产量为 Q_M，根据逆向求解的原则，先解出非成员企业的最优反应产量。

非成员企业面临的剩余需求为：

$$P=(a-bQ_M)-bQ^k \qquad \text{（公式 9.8）}$$

令：$Q^k=Q^k_{-i}-q^k_i$，单个非成员企业的需求为：

$$P=a-b(Q_M-Q^k_{-i})-bq^k_i \qquad \text{（公式 9.9）}$$

单个非成员的边际收益为：

$$MR^k_i=(Pq^k_i)'=a-bQ_M-bQ^k_{-i}-2bq^k_i$$

如果非成员企业就剩余需求进行古诺竞争，那么非成员企业利润最大化的一阶条件为：

$$MR^k_i=a-bQ_M-bQ^k_{-i}-2bq^k_i=c$$

根据对称性，得下列方程组：

$$MR^k_1=a-bQ_M-b(q^k_2+q^k_3+\cdots+q^k_k+2q^k_1)=c$$

$$MR^k_2=a-bQ_M-b(q^k_1+q^k_3+\cdots+q^k_k+2q^k_2)=c$$

……………………

$$MR^k_k=a-bQ_M-b(q^k_1+q^k_2+\cdots+q^k_{k-1}+2q^k_k)=c$$

化简后得到非成员企业的古诺均衡解：

$$a-bQ_M-b\sum_{i=1}^{k}q^k_i-bq^k_1=c\Rightarrow q^k_1=\frac{a-c}{b}-Q_M-\sum_{i=1}^{k}q^k_i$$

$$a-bQ_M-b\sum_{i=1}^{k}q^k_i-bq^k_2=c\Rightarrow q^k_2=\frac{a-c}{b}-Q_M-\sum_{i=1}^{k}q^k_i$$

……………………………………

$$a-bQ_M-b\sum_{i=1}^{k}q^k_i-bq^k_k=c\Rightarrow q^k_k=\frac{a-c}{b}-Q_M-\sum_{i=1}^{k}q^k_i$$

非成员企业对剩余需求的古诺均衡解为：

$$2q^k_i=\frac{a-c}{b}-Q_M-Q_{-i} \qquad \text{（公式 9.10）}$$

根据（公式 9.3），$Q_{-i}=(k-1)q^k_i$ 代入（公式 9.10），得：

$$2q^k_i=\frac{a-c}{b}-Q_M-(k-1)q^k_i \qquad \text{（公式 9.11）}$$

得单个非卡特尔成员的产量为：

$$q^k_i=\frac{a-b(Q_M)-c}{b(K+1)}=\frac{a-c}{b(K+1)}-\frac{Q_M}{K+1} \qquad \text{（公式 9.12）}$$

非卡特尔成员的总产量：

$$Q_K = Kq_i^* = \frac{K}{K+1}\left(\frac{a-c}{b} - Q_M\right) \qquad \text{（公式 9.13）}$$

第二步，求解阶段2中领导者卡特尔成员企业的产量配额 Q_M、各自的产量和非卡特尔成员企业的相关均衡变量。

对卡特尔组织来说，他们面临的剩余需求函数为：

$$P = (a - bQ_k) - bQ_M \qquad \text{（公式 9.14）}$$

将第三阶段得出的非卡特尔产量代入，得剩余需求函数：

$$P = a - b\left[\frac{K}{K+1}\left(\frac{a-c}{b} - Q_M\right)\right] - bQ_M = \frac{a+cK}{K+1} - \frac{b}{K+1}Q_M$$

（公式 9.15）

卡特尔联盟的边际收益为：

$$MR_M = (PQ_M)' = \frac{d\left[\left(\frac{a+cK}{K+1} - \frac{b}{K+1}Q_M\right)Q_M\right]}{dQ_M} = \frac{a+cK}{K+1} - \frac{2b}{K+1}Q_M$$

（公式 9.16）

利润最大化必须满足：

$$MR_M = \frac{a+cK}{K+1} - \frac{2b}{K+1}Q_M = c$$

卡特尔联盟的总产量为：

$$Q_M = \frac{a-c}{2b} \qquad \text{（公式 9.17）}$$

每个卡特尔成员企业的产量为：

$$q_i^M = \frac{a-c}{2bM} \qquad \text{（公式 9.18）}$$

将（公式 9.17）代入（公式 9.12），得每个非卡特尔成员企业的产量为：

$$q_i^k = \frac{a-c}{b(K+1)} - \frac{Q_M}{K+1} = \frac{b-c}{b(K+1)} - \frac{a-c}{2b(K+1)} = \frac{a-c}{2b(K+1)}$$

（公式 9.19）

根据对称性，非卡特尔成员企业的总产量为：

$$Q^K = \frac{A-c}{2b(K+1)}K = \frac{A-c}{2b} \cdot \frac{K}{(K+1)} \qquad \text{（公式 9.20）}$$

因此，均衡时的市场总产量为：

$$Q = Q_M + Q_K = \frac{a-c}{2b} + \frac{a-c}{2b(K+1)}K = \frac{2(K+1)(A-c)}{2b(K+1)}$$

（公式 9.21）

此时的市场均衡价格为：

$$P = a - bQ = a - b\frac{2(K+1)(a-c)}{2b(K+1)} = \frac{a+c(2K+1)}{2(K+1)}$$

（公式 9.22）

计算产业内每个企业的利润。

将（公式 9.18）、（公式 9.21）代入（公式 9.7），得到每个卡特尔成员的利润函数：

$$\pi_i^M = (P-c)q_i^M = \frac{(a-c)^2}{4b(N-K)(K+1)} \qquad \text{（公式 9.23）}$$

将（公式 9.19）、（公式 9.21）代入（公式 9.7），得到每个非卡特尔成员的利润函数：

$$\pi_i^K = (P-c)q_i^K = \frac{(a-c)^2}{4b(K+1)^2} \qquad \text{（公式 9.24）}$$

第三步：分析阶段 1 中卡特尔中有多少企业。

从经济学的基本假定出发，联盟稳定的内在条件是：如果卡特尔成员离开联盟，所获利润不会高于留在联盟内。联盟稳定的外在条件是：如果非卡特尔成员加入联盟，所获利润不会高于在联盟外。

首先考虑内在条件：若所有的企业加入联盟，即 $K=0$，联盟内企业的利润由公式 9.23 决定，即：

$$\pi_i^M = \frac{(a-c)^2}{4b(N-K)(K+1)} = \frac{(a-c)^2}{4bN} \qquad \text{（公式 9.25）}$$

此时，若有一个企业不加入联盟，即 $K=1$，该企业的利润就是非卡特尔成员的企业的利润：

$$\pi_i^k = \frac{(a-c)^2}{4b(K+1)^2} = \frac{(a-c)^2}{16b}$$

分析得：当 $N \leqslant 4$ 时，$\pi_i^M \geqslant \pi_i^K$，联盟内企业才不会退出，卡特尔联盟是稳定的。

9.3.3 两个基本结论

命题 9.1 当产业内的企业数目不超过 4 个时，所有企业会结成一个卡特尔领导联盟。卡特尔联盟的行为类似垄断者，市场串谋的反竞争行为不可避免。

如果产业内的企业数超过 4 个，即 $N>4$ 时，有多少企业加入呢？M 是多少？

首先设定，卡特尔联盟要成为可置信的领导者，那么第二阶段成员的配额产量必须小于成员企业单独行动时的产量。因为以古诺竞争为背景，古诺产量就是最大产量。如果卡特尔成员产量大于古诺产量，就成为导致价格下降的领导，与卡特尔限产、维价的理论含义相悖。

由此，令：$q_i^M < q_i^k$，

$$q_i^M = \frac{a-c}{2bM} = \frac{a-c}{2b(N-K)} < \frac{a-c}{2b(K+1)} = q_i^k$$

即：

$$2b(N-K) > 2b(K+1) \Leftrightarrow N-K > K+1$$

得：$K<\frac{N-1}{2}$，而 $M=N-K$

命题 9.2　当 $N>4$ 时，卡特尔联盟要想在第二阶段成为领导者，并且保持联盟稳定，必须有超过 50% 以上的企业加入联盟。

如果有 20 家企业，就必须至少 11 家加入。因此，在行业内企业数少时，卡特尔容易建立，但是企业数多时，卡特尔很难建立。

泽尔腾（Selten）建立的理论模型证明，当产业内的企业数超过 6 个以后，产业内企业的利润较少，成员企业的利润优势不明显，卡特尔的组建缺乏内生激励，组织的形成就很困难了，产业内很难内生以串谋为手段的反竞争行为。正是鉴于此，贝恩很早在市场集中度的指标设定时，将 CR_4 作为奠基性指标。

从理论意义来说，当 HHI 数值为 2000 时，寡头主导的市场结构已经接近产业内企业结盟的界限，应当阻止。但是美国的 2010 年新《指南》中为何要继续提高临界值到 2500 呢？因为在经济全球化的背景下，一国的国际竞争力对该国国民经济的发展愈显重要，企业兼并则是加强一国国内企业在国际市场上竞争力的重要途径，经济一体化不断加强，企业的市场由国内市场向国际市场延伸，原先为应对国内市场反竞争行为的 HHI 指标，面对国际更大范围的市场显得过于严格。特别是国家之间的竞争主要靠大型企业的市场竞争力、市场势力来实现，要求对企业兼并给予适度的鼓励，而不是严格的限制。面对市场格局的新变化，

美国将 HHI 临界值放宽到 2500，以适应经济全球化。即使如此，美国政府并未完全放开这个临界值，还是将 HHI 的上限控制在了 4 个企业结盟导致串谋的底线上。

以下我们通过几个例子来说明泽尔腾（R. Selten）的形成卡特尔联盟的思路。

算例一：假设市场需求：$P=1000-Q$，市场中共有 12 家企业，假设每一家企业的生产成本为零，计算出稳定的卡特尔联盟的数量，非卡特尔联盟的数量以及这时对应 HHI。表 9.2 表中 M 表示卡特尔成员数量，K 表示非卡特尔成员数量。

表 9.2　　卡特尔均衡（产业中有 12 家企业的情形）

成员数量		产出		价格	利润		卡特尔是否稳定（HHI）
M	K	q^M	q^K	P	π^M	π^K	
12	0	41.66	*	500	20833.3	*	对应卡特尔不稳定
11	1	45.45	250	250	11363.6	62500	对应卡特尔不稳定
10	2	50	166.66	166.66	8333.33	27777.78	对应卡特尔不稳定
9	3	55.56	125	125	6944.44	15625	对应卡特尔不稳定
8	4	62.5	100	100	6250	10000	对应卡特尔不稳定
7	5	71.43	83.33	83.33	5952.38	6944.44	稳定，HHI = 838.25
6	6	83.33	73.33	73.33	5952.38	5102.04	对应卡特尔不稳定

所有 12 家企业都加入卡特尔联盟，这时每个企业的产出为 41.66，市场价格为 500，企业利润为 20833.3，如果其中一个企业退出或者加入非卡特尔联盟，其所获得利润为 62500，远大于卡特尔企业利润 20833.3，也远大于非卡特尔企业利润 27777.78。同理，十个企业组成卡特尔联盟也呈现不稳定性，因为如果其中一个企业接着退出或者加入非卡特尔联盟，其所获得利润为 27777.78，远大于卡特尔企业利润 8333.33。依次类推直到卡特尔联盟的数目为 7，非卡特尔联盟的数目为 5，企业组成卡特尔联盟呈现稳定性，此时非卡特尔联盟的企业利润为 6944.44，大于 5952.38，没有动机加入卡特尔联盟；卡特尔联盟的企业利润为 5952.38，大于 5102.04，没有动机退出卡特尔联盟，这时卡特尔联盟同时满足内在稳定条件和外在稳定条件。

利用各个企业产量，我们不难算出各个企业占行业比重值，算出

HHI 数值：

$$HHI = 10000\sum_{i=1}^{n} s_i^2 = 10000 \times \left[K\frac{1}{(2K+1)^2} + M\frac{(K+1)^2}{M^2(2K+1)^2}\right]$$

$$= \frac{KM + (K+1)^2}{K(2K+1)^2} \times 10000$$

在产业中有 12 家企业的情形，卡特尔联盟呈现稳定性时，$M=7$，$K=5$，卡特尔联盟稳定性时对应的 $HHI = \sum_{i=1}^{n} s_i^2 = \frac{KM+(K+1)^2}{K(2K+1)^2} \times 10000 = 838.25$

我们假设 12 家企业进行古诺产量竞争，我们运用（公式 9.1 ~ 公式 9.7）得到古诺纳什均衡的结果：

古诺—纳什均衡价格：

$$P^c = \frac{a+cN}{N+1} = \frac{1000}{13} = 76.92$$

古诺—纳什均衡产出：

$$q_i^c = \frac{a-c}{b(N+1)} = \frac{1000}{13} = 76.92$$

古诺—纳什均衡利润：

$$\pi_i^c = \frac{(a-c)^2}{b(N+1)^2} = \frac{100000}{169} = 591.72$$

$$HHI = 10000\sum_{i=1}^{12} s_i^2 = 10000 \times 12 \times \frac{1}{12^2} = \frac{10000}{12} = 833.33$$

我们把表 9.3 视为企业搞窜谋、形成卡特尔联盟之前的市场，而把表 9.2 视为企业搞窜谋垄断协议的卡特尔联盟之后的市场，比较窜谋前后的市场，我们发现，组成稳定性卡特尔联盟会导致市场价格从 76.92 上升到 83.33，上涨了 8.33%，市场的集中度指数 HHI 从 833.33 上升到 838.25，增加了 4.92。

表 9.3　　12 家企业进行古诺产量竞争

企业数目	均衡产出	均衡价格	均衡利润	均衡市场的 HHI
N = 12	76.92	76.92	591.72	HHI = 833.33

按照美国 2010 年版《横向兼并指南》的标准，这时对应的市场将视为不集中的市场（unconcentrated market），该活动不太可能具有反竞

争影响，但是7家公司窜谋搞垄断协议的卡特尔联盟的行为，违反美国《谢尔曼法》的规定，因此美国的反垄断部门通常对关联企业窜谋行为进行处罚。对于违法搞垄断协议或卡特尔联盟的企业，课以加入费的罚金至卡特尔企业的销售收入的20%～30%。

算例二：假设市场需求：$p = 1000 - Q$，市场中共有6家企业，假设每一家企业的生产成本为零，计算出稳定的卡特尔联盟的数量、非卡特尔联盟的数量以及这时对应的HHI。

同样，我们利用上述方法依次类推直到卡特尔联盟的数目为6，非卡特尔联盟的数目为4，企业组成卡特尔联盟也呈现稳定性，此时非卡特尔联盟的企业利润为27777.78，大于20833.33，没有动机加入卡特尔联盟；卡特尔联盟的企业利润为20833.33大于15625，也没有动机退出卡特尔联盟，这时卡特尔联盟同时满足泽尔腾所描述的内在稳定条件和外在稳定条件。如表9.4所示。

表9.4　　卡特尔均衡（产业中有6家企业的情形）

卡特尔联盟成员数量 M	非卡特尔成员数量 K	产出		价格	利润		卡特尔是否稳定（HHI）
		q^M	q^K	P	π^M	π^K	
6	0	83.33	*	500	41666.67	*	卡特尔不稳定
5	1	100	250	250	25000	62500	卡特尔不稳定
4	2	125	166.67	166.67	20833.33	27777.78	稳定 HHI = 1700
3	3	166.67	125	125	20833.33	15625	卡特尔不稳定
2	4	250	100	100	25000	10000	卡特尔不稳定
1	5	500	83.33	83.33	41666.67	6944.44	卡特尔不稳定
0	6	*	71.43	71.43	*	5102.04	不稳定

利用各个企业产量，算出各个企业占行业比重，卡特尔联盟稳定性时对应的HHI为：

$$HHI = 10000\sum_{i=1}^{n} s_i^2 = \frac{KM + (K+1)^2}{K(2K+1)^2} \times 10000 = 1700$$

我们假设6家企业进行古诺产量竞争，我们运用古诺纳什均衡的结果列在表9.5中。

古诺纳什均衡价格：

$$P^c = \frac{a + cN}{N+1} = \frac{1000}{7} = 142.86$$

古诺纳什均衡产出：

$$q_i^c = \frac{a-c}{b(N+1)} = \frac{1000}{7} = 142.86$$

古诺纳什均衡利润：

$$\pi_i^c = \frac{(a-c)^2}{b(N+1)^2} = \frac{1000000}{49} = 20408.16$$

$$HHI = 10000\sum_{i=1}^{6} s_i^2 = 10000 \times 6 \times \frac{1}{6^2} = \frac{10000}{6} = 1666.67$$

表 9.5　　6 家企业进行古诺产量竞争

企业数目	均衡价格	均衡产出	均衡利润	均衡市场的 HHI
6	142.86	142.86	20408.16	HHI = 1666.7

模仿上一算例，比较窜谋前后的市场，我们发现，组成稳定性卡特尔联盟会导致市场价格从 71.42 上升到 142.86，上涨了 100.03%，市场的集中度指数 HHI 从 1666.67 上升到 1700，增加了 33.33。

按照美国 2010 年版《横向兼并指南》的标准，这时对应的市场将视为适度集中的市场（moderately concentrated market）；这种垄断协议或卡特尔联盟造成的产业集中将产生反竞争问题且通常需要审查。如果这些关联企业不能举证这些行为没有严重损害市场竞争，且还能给消费者带来了好处，那么执法机关一般会禁止企业这类垄断行为或变相的兼并集中行为。对违法企业以及进行窜谋的个人进行处罚。当然企业可以对执法机关的惩处申请行政复议或者去法院进行诉讼。

近年来，欧美反垄断部门陆续颁布宽大为怀政策（Leniency programs），这一政策的核心就是对卡特尔联盟的第一个自首成员大幅度减免甚至免除处罚，这一政策的目的是使卡特尔联盟的成员竞相开展“自首竞赛”，以加速卡特尔联盟的瓦解。面对反垄断部门高悬的“胡萝卜加大棒”政策，对卡特尔联盟的成员而言，只要自首慢一步，第二个自首成员就得不到任何减免。

欧盟竞争理事会 2002 年制定了“宽大为怀的政策”，并在 2006 年对其进行了修改，新的政策包含以下条款：

（1）违法搞垄断协议或卡特尔联盟的企业，课以罚金增达到卡特尔联盟企业销售收入的 30%，并乘以卡特尔联盟运行的年数。

（2）对于初次违法搞垄断协议或卡特尔联盟的企业，课以加入费的罚金达到卡特尔企业的销售收入的15%～25%。

（3）对于累次违法搞垄断协议或卡特尔联盟的企业，将加倍处罚；两次违法处以2倍罚款，三次违法处以3倍罚款，以此类推。

（4）卡特尔成员企业若是牵头企业或者不配合欧盟委员会的调查，罚款进一步提高。

（5）卡特尔成员企业如果积极配合欧盟委员会的调查，罚款可以减少。

（6）首个揭发卡特尔或者垄断协议的成员，免除所有处罚。

美国司法部反垄断局高度评价“宽大为怀”政策。美国经济学家皮派尔（Pepall）认为，现在“宽大为怀”政策已成为美国反垄断局最有效的破大案手段，它也是整个司法部最成功的政策，实施新的“宽大为怀”政策申请率是每月两次，与旧政策相比有了超过20倍的提高，有如此非凡的申请率，美国各界积极肯定“宽大为怀的政策”，因为这项政策的实施，能给反垄断局带来很多有用的信息。

9.4 基本结论

本章的结论是在完全信息博弈下完成，而且是一次性的。如果用不完全信息博弈，也许会得出其他的结论。但是，同一产业内的基本技术信息大体是公开的。因此，各发达国家从实践中所选定的HHI临界值2000（欧盟，2004）、2500（美国，2010）也是客观而科学的。经济学的论文大多从产业内企业间兼并的角度探讨这个问题，因为古诺均衡存在着这样一个市场关系：$\frac{P^c - MC(q_i^c)}{P^c} = \frac{s_i}{\varepsilon}$，这个关系主要是立足于寡头企业的市场势力，即价格成本差比较明显的企业能够获得较大的市场份额，因此通过兼并活动获得规模经济效率，获得协同效应，降低成本，成为企业扩大市场份额，从而操纵市场的手段。而本章将研究的角度集中在主导企业的串谋行为，并且，在第三阶段卡特尔联盟组织有能力先行为，由此理解和解释反垄断临界值的科学性，也是我们运用产业理论研究规制原因的一个新视角。

9.5 小　　结

至少从亚当·斯密时代开始，人们就开始担心同一产业里的企业会进行密谋，从而制定一个接近垄断价格而非市场竞争价格。

本章是对合谋及其反垄断政策的一个泽尔腾卡特尔联盟模型的扩展分析。需要指出，在企业之间的选择卡特尔成员和非卡特尔成员的情况下，企业之间利益纠结，往往难以达成卡特尔联盟维持合作的均衡，主要有两个因素导致卡特尔联盟具有天然的不稳定性：

第一因素，潜在进入者的威胁。一旦卡特尔把价格维持得较高，那么就会吸引新企业进入这个市场，而新企业进入后，可以通过降价扩大市场份额，此时，卡特尔要想继续维持原来的高价就很不容易了。

第二因素，卡特尔内部成员所具有的欺骗或背叛动机。这是一个典型的“囚徒困境”，给定其他企业的生产数量和价格都不变，那么一个成员企业偷偷地增加产量将会获得额外的巨大好处，这会激励成员企业偷偷增加产量，如果每个成员企业都偷偷增加产量，显然市场总供给大量增加，市场价格必然下降，卡特尔限产提价的努力将瓦解。如果卡特尔不能有效解决这个问题，最终将导致卡特尔的解体。这是因为合谋协议不受法律保护，因而没有企业能够阻止其他企业的背叛行为。

事实上，经济学家研究得出，世界上卡特尔的平均存续期间约为 6.6 年，最短的两年就瓦解了。中国人其实也对此并不陌生。改革开放之初很多行业都出现过类似的价格联盟，但短的只存活了几周，长的也不过几个月或几年。近一点的还有乳品业取消赠品的“南京宣言”、餐饮业的“开瓶费”、方便面协会联合涨价、彩电价格联盟、民航机票限折令、网络视频版权价格联盟等也都没能维持很长时间。

接下来，我们分析欧美如何对付卡特尔联盟的最优反垄断政策，包括介绍近期被广泛采用的宽大政策，该政策对卡特尔成员企业中第一个与反垄断执法机关合作的企业给予免除处罚。

这里我们也给出辛洛蓬和索腾温特（Hinloopen and Soetenvent，2006）关于宽大为怀政策效应的实验研究。

2006 年，辛洛蓬和索腾温特（Hinloopen & Soetenvent）设计实验，

该实验主要评价“宽大为怀政策”与卡特尔联盟的形成、效率以及持续方面的影响。

表 9.6 给出这次实验中卡特尔联盟解体的统计数据。辛洛蓬和索腾温特考虑反垄断部门这种宽大为怀政策在参与者揭发合谋协议中所扮演的角色，模拟实验表明约 2/3 的卡特尔联盟解体或暂时性解体，而面对反垄断部门高悬的“宽大为怀”政策，94% 的卡特尔联盟解体，说明 HS 的实验得出十分有趣且有效的反垄断策略。

表 9.6　　卡特尔联盟的解体

	卡特尔部分			卡特尔成员部分	
	背叛	发现	坦白	背叛	坦白
沟通	0.67	*	*	0.52	*
反垄断	0.68	0.17	*	0.50	*
“宽大为怀”政策	0.94	0.03	0.78	0.72	0.40

第一，宽大为怀政策能使卡特尔联盟的形成变得更加困难。

第二，宽大为怀政策能使卡特尔联盟的瓦解可能性变大，瓦解变得更加频繁。

第三，宽大为怀政策能使卡特尔联盟的价格协议与市场价格相差越大，卡特尔瓦解变得越加剧烈；当然宽大为怀政策极大地削弱了潜在卡特尔成员的信任，欧美反垄断部门的举措有利于发现卡特尔联盟以及阻止卡特尔联盟的形成。

附　　录

附录 1

由于 $v_{\min}(n,\ 1)=\dfrac{n\sqrt{2}-(n+1)}{(n+1)(n-1)}$，$v_2(n,\ 1)=\dfrac{n\sqrt{n^2+8n+4}-(n+1)^2}{(n+1)(2n^2-2n-1)}$

要证明 $v_{\min}(n,\ 1)>v_2(n,\ 1)$

必需要证明 $\dfrac{n\sqrt{2}-(n+1)}{(n+1)(n-1)}>\dfrac{n\sqrt{n^2+8n+4}-(n+1)^2}{(n+1)(2n^2-2n-1)}\Leftrightarrow\dfrac{n\sqrt{2}-(n+1)}{(n-1)}>\dfrac{n\sqrt{n^2+8n+4}-(n+1)^2}{2n^2-2n-1}\Leftrightarrow(n\sqrt{2}-n-1)(2n^2-2n-1)>[n\sqrt{n^2+8n+4}-(n+1)^2](n-1)\Leftrightarrow n\sqrt{2}(2n^2-2n-1)-n(2n^2-2n-1)-(2n^2-2n-1)>n(n-1)\sqrt{n^2+8n+4}-(n-1)(n+1)^2$

$(n\sqrt{2}-n-1)(2n^2-2n-1)>[n\sqrt{n^2+8n+4}-(n+1)^2](n-1)\Leftrightarrow n\sqrt{2}(2n^2-2n-1)-n(2n^2-2n-1)-(2n^2-2n-1)>n(n-1)\sqrt{n^2+8n+4}-(n-1)(n+1)^2\Leftrightarrow n\sqrt{2}(2n^2-2n-1)-n(2n^2-2n-1)-2n^2+2n+1>n(n-1)\sqrt{n^2+8n+4}-n^3+n-n^2+1\Leftrightarrow n\sqrt{2}(2n^2-2n-1)-n(2n^2+2n-1)-2n^2+2n>n(n-1)\sqrt{n^2+8n+4}-n^3+n-n^2\Leftrightarrow\sqrt{2}(2n^2-2n-1)-(2n^2+2n-1)-2n+2>(n-1)\sqrt{n^2+8n+4}-n^2+1-n\Leftrightarrow\sqrt{2}(2n^2-2n-1)>(n-1)\sqrt{n^2+8n+4}+n^2-n-2\Leftrightarrow[\sqrt{2}(2n^2-2n-1)-(n^2-n-2)]^2>[(n-1)\sqrt{n^2+8n+4}]^2\Leftrightarrow 2(2n^2+2n-1)^2-2\sqrt{2}(2n^2+2n-1)(n^2-n-2)>(n-1)^2(n^2+8n+4)-(n^2-n-2)^2\Leftrightarrow 2(2n^2-2n-1)^2-2\sqrt{2}(2n^2-2n-1)(n^2-n-2)>(n-1)^2(n^2+8n+4)-(n^2-n-2)^2(n^2-2n+1)(n^2+8n+4)-(n^2-n-2)^2=4n(2n^2-2n-1)$

$2(2n^2-2n-1)^2-2\sqrt{2}(2n^2-2n-1)(n^2-n-2)>4n(2n^2-2n-1)\Leftrightarrow 2$

$(2n^2-2n-1)-2\sqrt{2}(n^2-n-2)>4n \Leftrightarrow 2n^2-2n-1-\sqrt{2}(n^2-n-2)>2n \Leftrightarrow (2-\sqrt{2})n^2-(4-\sqrt{2})n+(2\sqrt{2}-1)>0 \Leftrightarrow 2n^2-(6+2\sqrt{2})n+(3\sqrt{2}+2)>0 \Leftrightarrow (n-n_1)(n-n_2)>0$

这里 $n_1=\frac{3+\sqrt{2}-\sqrt{7}}{2}=0.884$，$n_2=\frac{3+\sqrt{2}+\sqrt{7}}{2}=3.52998\cdots$，

即 $n>3.529\cdots$，由于 n 是正整数，故只要 $n\geqslant 4$，就能满足 $v_{min}(n, 1)>v_2(n, 1)$。

附录 2

我们知道 $v_{min}(n, 1)=\frac{n\sqrt{2}-(n+1)}{(n+1)(n-1)}$，$v_c(n, 1)=\frac{1}{(n+1)}$

由于 $2>\sqrt{2} \Rightarrow 2n>\sqrt{2}n \Rightarrow n-1>\sqrt{2}n-n-1 \Rightarrow \frac{1}{(n+1)}>\frac{n\sqrt{2}-(n+1)}{(n+1)(n-1)}$

故有：$v_c(n, 1)=\frac{1}{(n+1)}>v_{min}(n, 1)=\frac{n\sqrt{2}-(n+1)}{(n+1)(n-1)}$对所有 $n\geqslant 3$ 都成立。

附录 3

证明 F_t 的图像在 m 轴交点为$\left(\frac{2n+1-\sqrt{4n+5}}{2}, 0\right)$的过程。

证明：由 $F_t=\frac{(\beta-c)^2}{m}\left[\frac{(m+1)}{(n+1)^2}-\frac{1}{(n-m+1)^2}\right]=\frac{(\beta-c)^2[m^2-(2n+1)m+(n^2-1)]}{(n+1)^2(n-m+1)^2}$关系式，令 $F_t=0 \Leftrightarrow [m^2-(2n+1)m+(n^2-1)]=0$，解出 $m=\frac{2n+1\pm\sqrt{4n+5}}{2}$两个根，其中 $m=\frac{2n+1+\sqrt{4n+5}}{2}>n$ 超出 $1\leqslant m\leqslant n-1$ 的取值范围与 m 经济含义矛盾，理应舍去。故有 F_t 的图像在 m 轴交点为$\left(\frac{2n+1-\sqrt{4n+5}}{2}, 0\right)$。

附录 4

我们首先定义数论函数：任意两个正整数 a，b 的最大公因数，记作 *GCD*（a，b）。

方程$\frac{4n+1-\sqrt{24n+33}}{4}=m$有整数解，$24n+33$必须是完全平方数，而且是奇数。

情形一：$24n+33=(4t+1)^2$

$24n+33=(4t+1)^2 \Rightarrow 24n+33=16t^2+8t+1 \Rightarrow 3n+4=2t^2+t \Rightarrow 2t^2+t-4\equiv 0\text{mod}3$，显然3不能整除$t$，否则会导致$-4\equiv 0\text{mod}3$的矛盾；因此$GCD(3, t)=1$，由欧拉—费马定理$t^2\equiv 1\text{mod}3$，结合$2t^2+t-4\equiv 0\text{mod}3$，我们很容易得到$t-2\equiv 0\text{mod}3 \Rightarrow t=3k-1$，

$$3n+4=2t^2+t \Rightarrow 3n+4=2(3k-1)^2+(3k-1)$$

$$3n+4=18k^2-9k+1 \Rightarrow 3n=18k^2-9k-3 \Rightarrow n=6k^2-3k-1$$

$$m=\frac{4n+1-\sqrt{24n+33}}{4}=\frac{4(6k^2-3k-1)+1-(4t+1)}{4}=6k^2-6k$$

情形二：$24n+33=(4t-1)^2$

$24n+33=(4t-1)^2 \Rightarrow 24n+33=16t^2-8t+1 \Rightarrow 3n+4=2t^2-t \Rightarrow 2t^2-t-4\equiv 0\text{mod}3$，显然3不能整除$t$，否则会导致$-4\equiv 0\text{mod}3$的矛盾，因此$GCD(3, t)=1$，由欧拉—费马定理$t^2\equiv 1\text{mod}3$，结合$2t^2-t-4\equiv 0\text{mod}3$，我们得到$1-t\equiv 0\text{mod}3 \Rightarrow t=3k+1$，$3n+4=2t^2-t \Rightarrow 3n+4=2(3k+1)^2-(3k+1)$

$$3n+4=18k^2+9k+1 \Rightarrow 3n=18k^2+9k-3 \Rightarrow n=6k^2+3k-1$$

$m=\frac{4n+1-\sqrt{24n+33}}{4}=\frac{4(6k^2+3k-1)+1-(4t-1)}{4}=6k^2-2-\frac{1}{2}$，不是整数；

故在这种情形时，对应方程$m=\frac{4n+1-\sqrt{24n+33}}{4}$无整数解。

总结上述两情形，$m=\frac{4n+1-\sqrt{24n+33}}{4}$的所有正整数解为：

$m=6k^2-6k$，$n=6k^2-3k-1$，其中$k>1$的任意整数。证明完毕。

附录5

兼并的消费者剩余（福利）变化分析：

由于$1\leqslant m\leqslant n-1$以及兼并前的消费者剩余为$CS^*(n)=\frac{n^2(\beta-c)^2}{2(n+1)^2}$；而

兼并后的消费者剩余为 $CS^*(n-m)=\dfrac{(n-m)^2(\beta-c)^2}{2(n-m+1)^2}$。

故有：$CS^*(n-m)-CS^*(n)=\dfrac{(n-m)^2(\beta-c)^2}{2(n-m+1)^2}-\dfrac{n^2(\beta-c)^2}{2(n+1)^2}=-m(\beta-c)^2\left[\dfrac{(n-m)(n+1)+n(n-m+1)}{2(n+1)^2(n-m+1)^2}\right]<0$。

本章模型中任何兼并发生都会导致消费者剩余（福利）的下降。证明完毕。

附录 6

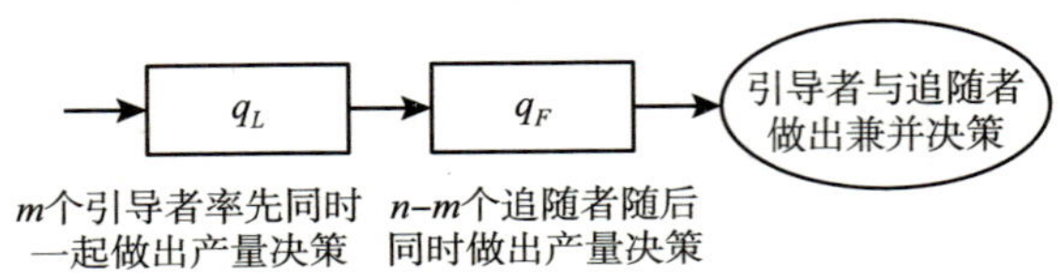

斯坦克尔博格兼并博弈示图

斯坦克尔博格产量竞争模型

假设 n 个企业的斯坦克尔博格模型中，引导者的个数为 m。这时共有 m 个企业为引导者，其余 $n-m$ 个企业为跟随者。博弈第一阶段：引导者企业有先动优势，同时决定产量；博弈第二阶段：跟随者看到引导者企业的选择后，才同时决定各自产量 $q_i(i=1,2\cdots n-m)$，这里我们把编号为企业 1、企业 2，…，企业 $n-m$ 称为追随者，把编号为企业 $n-m+1$，企业 $n-m+2$，…，企业 n 称为引导者。市场总产量 $Q=(q_1+q_2+\cdots+q_{n-m})+(q_{n-m+1}+q_{n-m+2}+\cdots+q_n)$，用逆向归纳法求解，跟随者、引导者企业此时依次最大化自己的利润，得到子博弈完美 NASH 均衡解。

追随者企业的利润函数分别为：

$\prod_i=pq_i=(1-q_1-q_2\cdots-q_i\cdots-q_{n-m}-q_{n-m+1}-q_{n-m+2}\cdots-q_n)q_i$ 其中 $i=1,2,\cdots,n-m$。

引导者企业的利润函数分别为：

$$\prod_k=pq_k=(1-q_1-q_2\cdots-q_i\cdots-q_{n-m}-q_{n-m+1}-q_{n-m+2}\cdots-q_n)q_k$$

其中 $k=n-m+1,\ n-m+2\cdots n$

分别使 $\prod_i(i=1,2\cdots n-m)$ 关于 q_i 一阶导数为零，得到追随者

企业的最优反应函数：

$$\frac{\partial \prod_1}{\partial q_1}=1-2q_1-q_2\cdots-q_{n-m}-(q_{n-m+1}+q_{n-m+2}+\cdots+q_n)=0$$

$$\frac{\partial \prod_2}{\partial q_2}=1-q_1-2q_2\cdots-q_{n-m}-(q_{n-m+1}+q_{n-m+2}+\cdots+q_n)=0$$

……

$$\frac{\partial \prod_{n-m}}{\partial q_{n-m}}=1-q_1-q_2\cdots-2q_{n-m}-(q_{n-m+1}+q_{n-m+2}+\cdots+q_n)=0$$

由于方程组的对称性，比较容易解出追随者企业的产量 q_1，q_2，…，q_{n-m}：

$$q_1=q_2=\cdots=q_{n-m}=\frac{1-(q_{n-m+1}+q_{n-m+2}+\cdots+q_n)}{n-m+1}$$

引导者企业知道其他这些追随者的这种决策思路，于是它就将 $q_i(i=1, 2, \cdots, n-m)$ 代入自己的利润函数，得到：

$$\begin{aligned}\prod_k &=[1-(n-m)\frac{1-(q_{n-m+1}+q_{n-m+2}+\cdots+q_n)}{n-m+1}\\&\quad-(q_{n-m+1}+q_{n-m+2}+\cdots+q_n)]q_k\\&=\frac{1-(q_{n-m+1}+q_{n-m+2}+\cdots+q_n)}{n-m+1}q_k;\ k=n-m+1,\ n-m+2\cdots n\end{aligned}$$

求导 $\frac{\partial \prod_k}{\partial q_k}$，其中 $k=n-m+1$，$n-m+2\cdots n$，得到引导者企业的最优反应函数：

$$\frac{\partial \prod_{n-m+1}}{\partial q_{n-m+1}}=\frac{1-(2q_{n-m+1}+q_{n-m+2}+\cdots+q_n)}{n-m+1}=0$$

$$\frac{\partial \prod_{n-m+2}}{\partial q_{n-m+2}}=\frac{1-(q_{n-m+1}+2q_{n-m+2}+\cdots+q_n)}{n-m+1}=0$$

………

$$\frac{\partial \prod_n}{\partial q_n}=\frac{1-(q_{n-m+1}+q_{n-m+2}+\cdots+2q_n)}{n-m+1}=0$$

由于方程组的对称性，比较容易解出引导者企业的产量 q_{n-m+1}，q_{n-m+2}，…，q_n。

$q_{n-m+1}=q_{n-m+2}\cdots=q_n=\frac{1}{m+1}$（每个引导者的产量）

$$q_1 = q_2 = \cdots = q_{n-m} = \frac{1-(q_{n-m+1}+q_{n-m+2}+\cdots+q_n)}{n-m+1}$$

$$= \frac{1-\frac{m}{m+1}}{n-m+1} = \frac{1}{(m+1)(n-m+1)}$$

市场总产量为：$Q = Q(n,\ m) = mq_k + (n-m)q_i = \frac{mn-m^2+n}{(m+1)(n-m+1)}$。

市场价格为：$p = 1 - Q(n,\ m) = \frac{1}{(m+1)(n-m+1)}$。

每个引导者的利润 $\prod_k = \frac{1}{(m+1)^2(n-m+1)}$，这里 $k = n-m+1,\ n-m+2,\ \cdots,\ n$。

每个追随者的利润 $\prod_i = \frac{1}{(m+1)^2(n-m+1)^2}$，这里 $i = 1,\ 2\cdots n-m$。

附录 7

“大鱼吃小鱼”式兼并社会福利分析。

兼并前后的总产量分别为：

$$Q^{pre}(n,\ m) = \frac{mn-m^2+n}{(m+1)(n-m+1)},$$

$$Q^{post}(n-1,\ m) = \frac{m(n-1)-m^2+(n-1)}{(m+1)(n-m)}$$

兼并前后的总产量之差为：

$$Q^{post} - Q^{pre} = \frac{m(n-1)-m^2+(n-1)}{(m+1)(n-m)} - \frac{mn-m^2+n}{(m+1)(n-m+1)}$$

$$= \frac{-1}{(m+1)(n-m+1)(n-m)}$$

为了表达式表述简洁，令 $x = n-m$，x 为初始条件下追随者的数目。

兼并前后的总产量之和为：

$$Q^{post} + Q^{pre} = \frac{m(n-1)-m^2+(n-1)}{(m+1)(n-m)} + \frac{mn-m^2+n}{(m+1)(n-m+1)}$$

$$= \frac{m(x-1)+(n-1)}{(m+1)x} + \frac{mx+n}{(m+1)(x+1)}$$

$$= \frac{m(x^2-1)+(x+1)(n-1)}{(m+1)x(x+1)} + \frac{mx^2+nx}{(m+1)x(x+1)}$$

$$= \frac{m(x^2-1)+(x+1)(n-1)+mx^2+nx}{(m+1)x(x+1)} = \frac{2mx^2+2nx-1}{(m+1)x(x+1)}$$

而我们知道：$CS^{post} - CS^{pre} = \frac{1}{2}[(Q^{post})^2 - (Q^{pre})^2] = \frac{1}{2}(Q^{post} + Q^{pre})(Q^{post} - Q^{pre}) = \frac{1}{2}\frac{2mx^2+2nx-1}{(m+1)x(x+1)}\frac{-1}{(m+1)(n-m+1)(n-m)}$

兼并前 $\prod_L(n, m) = \frac{1}{(m+1)^2(n-m+1)}$，$\prod_F(n, m) = \frac{1}{(m+1)^2(n-m+1)^2}$。

兼并前生产者剩余为：

$$\begin{aligned}\sum\prod^{pre} &= m\prod_L(n, m) + (n-m)\prod_F(n, m)\\ &= \frac{m}{(m+1)^2(n-m+1)} + \frac{n-m}{(m+1)^2(n-m+1)^2}\\ &= \frac{m(n-m+1)+n-m}{(m+1)^2(n-m+1)^2} = \frac{mx+m+x}{(m+1)^2(n-m+1)^2}\\ &= \frac{mx+m+x}{(m+1)^2(x+1)^2}\end{aligned}$$

兼并后生产者剩余为：

$$\sum\prod^{post} = \frac{m}{(m+1)^2(n-m)} + \frac{n-m-1}{(m+1)^2(n-m)^2} = \frac{mx+n-m-1}{(m+1)^2x^2}$$

兼并前后生产者剩余之差为：

$$\begin{aligned}\sum\prod^{post} - \sum\prod^{pre} &= \frac{mx+n-m-1}{(m+1)^2x^2} - \frac{mx+m+x}{(m+1)^2(x+1)^2}\\ &= \frac{(mx+n-m-1)(x+1)^2 - x^2(mx+m+x)}{(m+1)^2x^2(x+1)^2}\\ &= \frac{(x+1)[(mx+n-m-1)(x+1) - x^2m] - x^3}{(m+1)^2x^2(x+1)^2}\\ &= \frac{mx^2 - x + x^2 + mx - 1}{(m+1)^2x^2(x+1)^2}\end{aligned}$$

由于兼并前的社会福利：$SW^{pre} = CS^{pre} + \sum\prod^{pre}$，兼并后的社会福利为：$SW^{post} = CS^{post} + \sum\prod^{post}$，所以兼并前后的社会福利之差为：

$$\begin{aligned}\Delta SW &= SW^{post} - SW^{pre}\\ &= CS^{post} - CS^{pre} + \sum\prod^{post} - \sum\prod^{pre}\end{aligned}$$

$$= (CS^{post} - CS^{pre}) + (\sum \prod^{post} - \sum \prod^{pre})$$

$$\Delta SW = \frac{2mx^2 - 2x + 2x^2 + 2mx - 2 - 2mx^2 - 2nx + 1}{2(m+1)^2x^2(x+1)^2}$$

$$= \frac{-2x + 2x^2 + 2mx - 1 - 2nx}{2(m+1)^2x^2(x+1)^2} = \frac{-2x + 2x^2 - 1 - 2x^2}{2(m+1)^2x^2(x+1)^2}$$

$$= \frac{-(2x+1)}{2(m+1)^2x^2(x+1)^2} < 0$$

故“大鱼吃小鱼”式兼并发生后，会造成社会福利下降。

“强强联合”式兼并社会福利分析。

兼并前后的总产量分别为：

$$Q^{pre}(n, m) = \frac{mn - m^2 + n}{(m+1)(n-m+1)},\ Q^{post}(n-1, m-1)$$

$$= \frac{m(n-1) - (m-1)^2}{m(n-m+1)}$$

为了表达式表述简洁，令 $x = n - m$，x 为初始条件下追随者的数目。

兼并前后的总产量之差为：

$$Q^{post} - Q^{pre} = \frac{m(n-1) - (m-1)^2}{m(n-m+1)} - \frac{mn - m^2 + n}{(m+1)(n-m+1)}$$

$$= \frac{-1}{(m+1)(n-m+1)(n-m)} = \frac{-1}{(m+1)(x+1)m}$$

兼并前后的总产量之和为：

$$Q^{post} + Q^{pre} = \frac{m(n-1) - (m-1)^2}{m(n-m+1)} + \frac{mn - m^2 + n}{(m+1)(n-m+1)}$$

$$= \frac{m(n-1) - (m-1)^2}{m(x+1)} + \frac{mx + n}{(m+1)(x+1)}$$

$$= \frac{m(n-1)(m+1) - (m-1)^2(m+1)}{m(x+1)(m+1)}$$

$$+ \frac{mmx + nm}{m(m+1)(x+1)} = \frac{2nm + 2m^2x - 1}{m(x+1)(m+1)}$$

而我们知道：

$$CS^{post} - CS^{pre} = \frac{1}{2}[(Q^{post})^2 - (Q^{pre})^2] = \frac{1}{2}(Q^{post} + Q^{pre})(Q^{post} - Q^{pre})$$

$$= \frac{1}{2}\frac{2nm + 2m^2x - 1}{m(m+1)(x+1)}\left[\frac{-1}{(m+1)(x+1)m}\right]$$

兼并前生产者剩余为：

$$\sum\prod^{pre} = \frac{mx+m+x}{(m+1)^2(n-m+1)^2} = \frac{mx+m+x}{(m+1)^2(x+1)^2}$$

兼并后引导者与跟随者的利润分别为：

$$\prod_L(n-1,m-1) = \frac{1}{m^2(n-m+1)},$$

$$\prod_F(n-1,m-1) = \frac{1}{m^2(n-m+1)^2}$$

兼并后生产者剩余为：

$$\sum\prod^{post} = \frac{m-1}{m^2(n-m+1)} + \frac{n-m}{m^2(x+1)^2} = \frac{(x+1)(m-1)}{m^2(x+1)^2} + \frac{x}{m^2(x+1)^2} = \frac{xm+m-1}{m^2(x+1)^2}$$

兼并前后生产者剩余之差为：

$$\begin{aligned}\sum\prod^{post} - \sum\prod^{pre} &= \frac{xm+m-1}{m^2(x+1)^2} - \frac{mx+m+x}{(m+1)^2(x+1)^2}\\ &= \frac{(m+1)^2(xm+m-1)}{(m+1)^2m^2(x+1)^2} - \frac{m^3x+m^3+m^2x^2}{m^2(m+1)^2(x+1)^2}\\ &= \frac{m^2-m+m^2x+mx-1}{m^2(m+1)^2(x+1)^2}\end{aligned}$$

由于兼并前的社会福利 $SW^{pre} = CS^{pre} + \sum\prod^{pre}$，兼并后的社会福利为：$SW^{post} = CS^{post} + \sum\prod^{post}$，所以兼并前后的社会福利之差为：

$$\begin{aligned}\Delta SW &= SW^{post} - SW^{pre}\\ &= CS^{post} - CS^{pre} + \sum\prod^{post} - \sum\prod^{pre}\\ &= (CS^{post} - CS^{pre}) + \left(\sum\prod^{post} - \sum\prod^{pre}\right)\end{aligned}$$

$$\Delta SW = \frac{2xm^2-m+nm-1-m^2x^2}{m^2\ (m+1)^2\ (x+1)^2} - \frac{2nm+2m^2x-1}{2\ (m+1)\ (x+1)\ m}$$

$$\left[\frac{1}{m\ (x+1)\ (m+1)}\right] = \frac{-\ (2m+1)}{m^2\ (m+1)^2\ (x+1)^2} < 0$$

所以，“强强联合”式兼并发生后，也会导致社会福利下降。

“弱弱联合”式兼并社会福利分析。

$n-m$ 个追随者中二个追随者的合并，这意味着在二个追随者合并一个之后，新合并的企业仍然属于追随者的行列，故兼并之后市场将会有 $n-m-1$ 个追随者，但是依然还有 m 个引导者企业，市场企业总个数

变为 $n-1$，这时的兼并俗称“弱者联合”，于是新合并的追随者的利润等于：

$$\prod_F(n-1,m)=\frac{1}{(m+1)^2(n-m)^2},$$

$$\prod_L(n-1,m)=\frac{1}{(m+1)^2(n-m)}$$

为了表达式表述简洁，令 $x=n-m$，x 为初始条件下追随者的数目。

兼并后生产者剩余为：

$$\begin{aligned}\sum\prod^{post}&=m\prod_L(n-1,m)+(n-m-1)\prod_F(n-1,m)\\&=\frac{m}{(m+1)^2\ (n-m)}+\frac{n-m-1}{(m+1)^2\ (n-m)^2}\\&=\frac{m}{(m+1)^2x}+\frac{x-1}{(m+1)^2x^2}=\frac{mx+x-1}{(m+1)^2x^2}\end{aligned}$$

兼并前生产者剩余为：

$$\sum\prod^{pre}=\frac{mx+m+x}{(m+1)^2(n-m+1)^2}=\frac{mx+m+x}{(m+1)^2(x+1)^2}$$

兼并前后生产者剩余之差：

$$\begin{aligned}\sum\prod^{post}-\sum\prod^{pre}&=\frac{mx+x-1}{(m+1)^2x^2}-\frac{mx+m+x}{(m+1)^2(x+1)^2}\\&=\frac{x^2-x+mx^2+mx-1}{x^2(m+1)^2(x+1)^2}\end{aligned}$$

$Q^{pre}(n,\ m)=\dfrac{mn-m^2+n}{(m+1)(n-m+1)}$，$Q^{post}(n-1,\ m)=\dfrac{m(n-1)-m^2+(n-1)}{(m+1)(n-m)}$

兼并前后的总产量之差为：

$$\begin{aligned}Q^{post}-Q^{pre}&=\frac{m(n-1)-m^2+(n-1)}{(m+1)(n-m)}-\frac{mn-m^2+n}{(m+1)(n-m+1)}\\&=\frac{[m(n-1)-m^2+(n-1)](n-m+1)}{(n-m+1)(m+1)(n-m)}\\&\quad-\frac{(mn-m^2+n)(n-m)}{(m+1)(n-m+1)(n-m)}=\frac{-1}{(m+1)(n-m+1)(n-m)}\end{aligned}$$

兼并前后的总产量之和为：

$$\begin{aligned}Q^{post}+Q^{pre}&=\frac{m(x-1)+(n-1)}{(m+1)x}+\frac{mx+n}{(m+1)(x+1)}\\&=\frac{m(x^2-1)+(n-1)(x+1)+mx^2+nx}{(m+1)x(x+1)}\end{aligned}$$

$$=\frac{2mx^2+2nx-1}{(m+1)x(x+1)}$$

$$\Delta SW=(CS^{post}-CS^{pre})+(\sum\prod^{post}-\sum\prod^{pre})\frac{x^2-x+mx^2+mx-1}{x^2(m+1)^2(x+1)^2}$$

$$-\frac{1}{2(m+1)(x+1)x}\frac{2mx^2+2nx-1}{(m+1)x(x+1)}=\frac{-2x-1}{2x^2(m+1)^2(x+1)^2}<0$$

故“弱弱联合”式兼并发生后，会造成社会福利下降。

“蛇吞象”式兼并社会福利分析：

一个追随者兼并一个引导者，即一个弱者吃掉强者，兼并之后的“身份”在市场结构仍属于追随者的行列，故兼并之后将仍就有 $n-m$ 个追随者，但是有 $m-1$ 个引导者，市场企业总个数变为 $n-1$，这时的兼并俗称‘蛇吞象’式兼并，于是新合并的追随者的利润等于：

$$\prod_F(n-1,\ m-1)=\frac{1}{m^2(n-m)^2},$$

为了表达式表述简洁，令 $x=n-m$，x 为初始条件下追随者的数目。

$$Q^{pre}(n,\ m)=\frac{mn-m^2+n}{(m+1)(n-m+1)},$$

$$Q^{post}(n-1,\ m-1)=\frac{m(n-1)-(m-1)^2}{m(n-m+1)}$$

兼并前后的总产量之差为：

$$Q^{post}-Q^{pre}=\frac{m(n-1)-(m-1)^2}{m(n-m+1)}-\frac{mn-m^2+n}{(m+1)(n-m+1)}$$

$$=\frac{m(n-1)(m+1)-(m+1)(m-1)^2-m^2n+m^3-nm}{m(n-m+1)(m+1)}$$

$$=\frac{-1}{m(n-m+1)(m+1)}$$

兼并前后的总产量之和为：

$$Q^{post}+Q^{pre}=\frac{m(n-1)-(m-1)^2}{m(n-m+1)}+\frac{mn-m^2+n}{(m+1)(n-m+1)}$$

$$=\frac{m(n-1)(m+1)-(m+1)(m-1)^2+m^2n-m^3+nm}{m(n-m+1)(m+1)}$$

$$=\frac{2mx+1+2m^2x}{m(n-m+1)(m+1)}$$

兼并前生产者剩余为：

$$\sum\prod^{pre}=\frac{mx+m+x}{(m+1)^2(n-m+1)^2}=\frac{mx+m+x}{(m+1)^2(x+1)^2}$$

兼并后生产者剩余为:

$$\sum\prod^{post}=(m-1)\prod_L(n-1,m)+(n-m)\prod_F(n-1,m-1)$$
$$=\frac{mx+m-1}{m^2\ (x+1)^2}$$

兼并前后生产者剩余之差:

$$\sum\prod^{post}-\sum\prod^{pre}=\frac{mx+m-1}{m^2(x+1)^2}-\frac{mx+m+x}{(m+1)^2(x+1)^2}$$
$$=\frac{(m+1)^2(mx+m-1)}{m^2(x+1)^2(m+1)^2}-\frac{(mx+m+x)m^2}{m^2(m+1)^2(x+1)^2}$$
$$=\frac{m^2-m+m^2x+mx-1}{m^2(x+1)^2(m+1)^2}$$

所以，兼并前后的社会福利之差为:

$$\Delta SW=SW^{post}-SW^{pre}$$

$$\Delta SW=(CS^{post}-CS^{pre})+(\sum\prod^{post}-\sum\prod^{pre})$$
$$=-\frac{1}{2}\frac{2mx+1+2mmx}{m^2(m+1)^2(x+1)^2}+\frac{m^2x+mm-m+mx-1}{m^2(m+1)^2(x+1)^2}$$
$$=\frac{2m^2x+2mm-2m+2mx-2-2nm-2m^2x+1}{2m^2(m+1)^2(x+1)^2}$$
$$=\frac{-2m-1}{m^2(m+1)^2(x+1)^2}<0$$

故“蛇吞象”式兼并发生后，会造成社会福利下降。

参 考 文 献

一、中文部分

[1] [意] 马西莫·莫塔:《竞争政策理论与实践》,沈国华译,上海财经大学出版社 2006 年版,第 199 页。

[2] 张地生、陈宏民:《横向兼并动机分析》,载《管理工程学报》2001 年第 15 卷第 4 期,第 1 ~3 页。

[3] 马新安、冯芸、张列平:《上下游企业的横向兼并策略研究》,载《管理工程学报》2000 年第 14 卷第 3 期,第 28 ~31 页。

[4] 钟德强、仲伟俊、罗定提:《企业内部激励机制与兼并效应》,载《系统工程学报》2004 第 4 期,第 378 ~386 页。

[5] 贾红睿、陈宏民:《差异化产品厂商系列横向兼并》,载《预测》2001 年第 20 卷,第 3 期,第 60 ~64 页。

[6] 化冰、陈宏民:《基于生产能力约束的差异化产品企业兼并模型》,载《系统工程》2001 年第 19 卷第 6 期,第 51 ~54 页。

[7] 化冰、陈宏民:《基于产品差异的企业横向兼并研究》,载《预测》2003 年第 22 卷第 1 期,第 68 ~70 页。

[8] 方晓东、张地生、唐文虎:《企业兼并的产品协同效应》,载《预测》2002 年第 21 卷第 5 期,第 66 ~69 页。

[9] 夏同水、徐伟宣:《兼并效应与产品覆盖策略》,载《管理科学学报》2002 年第 5 卷第 3 期,第 50 ~55 页。

[10] 霍光顺、李仕明:《基于上游企业的纵向兼并效应分析》,载《预测》2004 年第 1 期,第 47 ~50 页。

[11] 化冰、陈宏民、潘晓军:《上游市场进入的企业兼并动态博弈模型》,载《上海交通大学学报》2003 年第 4 期,第 600 ~603 页。

[12] 周海蓉:《纵向一体化竞争效应的模型分析上海电机学院学

报》，载《上海电机学院学报》2005 年第 10 期，第 74 ~78 页。

[13] 张地生、陈宏民：《纵向兼并的效应分析》，载《系统工程学报》2001 年 12 月第 16 卷第 6 期，第 425 ~429 页。

[14] 马新安、张列平：《上下游企业的兼并选择策略》，载《系统工程理论方法应用》2001 年第 1 期，第 52 ~55 页。

[15] 张军、陈宏民：《企业兼并模式抉择策略》，载《系统工程理论方法应用》1997 年第 6 卷第 3 期。

[16] 张福利、白宇欣、达庆利：《基于下游企业具有不同战略力量的纵向兼并》，载《数量经济与技术经济研究》2004 年第 9 期，第 101 ~110 页。

[17] 陈宏民、Anming Zhang：《企业间的横向合并与国际贸易》，载《系统工程理论方法应用》1994 年第 3 期，第 26 ~32 页。

[18] 陈宏民：《开放经济环境下企业兼并引起的利益冲突》，载《上海交通大学学报》1998 年第 32 卷第 3 期，第 48 ~52 页。

[19] 王强、王浣尘、陈宏民：《开放经济环境下企业间的横向合并》，载《系统工程理论方法应用》1997 年第 6 卷第 4 期，第 10 ~14 页。

[20] 张地生、陈宏民、贾红睿：《开放经济环境中的横向兼并》，载《上海交通大学学报》2001 年第 35 卷第 6 期，第 909 ~913 页。

[21] 本杰明·克莱因：《契约与激励：契约条款在履行中的作用》，载于《契约经济学》，经济科学出版社 1999 年版。

[22] 莫晓芳、彭真善：《信息不对称条件下企业跨国兼并的动因探析》，载《经济与管理》2006 年第 11 期，第 40 ~43 页。

[23] 郑迎飞、陈宏民：《外资驱动行业重组的动机和社会福利效应分析》，载《系统工程学报》2007 年第 4 期，第 419 ~424 页。

[24] [美] 弗雷德·威斯通、郑光、苏珊·侯格：《兼并、重组与公司控制》，唐旭等译，经济科学出版社 1998 年版，第 87 页。

[25] [美] H·范里安：《微观经济学：现代观点》，上海三联书店、上海人民出版社 1994 年版。

[26] [美] 刘易斯·卡布兰：《产业组织导论》，胡汉辉译，人民邮电出版社 2002 年版，第 263 ~271 页。

[27] 王东杰：《效率纳入企业兼并反垄断审查中的国外政策》，载《生产力研究》2006 年第 7 期，第 199 ~200 页。

[28] 吴琪、白源：《跨国兼并中的中国式短板》，载《中国企业家》2005 年第 1 期，第 26 ~ 28 页。

[29] [德] 埃尔玛·沃夫斯岱特：《高级微观经济学——产业组织理论、拍卖和激励理论》，范翠红译，上海财经大学出版社 2003 年版，第 102 ~ 104 页。

[30] 骆品亮：《产业组织学》，复旦大学出版社 2006 年版。

[31] 施锡铨：《博弈论》，上海财经大学出版社 2000 年版，第 360 ~ 401 页。

[32] [美] 戴维·贝赞可等：《公司战略经济学》，武亚军译，北京大学出版社 1999 年版，第 199 ~ 208 页。

[33] [美] 迈克尔·温斯顿：《反垄断经济学前沿》，张嫚、吴绪亮等译，上海财经大学出版社 2006 年版，第 135 ~ 149 页。

[34] 刘洋：《纵向一体化理论述评》，载《华南理工大学学报》（社会科学版）2002 年第 4 卷第 1 期，第 41 ~ 45 页。

[35] 张维迎：《博弈论与信息经济学》，上海三联出版社 1996 年版。

[36] 于立、吴绪亮、刘慷：《反垄断法的经济学基础：历史、趋势与难题》（讨论稿）东北财经大学产业组织与企业组织研究中心工作论文，2009 年。

[37] [日] 植草益等：《日本的产业组织》，锁箭译，经济管理出版社 2000 年版。

[38] [美] 克里斯·弗里曼、罗克·苏特：《工业创新经济学》，华宏勋，华宏慈译，北京大学出版社 2004 年版。

[39] [法] 泰勒尔：《产业组织理论》，张维迎译，中国人民大学出版社 1997 年版，第 521 ~ 533 页。

[40] [美] 马斯·科莱尔、温斯顿，格林：《微观经济学》，刘文忻，李绍荣译，中国社会科学出版社 2001 年版。

[41]《中国兼并与股权投资基金年鉴（2007）》全国工商联兼并公会编著，首都经济贸易大学出版社 2007 年版。

[42] 张金鑫主编：《中国企业兼并年鉴（2007）》，中国经济出版社 2007 年版。

[43]《中国企业兼并年鉴（2008）》，北京交通大学企业兼并与重组研究中心编写，中国经济出版社 2008 年版。

[44] [日] 加藤和也、黑川信重等:《数论》，胥鸣伟，印林生译，高等教育版社 2009 年版。

[45] 刘文通:《公司兼并收购论》，北京大学出版社 1997 年版。

[46] 安果、伍江:《基于协同效应的企业横向兼并的模型研究》，载《当代财经》2007 年第 10 期，第 72 ~ 76 页。

[47] 伍江:《不完全信息下跨国兼并模型分析》载《新疆财经》2007 年第 4 期。

[48] 伍江:《产业结构低端化与西部技术创新》，载《西南民族大学学报》2009 年第 8 期。

[49] 安果、伍江:《外资兼并国内企业与国家产业安全》，载《广东社会科学》2007 年第 6 期，第 30 ~ 36 页。

[50] 伍江:《外商直接投资在我国技术溢出效应的分析——基于 Bertrand 竞争的视角》，载《软科学》2007 年第 6 期。

[51] 伍江:《产品内分工，技术扩散与我国技术进步的路径——基于 Spengler 模型的拓展分析》，载《研究发展》2012 年第 7 期。

[52] 伍江:《Stackelberg 横向兼并博弈的分析》，载《华东经济管理研究》2008 年第 3 期，第 148 ~ 153 页。

[53] 伍江:《考虑固定成本的横向兼并模型的分析》，载《贵州财经学院学报》2009 年第 3 期。

[54] 伍江:《国内外兼并理论模型拓展研究评述》，载《商业时代》2010 年第 25 期。

[55] 安果、伍江:《产业特性、市场结构与产业创新》，载《广东社会科学》2010 年第 3 期。

[56] 董红霞:《美国欧盟横向兼并指南研究》，中国经济出版社 2007 年版。

二、英文部分

[57] S. W. Salant, S. Switzer and R. J. Reynolds Losses from Horizontal Mergers: The Effects of An Exogenous Change in Industry Structure on Cournot Nash Equilibrium [J]. Quarterly Journal of Economecs, Vol. 98, No. 2, April 1983, pp. 185 – 199.

[58] A. Banerjee and E. W. Eckard, Are Mega – mergers Anticompeti-

tive? Evidence from the First great Merger wave. *Rand Journal of Economics*, Vol. 29, No. 4, 1998, pp. 803 – 827.

[59] M. Pesendorfer, Horizontal Mergers in the Paper industry, NBER Working Paper No. 6751. October 1988.

[60] Federal Trade Commission Promoting competition, protecting consumers: A explain English guide to antitrust laws. 1999.

[61] B. E. Eckbo, Horizontal Mergers, Collusion, and Equilibrium Analysis. *Journal of Financial Economics*, No. 11, 1983, pp. 241 – 273.

[62] R. Stillman, Examining Antitrust Policy toward Horizontal Mergers. *Journal of Financial Economics*, 1983, Vol. 11, No. 4, 1998, pp. 225 – 240.

[63] A. Banerjee and E W. Eckard Are megamergers anticompetitive? Evidence from the First great Merger Wave. *Rand Journal of Economics*, Vol. 29, No. 4, 1998, pp. 803 – 827.

[64] M. K. Perry and R. H. Porter. Ologopoly, and the Incentives for Horizontal Merger. *American Economic Review*, Vol. 75, No. 1, 1985, pp. 219 – 227.

[65] M. K. Perry, Vertical Integration: The Monopsony Case. *American Economic Review*, Vol. 68, No. 4, 1978.

[66] Johan Stennek, Horizontal Mergers without Synergies May Increase Consumer Welfare. *The B. E. Journal in Economic Analysis & Policy*, Vol. 3, No. 1, 2003.

[67] M. I. Kamien and I. Zang Monopolization by Sequential Acquisition. . *Economics and Organization*, Vol. 42, No. 3, 1993, pp. 205 – 229.

[68] Van Wegberg, Why Do Mergers Occur in Waves? Business Cycles, Bandwagons and the Merger for Market power Paradox. METEOR Discussion paper, 1994.

[69] K. H. Baik, Horizontal Mergers of Price – setting Firms with Sunk Capacity Costs. *Quarterly Review of Economics and Finance*, *Elsevier*, Vol. 35, No. 3, 1990. pp. 245 – 256.

[70] J. Farrell and C. Shapiro, Horizontal Mergers: An Equilibrium Analysis. *American Economic Review*, Vol. 80, No. 1, 1990. pp. 107 – 126.

[71] R. P. McAfee and M. A Williams, Horizontal Mergers and Antitrust Policy, *The Journal of Industrial Economics*, Vol. 40, No. 2, 1992, pp. 181 – 187.

[72] G. Werden and L. Froeb, The Entry-inducing Effects of Horizontal Mergers. *Journal of Industrial Economics*, Vol. 46, No. 4, 1998, pp. 525 – 543.

[73] S. David, Horizontal Mergers, Entry, and Efficiency Defences. *International Journal of Industrial Organization*, Vol. 21, No. 10, 2003, pp. 1591 – 1600.

[74] J. Farrell and C. Shapiro, Scale Economies and Synergies in Horizontal Merger Analysis. *Antitrust Law Journal*, Vol. 68, No. 3, 2001, pp. 685 – 710.

[75] R. Deneckere and C. Davidson, Incentives on Form Coalitions with Bertrand Competition. *Rand Journal of Economics*, Vol. 16, No. 4, 1985, pp. 473 – 486.

[76] M. I. Kamien and I. Zang, The Limits of Monopolization through Acquisition. *Quarterly Journal of Economics*, Vol. 105, No. 2, 1990, pp. 465 – 499.

[77] M. I. Kamien and I. Zang, Competitively Cost Advantageous Mergers and Monopolization. *Games of Economic Behavior*, Vol. 3, No. 3, 1991, pp. 323 – 338.

[78] G. Gaudet, and S. W. Salant, Towards A Theory of Horizontal Mergers. In: Norman G, M. La Manna (Eds.), The New Industrial Economics. Edward Elgar, Aldershot, 1992, pp. 137 – 159.

[79] V. Rodrigues, Endogenous Mergers and Market Structure. *International Journal of Industrial Organization*, Vol. 19, No. 8, 2001, pp. 1245 – 1261.

[80] H. Horn and L. Persson, Endogenous Mergers in Concentrated Markets.. *International Journal of Industrial Organization*, Vol. 19, No. 8, 2001, pp. 1213 – 1244.

[81] T. Nilssen and L Sorgard, Sequential Horizontal Mergers. *European Economic Review*, Vol. 42, No. 9, 1998, pp. 1683 – 1702.

[82] R. Fauli – Oller Takeover Waves. Journal of Economics & Management Strategy, Vol. 9, No. 2, Summer 2000, pp. 189 – 210.

[83] G. Gowrisankaran, A Dynamic Model of Endogenous Horizontal Mergers. *Rand Journal of Economics*, Vol. 30, No. 1, 1999, pp. 56 – 83.

[84] P. Stephen and F. M. Charles, On the Welfare Effects of Mergers: Short run vs Longrun. *The Quarterly Review of Economics and Finance*, Vol. 38, No. 1, 1998, pp. 1 – 24.

[85] S. Ziss, Horizontal mergers and delegation. *International Journal of Industrial Organization*, Vol. 19, No. 8, 2001, pp. 471 – 492.

[86] M. Gonzalez – Maestre and J. Lopez – Cunat, Delegation and Mergers in Oligopoly. *International Journal of Industrial Organization*, Vol. 19, No. 8, 2001, pp. 1263 – 1279.

[87] K. E. Lommerud, and L Sorgard, Merger and Product Range Rivalry. . *International Journal of Industrial Organization*, Vol. 16, No. 1, Nov. 1997, pp. 21 – 42.

[88] J. J. Spengler, Vertical Integration and Antitrust Policy. *Journal of Political Economy*, Vol. 58, No. 4, 1950, pp. 347 – 352.

[89] J. M. Vernon and D. A. Graham, Profitability of Monopolists by Vertical Integration. *Journal of Political Economy*, Vol. 79, No. 4, 1971, pp. 924 – 925.

[90] M. L. Greenhut and H. Ohta, Related Market Conditions and Interindustrial Mergers. *American Economic Review*, Vol. 66, No. 3, 1976, pp. 267 – 277.

[91] M. L. Greenhut and H. Ohta. Vertical Integration of Successive Oligopolists. *American Economic Review*, Vol. 69, No. 1, 1979, pp. 137 – 141.

[92] E. Avenel and C. Barlet, Vertical foreclosure, Technological Choice, and Entry on the Intermediate Market. *Journal of Economics & Management Strategy* , Vol. 9, No. 2, 2000, pp. 211 – 230.

[93] O. Hart and J. Tirole, Vertical Integration and Market Foreclosure, Brookings Papers on Economic Activity: Microeconomics, 1990, NBER Reprint No. 1517, pp. 205 – 286.

[94] M. A. Salinger, Vertical Mergers and Market Foreclosure. *Quarterly Journal of Economics*, Vol. 103, No. 2, 1988, pp. 345 – 356.

[95] J. A. Ordover, G.. Saloner and S. Salop, Equilibrium Vertical Foreclosure. *American Economic Review*, Vol. 80, No. 1, 1990, pp. 127 – 142.

[96] D. Reiffen, Equilibrium vertical foreclosure: comment, *The American Economic Review*, Vol. 82, No. 3, 1992, pp. 694 – 697.

[97] O. Hart and J. Tirole, Vertical Integration and Market Foreclosure, Brookings Papers on Economic Activity: Microeconomics, 1990, pp. 205 – 286. NBER Reprint No. 1517.

[98] M. H. Riordan, Anticompetitive Vertical Integration by a Dominant Firm. *American Economic Review*, Vol. 88, No. 5, 1998, pp. 1232 – 1248.

[99] L. Linnemer, Backward Integration By a Dominant Firm. *Journal of Economics & Management Strategy*, Vol. 12, No. 2, 2003. pp. 231 – 259.

[100] Y. M. Chen, On Virtica Mergers and their Competitive effects. *Land Journal Of Economics*, Vol. 32, No. 4, 2001, pp. 667 – 685.

[101] J. S. McGee and L. R. Bassett, Vertical Integration Revisted., *Journal of Law and Economics*, Vol. 19, No. 1, 1976, pp. 17 – 38.

[102] R. P. McAfee, The Effects of Vertical Integration on Competing Inputs Suppliers. *Economic Review*, *Federal Reserve Bank of Cleveland*, No. 1, 1999, pp. 2 – 8.

[103] J. F. Hennart and Y. R. Park, Greenfield vs. Acquisition: The Strategy of Japanese Investors to Enter the United States through Acquisitions? *Management Science*, Vol. 39, No. 3, 1993, pp. 290 – 313

[104] P. J. Buckley and M. Casson, Models of the Multinational enterprise. *Journal of International Business Studies*, Vol. 29, No. 1, 1998, pp. 21 – 44.

[105] J. Anand and A. Delios, Absolute and Relative Resources as Determinants of International Acquisitions. *Strategic Management Journal*, Vol. 23, No. 2, 2002, pp. 119 – 134.

[106] N. V. Long and J. Vousden, The Effects of Trade Liberalization on Cost – reducing Horizontal Mergers. *Review of International Economics*,

Vol. 3, No. 2, 1995, pp. 141 – 155.

[107] H. Horn and J Levinsohn, Merger Policies and Trade Liberalization. Economic Journal, *Royal Economic Society*, vol. 111 (470), April 2001, pp. 244 – 276.

[108] W. Cohen, R. Levin and S. Klepper, A Reprise of Size and R&D, the Effects. *Economic Journal*, Vol. 106, 1996, pp. 925 – 951.

[109] R. Deneckere and C. Davidson, Incentives to Form Coalitions with Bertrand Competition. *RAND Journal Of Economics*, Vol. 16, No. 3, 1985, pp. 473 – 486.

[110] M. K. Perry and R. H. Porter, Oligopoly and the Incentives for Horizontal Merger. American Economic Review, Vol. 75, 1985, pp. 219 – 227.

[111] O. E. Williamson, Economies as An Antitrust defense: the Welfare Tradeoffs. *American Economic Review*, Vol. 58, No. 1, 1968, pp. 18 – 36.

[112] A. C. Harberger, Monopoly and Resource Allocation. *American Economic Review*, Vol. 44, No. 2, May 1954, pp. 77 – 87.

[113] R. P. McAfee and M A. Williams, Horizontal Mergers and Antitrust Policy. *The Journal of Industrial Economics*, Vol. 11, No. 2, 1992, pp. 181 – 187.

[114] Johan Stennek, Horizontal Mergers without Synergies May Increase Consumer Welfare. *The B. E. Journal in Economic analysis & Policy*, Vol. 3, No. 1, 2003.

[115] L. Pepall, D. Richards and G. Norman, Industrial Organization: Contemporary Theory and Practice. Cincinnati: South – Western College Publishing, 1999, p. 409.

[116] Department of Justices (U. S.) Horizontal Merger Guidelines [Z]. 2010, Washington, D. C.

[117] M. Waterson, Regulation of the Firm and Natural Monopoly, Oxford: Basil Blackwell, 1988, pp. 164 – 165.

[118] H. D. Hopkins, Cross – border Merger and Acquisition: Global and Regional Perspectives. *Journal of international Management*, Vol. 5,

No. 3, 1999, pp. 207 –239.

[119] Steffen Huck, Kai A. Konrad, Wieland Muller. Big Fish Eat Small Fish: on Merger in Stackelberg markets. Economics Letters, Vol. 73, No. 2, 2001, pp. 213 –217.

[120] J. S. Bain, Barriers to New Competition, Combridge Mass Harvand University Press, 1956.

[121] R. H. Bork, The Antitrust Paradox: A Policy at War with Itself Basic Book Inc. Publishers, 1978.

[122] J. M. Vernon and D. A. Graham, Profitability of Monopolists by Vertical Integration. *Polit.. Econ*, Vol. 79, 1971, pp. 924 –925.

[123] M. L. Greenhut and H. Ohta, Vertical Integration of Successive Oligopolists. *The American Economic Review*, Vol. 69, No1, 1979, pp. 137 –141.

[124] R. D. Blair and D. L. Kaserman, *Antitrust Economics*, Homewood, Illinois: Richard D. IRWIN, Inc. 1985, pp. 295 –304.

[125] M. H. Morse, Vertical mergers: recent learning. *The Business Lawyer*, Vol. 53, No4, 1998, pp. 1217 –1248

[126] S. C. Salop, and D. T. Scheffman, Cost – raising strategies. *The Journal of Industrial Economics*, Vol. 36, No1, 1987, pp. 19 –34.

[127] M. A. Salinger, Vertical Mergers and Market Foreclosure. *Quarterly Journal of Economics*, Vol. 103, No2, 1988, pp. 345 –356.

[128] J. A. Ordover, G.. Saloner and S. C. Salop, Equilibrium Vertical Foreclosure. *American Economic Review*, Vol. 80, No. 1, 1990, pp. 127 –142.

[129] O. Hart and J. Tirole, Vertical Integration and Market Foreclosure, Brookings Papers on Economic Activity: Microeconomics, 1990, pp. 205 –286. NBER Reprint No. 1517.

[130] D. Reiffen, Equilibrium vertical foreclosure: comment. *American Economic Review*, Vol. 82, No. 3, 1992, pp. 694 –697.

[131] Y. Chen. On vertical mergers and their competitive effects. *Rand Journal of Economics*, Vol. 32, No. 4, 2001, pp. 667 –685.

[132] E. Avenel and C. Barlet, Vertical Foreclosure, Technological Choice and Entry on the Intermediate Market. *Journal of Economics and Management Strate-*

gy, Vol.9, No.2, 2000, pp.211 –230.

[133] J. Church and N. Gandal, Systems Competition, Vertical Merger and Foreclosure. *Journal of Economics and Management Strategy*, Vol.9, No.1, 2000, pp.25 –51.

[134] J. P. Choi and S. S. Yi, Vertical Foreclosure with the Choice of Input Specifications. *Rand Journal of Economics*, Vol.31, No.4, 2000, pp.717 –743.

[135] A. Schrader, Vertical Mergers and Market Foreclosure: Comment, EUI Working Paper ECO, No24, 1994.

[136] J. A. Schumpter, The Capitalism, Socialism and Democracy, Colophon (eds.), London: Allen & Unwin, New York: Harper & Row, 1975.

[137] M. Motta, "Competition Policy: Theory and Practice", Cambridge University Press. 2004, pp.74 –82.

[138] K. J. Arrow, Economic welfare and the allocation of resources for innovation, In The Rate and Direction of Inventive Activity: Economic Social Factors. Princeton University Press, 1962, pp.609 –625.

[139] F. M.. Scherer, Firm Size, Market Structure, Opportunity, and the Output of Patented Innovations. *American Economic Review*, Vol.55, April 1965, pp.1097 –1123.

[140] J. S. Bain, Relation of profit Rate to Industry Concentration Ameriecan Manufacturing, 1936 –1940. Quarterly Journal of Economics, Vol.65, No.3, 1951, pp.295.

[141] G.. A. Hay and D. KeLLey, An empirical survey of price fixing conspiracies. Journal of Law and Economics, Vol.17, No.1, 1974, pp.13 –38.

[142] D. E. Waldman, and E. J. Jensen, *Industrial Organization: Theory and Practice*, Addison –Wesley, 1998.

[143] R. Selten, A Simple Model of Imperfect Competition where Four are Few and Six are Many. *International Journal of Game Theory*, No.2, 1973, pp.141 –201.

[144] J. Hinloopen &A. R. Soetenvent, Laboratory evidence on the ef-

fectiveness of corporate Leniency programs, *Rand Journal of Economics*, Vol. 39, 2008, pp. 607 – 616.

[145] S. Athey and K. Bagwell, Optimal collusion with private Infomation, *Rand Journal of Economics*, Vol. 32, 2001, pp. 428 – 465.

致　　谢

光阴荏苒，在美丽的西南民族大学我又度过六年的教学科研时光。我感触良深的是，那些曾经或正在给予我帮助和鼓励的无私的人们，在他们及时的帮助和不断的鼓励下，我才能坚持下来。在全书定稿之际，我愿借此机会诚挚地感谢他们。

我要感谢我工作的这所大学，正因为学校对教学科研工作的重视与支持，我才有了申报出版资助的机会。我要衷心地感谢管理学院的领导，正是他们的信任和鼓励，我才有机会和勇气从事与博弈理论、兼并理论相关的教学、科研工作，并不断地去触及、探索经济管理学科的前沿领域。

我还要感谢培养我的大学，本人的硕士、博士学业都是在西南财经大学完成的。本书出版之前，我的博士导师何永芳教授又专门在博弈理论的应用与拓展方面与我交流，我体会到了他对弟子的极大关怀与期望。他对其中许多章节提出建议，由于本人学识有限，本书经过了多次的修改才得以完成。我再次深深感谢我的导师领引我走向目前的研究领域所费的心血。

我要诚挚地感谢西南民族大学管理学院的各位领导和老师，特别感谢张为波教授、刘晓红教授、刘毅博士，正是他们在我的教学工作中给予了全面的支持与帮助，本书才能够顺利出版。

我也要感谢我年迈的父母，他们已是耄耋之年，而拳拳之心让我从不敢懈怠。我的妻子和女儿的鼓励，也让我在写作之余，备感温暖。我还要感谢我的表姐和姨父一家的支持与帮助，使得我们一家人很快适应成都的生活。

我也要感谢的经济科技出版社的责任编辑王娟女士，在本书的出版过程中她给予大量指导帮助。

在本书写作中参考了大量文献资料，吸取了国内外有关专家的研究成果，在此对他们一并表示感谢。本书的出版得到西南民族大学中央高校科研专项资金项目（2015SYB10）《西部产业创新系统的构建与微观响应机制研究》的资助。

伍江

2015 年 1 月于西南民族大学